JN432939

B.C.Info

파이썬으로 움직이는
EV3 로봇

황일규 저

머리말

파이썬은 가장 배우기 쉬운 컴퓨터 프로그래밍 언어 중의 하나이다. 따라서 인공지능을 비롯한 여러 분야에서 활용되고 있어 컴퓨터를 전공하지 않은 많은 사람들도 쉽게 배우고 사용하고 있는 언어이기도 하다.

Lego사에서 개발한 EV3는 블록으로 쉽게 조립하여 만들 수 있는 입문자용 로봇 시스템이다. 본 교재는 학생들의 요청으로 몇 년간 직접 강의하고 실습한 내용을 가능한 한 그대로 옮기려고 노력한 자료이다. 컴퓨터 프로그래밍과 로봇을 처음 접하는 초보자가 활용하기에 적합하며, 프로그래밍의 논리를 로봇을 통하여 직접 구현하여 확인해 볼 수 있는 내용으로 구성되어 있다.

1편에서는 파이썬 언어의 설치, 기본적인 자료형과 문법에 대하여 설명하고 연습문제와 과제를 통하여 배울수 있도록 하였다. 특히, 8장에서는 다양한 예제를 제공하여, 논리적 사고를 할 수 있는 Computational Thinking 능력을 키우는데 중점을 두었다.

2편에서는 EV3의 구성과 기능을 이해하고, 여러 가지 예제를 활용하여 로봇과 프로그래밍의 기본적인 원리를 쉽게 익히도록 하였다. 또한 여러 센서들과 모터를 이용하여 머릿속으로 생각한 논리를 파이썬 프로그램으로 작성하고, 실제로 구현된 결과를 눈으로 직접 확인할 수 있도록 하였다. 이런 과정을 통하여 자연스럽게 프로그래밍 논리와 로봇의 기본 원리를 체득할 수 있다.

본 교재를 작성하는데 여러 도움을 주신 최진영 교수, 이수경 교수, 강선구, 김문, 문기영 군과 복두출판사의 관계자분들께 감사의 마음을 전한다.

차례

PART 1 Python 사용하기

PART 2 EV3-Python

부 록

PART 01

Python 사용하기

1. 파이썬 알아보기
2. 파이썬 들어가기
3. 연산자와 제어문
4. 함수와 변수 범위
5. 모듈과 패키지
6. 파일 다루기
7. 객체지향 프로그래밍
8. 기본 예제 코드작성 실습

CHAPTER 01 파이썬 알아보기

1.1 파이썬 언어의 유래

목표 파이썬 언어의 특징과 장단점 알기

파이썬(Python)은 1991년 프로그래머인 귀도 반 로섬(Guido van Rossum)이 발표한 고급 프로그래밍 언어로, 플랫폼에 독립적이며 인터프리터식, 객체지향적, 동적 타이핑(dynamically typed: 실행 시에 자료형 검사) 언어이다. 파이썬은 비영리의 파이썬 소프트웨어 재단이 관리하는 개방형, 공동체 기반 개발 모델을 가지고 있다.

파이썬은 초보자부터 전문가까지 사용자층을 보유하고 있다. 다양한 플랫폼에서 쓸 수 있고, 라이브러리(모듈)가 풍부하여, 대학을 비롯한 여러 교육 기관, 연구 기관 및 산업계에서 이용이 증가하고 있다. 도움말 문서도 정리가 잘 되어 있으며, 유니코드 문자열을 지원해서 다양한 언어의 문자 처리에도 능하다.

파이썬에서는 들여쓰기를 사용해서 블록을 구분하는 독특한 문법을 채용하고 있다. 이 문법은 파이썬에 익숙한 사용자나 기존 프로그래밍 언어에서 들여쓰기의 중요성을 높이 평가하는 사용자에게는 잘 받아들여지고 있지만, 다른 언어의 사용자에게서는 프로그래머의 코딩 스타일을 제한한다는 비판도 많다.

파이썬은 C/C++ 등의 언어에 비해 수행 속도가 느리다는 단점이 있다.
그러나 Pyrex, Psyco, NumPy 등의 라이브러리들을 이용하면 수치를 빠르게 연산할 수 있기 때문에 과학, 공학 분야에서 많이 이용되고 있다. 또한 높은 생산성과 풍부한 라이브러리, 범용성을 갖추고 있어 딥러닝, 데이터 분석, 학술 연구 등 활용 분야가 매우 넓다.

1.2 파이썬 언어의 특징

1.2.1 파이썬의 장점

(1) 문법이 간단해서 배우기 쉽다

일단 문법이 간단하다. 잘 알려진 C언어 등의 프로그래밍 언어는 문법이 복잡해서 어렵게 느껴지는 경우가 많다. 그러나 파이썬은 단순한 문법을 가지고 있어서 전문가뿐만 아니라 일반인들도 쉽게 사용할 수 있다. 특히, 요즘엔 일반 기업에서 컴퓨터를 전공하지 않은 일반 사원들에게도 파이썬을 교육하여 업무에 활용하도록 하고 있다.

쉽게 사용할 수 있으면서도 메모리가 허용하는 한 무한대의 정수를 다룰 수 있는 등 수치 처리에 강점을 보이는 데다 다른 언어에 비해 생산성이 높고, 다른 언어로 작성된 코드와 결합하는 능력이 탁월하여 다양한 전문분야에서 많이 사용하고 있다.

(2) 오픈 소스이며 다양한 라이브러리를 제공한다

파이썬은 오픈 소스(Open Source)이기 때문에 누구나 무료로 다운로드하여 사용할 수 있다. 또한 다른 언어로 만든 프로그램들을 파이썬 프로그램 안에 포함할 수 있어서 다양하고 강력한 라이브러리를 제공한다. 파이썬은 그 자체로도 생산성이 뛰어나지만 다른 라이브러리의 도움을 받으면 프로그램 개발 시간을 크게 줄일 수 있다.

(3) 많은 사람들이 사용하고 있어서 굉장히 다양한 분야에 활용할 수 있다

웹서버, IoT, 기계학습과 딥러닝 등 여러 분야에 활용이 가능하다.

(4) 대부분의 운영체제(윈도우, 맥, 리눅스)에서 같은 방법으로 사용할 수 있다

다른 프로그래밍 언어의 경우 사용할 수 있는 운영체제가 한정적인 경우가 많다. 그리고 여러 운영체제에서 사용할 수 있어도 사용 방법이 조금씩 다른 경우가 있다. 하지만 파이썬은 모든 운영체제에서 같은 방법으로 사용이 가능하다.

1.2.2 파이썬의 단점

(1) 속도가 느리다

파이썬은 많이 사용하는 C언어와 비교해 보면 10~350배 정도가 느리다. 프로그래밍 언어는 대부분 '쉽게 사용할 수 있다'와 '빠르다'라는 특징이 반비례한다. 파이썬은 쉽게 사용할 수 있는 대신 느리고, C언어는 어려운 대신 빠르다. 그래서 파이썬으로 도스나 리눅스 같은 운영체제, 많은 횟수나 반복과 연산을 필요로 하는 프로그램 또는 데이터 압축 알고리즘 개발 프로그램 등을 만드는 것은 어렵다. 즉 빠른 속도나 하드웨어를 직접 제어해야 하는 프로그램에는 어울리지 않는다. 하지만 최근에는 컴퓨터 성능이 좋아져서 게임 등의 연산이 많이 필요한 프로그램이 아니면 속도 차이를 크게 느끼지 못한다.

(2) 모바일 프로그래밍은 어렵다

파이썬은 구글이 가장 많이 애용하는 언어이지만 파이썬으로 안드로이드 앱(APP)을 개발하는 것은 아직 어렵다. 안드로이드에서 파이썬으로 만든 프로그램들이 실행되도록 지원하긴 하지만 이것만으로 앱을 만들기에는 아직 역부족이다. 아이폰 앱 개발 역시 파이썬으로는 적절하지 않다.

과제 1

(1) 파이썬의 역사와 현재 최신 버전이 무엇인지 알아보자. 또한 파이썬의 구버전과 현재 버전이 서로 호환되는지 알아보자.

(2) 파이썬으로 할 수 있는 일을 찾아보자. 파이썬으로 구현되어 있는 프로그램에는 어떤 것이 있는지 알아보자.

(3) 파이썬 코드를 실행시키는 프로그램(컴파일러 또는 인터프리터)에는 어떤 것이 있는지 알아보고, 실제로 다운로드받아 사용해보자.

CHAPTER 02

파이썬 들어가기

2.1 사칙연산 해보기

목표 연산자의 사용법과 컴퓨터의 자료형 개념 알기

Python은 대화형 모드로도 실행할 수 있고 스크립트 파일로도 실행할 수 있다. 이 중 대화형 모드는 한 줄씩 입력하는 즉시 그 결과를 확인할 수 있는 실행 모드이다. Python을 설치(부록 A 참조)하면 윈도우 검색창에서 "Python"을 입력하여 Python 셸을 열고 대화형 모드를 사용할 수 있다.

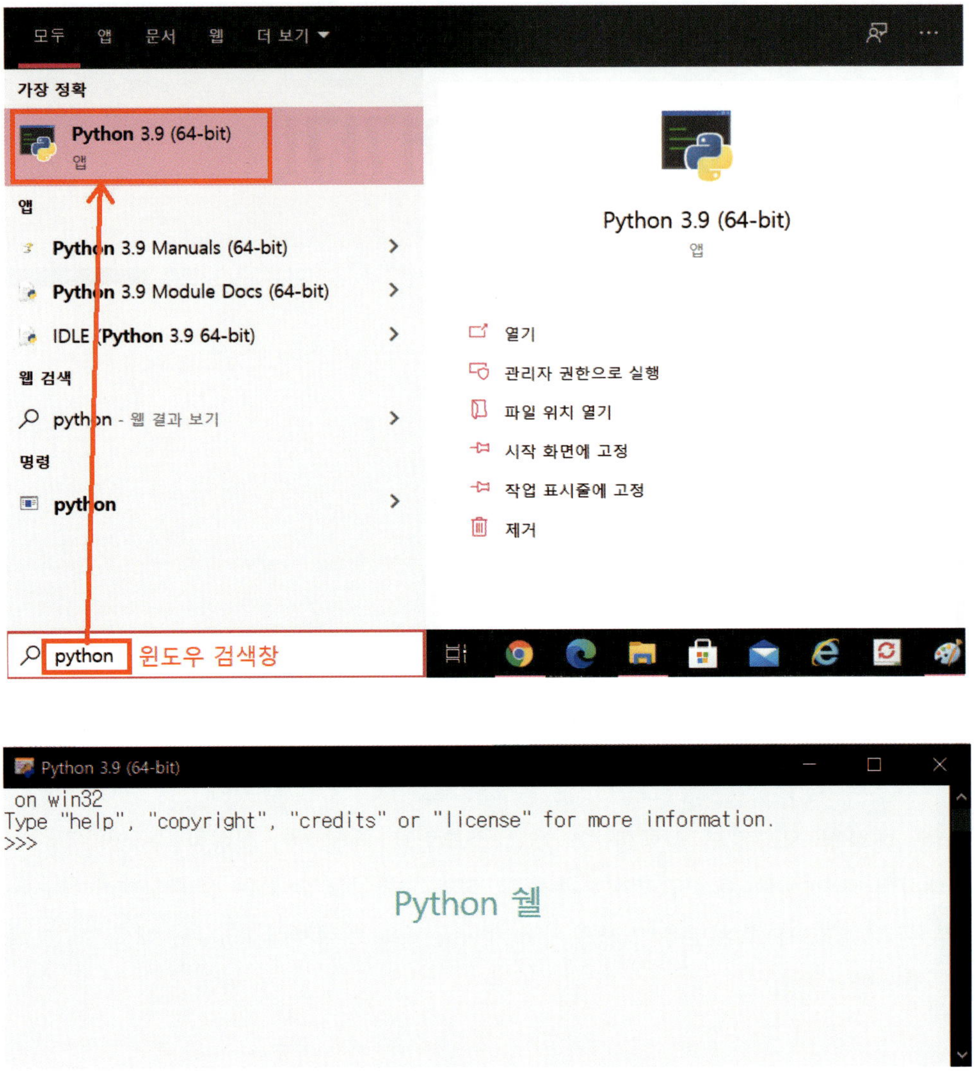

그림 2-1 Python 쉘 열기 (대화형 모드)

쉘(shell)은 명령어와 프로그램을 실행할 때 사용하는 인터페이스이다. 즉, 운영체제에서 사용자가 입력하는 명령을 읽고 해석하여 실행해주는 프로그램이다.

2.1.1 연산자 사용하기

Python Shell 창에 다음과 같이 입력해보자.

2-1 따라해보기

```
>>> 1+2
결과-->
>>> 1-2
결과-->
>>> 1*2
결과-->
>>> 1/2
결과-->
```

여기서 사칙연산자 '+'(덧셈), '-'(뺄셈), '*'(곱셈), '/'(나눗셈)가 있음을 알 수 있다. 따라서 Python을 이용하면 사칙연산이 가능한 계산기의 기능을 그대로 이용할 수 있다.

그런데 다음과 같이 입력하면 어떤 결과가 나올까?

2-2 따라해보기

```
>>> 1-2*3
결과-->
```

예상했던 결과와 일치하는가? 왜 이런 결과가 나올까?

컴퓨터 언어의 연산자에는 우선순위가 있다.
위의 예에서는 '*'가 '-'보다 우선순위가 높기 때문에 '2*3' 연산을 먼저하고, 그 결과인 6을 가지고 '1-6'의 연산을 하고 있다.

연산자의 우선순위를 나타내는 괄호'()'가 포함된 또 다른 연산을 다음과 같이 입력해보자.

2-3 따라해보기

```
>>> (1-2)*3
결과-->
```

이제는 '(1-2)'를 먼저 계산하고, 다음에 그 결과인 '-1*3'을 계산한다.

연산자(Operator)는 사칙연산과 같이 계산을 표현하는 특별한 기호를 뜻한다. 연산자가 적용되는 값을 피연산자(Operands)라고 한다. 즉 덧셈 연산식 "2+3"에서 연산자는 '+' 이고, 피연산자는 '2'와 '3'이 되는 것이다. 이와 같이 두 개의 피연산자를 가지는 연산자를 '이항 연산자'라고 한다.

2.1.2 자료형 들어가기

2-4 따라해보기

```
>>> 1+2
3
>>> 1.0+2
3.0
>>> 1+2.0
3.0
>>> 1.0+2.0
3.0
```

여기서, '1+2'의 결과는 '3'(정수형)으로, 그 외의 결과는 '3.0'(실수형)으로 표시된다. 정수형과 실수형의 차이는 수를 저장하는 저장 장치의 크기가 다르다는 의미이다. 예를 들어, 정수형의 값을 4Byte 크기의 메모리에 저장한다면, 실수형은 8Byte 크기의 메모리에 저장된다는 의미이다. (물론 컴퓨터와 그 운영체제에 따라서 자료형별 크기가 달라진다.)

위의 예에서는 '정수형+정수형'의 경우에는 '정수형' 결과를 나타내고, '정수형+실수형', '실수형+실수형'처럼 하나라도 피연산자가 실수형인 경우에는 '실수형'으로 결과를 보여준다. 즉, 서로 다른 형의 피연산자를 갖는 연산자는 정수 피연산자를 실수로 변환하여 연산한다.

그런데 파이썬은 아래의 경우처럼 ‘/’ 인 경우에는 항상 ‘실수형’ 값을 돌려준다.

2-5 따라해보기

```
>>> 1/2
0.5
>>> 1/2.0
0.5
```

그러므로 정수 나눗셈으로 결과를 얻기 위해선 다음과 같이 ‘//’ 연산자를 사용해야 한다.

2-6 따라해보기

```
>>> 1//2
0
>>> 17//3
5
```

나머지를 얻기 위한 연산자는 ‘%’이다.

2-7 따라해보기

```
>>> 1%2
1
>>> 17%3
2
>>> 17%5
2
```

Python에서는 거듭제곱을 계산할 때는 ** 연산자를 사용한다.

2-8 따라해보기

```
>>> 2**2        #2^2
4
>>> 3**2        #3^2
9
>>> 4**2        #4^2
16
>>> 2**3        #2^3
8
>>> 2**4        #2^4
16
```

좀 더 자세히

주석(Comment)

- 프로그램이 복잡하고 커지게 되면 내가 직접 작성하더라도 가독성이 떨어진다. 즉, 코드의 내용을 읽기가 어렵게 되거나, 무슨 이유로 이렇게 작성했는지 나중에 이해하기 어려울 수가 있다. 이때 프로그램 안에 메모로 따로 표기해 두면 좋을 경우가 생긴다. 이렇게 메모 형태로 나타낼 수 있도록 프로그램 안에 표기하는 것을 주석(comment)이라고 한다.
- Python에서의 주석은 '#' 기호로 시작한다. '#' 기호가 나오면 줄 바꿈 되기 전까지 모든 내용을 interpreter가 무시하게 된다.
- 따라서 나만의 메모를 '#' 기호로 시작해서 작성하면 '#' 뒤의 모든 것이 줄 바꿈되기 전까지는 무시되므로 프로그램에 아무런 영향을 미치지 않으면서, 프로그램의 가독성을 높일 수 있다.

정리 요약

(1) Python에는 계산을 위한 사칙연산자, '+', '−', '*', '/'가 있다.
(2) 연산자에는 우선순위가 있다. 제일 높은 우선순위를 가지는 것은 괄호 '( )'이다.
(3) 연산자는 자료형별로 적절한 자료형으로 그 결과를 돌려준다.
(4) Python에서 '/' 연산자는 항상 '실수형' 값을 돌려준다.
(5) 정수 나눗셈으로 결과를 얻기 위해선 '//' 연산자를 사용한다.
(6) 나머지를 얻기 위한 연산자는 '%'이다.
(7) Python에서는 거듭제곱을 계산할 때 ** 연산자를 사용한다.
(8) 연산자(Operator)는 사칙연산과 같이 계산을 표현하는 특별한 기호를 뜻한다.
(9) Python에서의 한 줄 주석은 '#' 기호로 시작한다.

맞을까? 틀릴까?

정수 나눗셈으로 몫의 결과를 얻기 위해선 '//' 연산자를 사용해야 한다 (○ , ×)

왜냐하면 ______________________________

연습문제 2.1

(1) 다음의 Python 연산결과를 예측해보고, 실제로 실행해보자. 각각의 자료형이 무엇인지 설명해보자.

```
>>> 2+3

>>> 2+3.0

>>> 2+3//2

>>> 2.0+3//2

>>> 2+3.0//2

>>> 2+3//2.0

>>> 17%5

>>> 17.0%5

>>> 17%5.0
```

(2) 다음의 Python 연산결과를 예측해보고, 실제로 실행해보고 실행 결과를 바탕으로 어떻게 연산이 진행되었는지 설명해보자.

```
>>> 2+3*2**2*2-1

>>> (2+3)*2**2*2-1

>>> 2+(3*2**2)*2-1

>>> 2+3*2**(2*2-1)
```

과제 2.1

(1) Python에서는 어떤 자료형들이 있는지 알아보자.

(2) Python에서는 연산자들이 어떤 것이 있는지 알아보고 각각의 연산자들 사이의 우선순위가 어떻게 되는지 확인해보자.

(3) Python에서 연산자를 사용할 때 괄호 '( )'를 사용하는 이유에 대하여 논의해보자.

2.2 변수와 할당연산자 사용하기

목표 값과 변수의 개념을 이해하고, 할당연산자 사용하기

2.2.1 값과 변수란?

값(Value)은 숫자나 글자처럼 컴퓨터 프로그램이 다루는 가장 기본적인 단위이다. 예를 들어 앞 절에서 살펴본 사칙연산에서는 이항 연산자(피연산자로서의 항이 두 개 있는 연산자를 뜻함)의 피연산자와 그 결과가 모두 숫자 '값'이다. 물론 다음 절에서 살펴볼 글자들도 '값'이 될 수 있다.

변수(Variable)는 이러한 값을 참조(Reference)하는 이름을 뜻한다. 컴퓨터 프로그램에서 '참조'라는 의미는 실제로는 메모리의 주소(Address)를 갖고 있다는 의미이다. 즉, 변수가 갖고 있는 주소의 메모리 위치를 찾아가서 그 곳의 값을 읽거나, 그 곳에 어떤 값을 기록한다는 뜻이다.

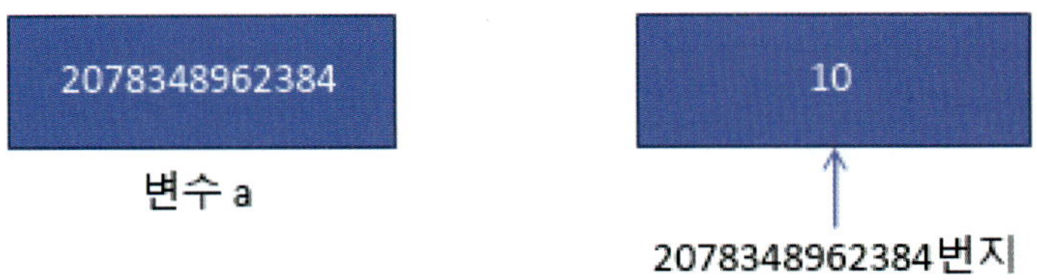

그림 2-2 a = 10의 메모리 상태

좀 더 자세히

변수

- Python 프로그램의 일부는 interpreter에게 나중에 사용될 것이니, 그 이름을 기억하도록 명령할 수 있다. 즉, 적절한 이름을 정해서 값을 기억시키고, 나중에 그 이름을 값 대신에 호출할 수 있도록 한다. 이러한 목적으로 저장된 값을 참조할 수 있도록 사용되는 표식을 변수라고 한다.
- 실제로 변수에 값을 할당하면, 저장할 값의 종류에 맞게 메모리에 그 크기가 정해지고 그 물리적인 위치(주소)를 변수가 참조하게 된다.

2.2.2 변수와 할당 연산자

2-9 따라해보기

```
1  >>> width=10
2  >>> height=20
3  >>> area=width*height
```

여기서 첫째 줄의 "width=10"의 의미는 width라는 변수에 '10'이라는 정수형 값을 할당한다는 의미이다. 여기서 등호 '='는 할당 연산자이다. 그 뜻은 'width'라는 이름으로 만들어진 메모리의 방에 '10'이라는 값을 지정한다는 뜻이다. (일반적으로 수학에서 사용하는 '='의 의미는 '같다'라는 뜻이지만, 컴퓨터 언어에서는 주로 "할당한다"는 의미로 사용된다. '같다'라는 뜻으로 사용하는 Python 연산자는 '=='이다.)

마찬가지로 "height=20"의 의미는 height라는 변수에 '20'이라는 정수형 값을 할당한다는 뜻이다. 따라서 다음 줄의 area에는 width에 할당된 10의 값과 height에 할당된 20의 값을 곱한 결과가 할당된다.

실제로 다음과 같이 'area'의 값을 확인해보자.

2-10 따라해보기

```
>>> area
200
```

이번에는 다음과 같이 입력해보자.

2-11 따라해보기

```
>>> rect
Traceback (most recent call last):
  File "<pyshell>", line 1, in <module>
NameError: name 'rect' is not defined
```

위와 같이 'rect'라고 입력하면, 'rect'가 정의되지 않았다("NameError: name 'rect' is not defined")는 에러 메시지가 나타난다. 'area'라고 입력했을 때에는 '200'이라는 값이 나타났지만, 'rect'라고 입력하면, 'rect'라는 변수가 먼저 정의('할당')되지 않았으므로, 정의되지 않은 변수를 사용하려고 시도하면 에러가 발생하게 된다. 즉, 변수는 사용되기 전에 먼저 정의('할당')되어야만 한다.

2.2.3 대화형 모드에서 '_'

2-12 따라해보기

```
>>> a=10
>>> b=20
>>> a*2+b-5
35
>>> d=b+_
>>> d
55
>>> _
```

최종 입력된 표현식이 35이므로 _는 35

최종 입력된 표현식이 55이므로 _는 55

위와 같이 입력하면, 세 번째 입력의 결과인 '35' 값이 네 번째 입력에서 '_'로 대입된다. 즉, 대화형 모드에서는 최종 입력된 표현식이 변수 '_' 에 대입된다. 그러므로 변수 '_'의 값은 놓인 자리에 따라 달라진다. 이것은 Python을 사용할 때, 대화형 모드에서 다음 계산을 이어가기가 좀 더 쉬워짐을 의미한다.

2.2.4 print() 함수

변수의 값을 출력하기 위해서는 print() 함수를 사용한다.

함수가 무엇인지는 "4장 함수와 변수 범위"에서 자세히 알아보기로 하고 print()의 괄호 안에 내용을 넣어 화면에 출력할 수 있음을 알고 활용하자. print()의 괄호 안에는 1개, 또는 콤마로 연결한 2개 이상의 값을 줄 수 있다. 2개 이상의 값을 주면 각 값 사이에 공백 문자가 1개씩 출력된다.

2-13 따라해보기

```
>>> print(d)
55
>>> print(1,2,3)
1 2 3
```

2.2.5 변수명(Variable Name)과 예약어(Keyword)

Python에서 변수명은 영어 문자와 숫자, 그리고 '_'로 이루어져 있다. 그리고 변수 이름의 첫 글자는 반드시 영어 문자 또는 '_'만 사용할 수 있다. 변수명을 적절하게 사용하지 못하면, 다음과 같은 구문 오류가 발생한다.

2-14 따라해보기

```
>>> 68ace
  File "<pyshell>", line 1
    68ace
       ^
SyntaxError: invalid syntax
```

위의 경우에는 영어 문자 또는 '_'로 시작되지 않았기 때문이다.

그런데 다음과 같이 변수명 작성의 원칙을 지켰음에도 구문 오류가 발생한다.

2-15 따라해보기

```
>>> break=10
  File "<pyshell>", line 1
    break=10
         ^
SyntaxError: invalid syntax
```

그 이유는 'break' 이름이 예약어(Keyword)이기 때문이다. '예약어'라는 것은 이 이름을 미리 Python이 예약해서 사용하겠다는 의미이다. 따라서 일반 사용자는 예약어를 일반 변수 이름으로 사용할 수가 없다는 뜻이다. Python에서 사용하는 예약어를 알아보는 방법은 다음과 같다.

2-16 따라해보기

```
>>> help('keywords')

Here is a list of the Python keywords. Enter any keyword to get more help.

False               break               for                 not
None                class               from                or
True                continue            global              pass
__peg_parser__      def                 if                  raise
and                 del                 import              return
as                  elif                in                  try
assert              else                is                  while
async               except              lambda              with
await               finally             nonlocal            yield
```

좀 더 자세히

변수명과 같이 프로그래머가 직접 이름 짓는 단어를 식별자(Identifier)라고 하며, 위에서 살펴본 바와 같이 식별자를 만드는 규칙은 다음과 같다.

- 영문자와 숫자, 그리고 '_' 로 구성
- 숫자는 맨 앞에 올 수 없음
- Python 언어 자체에서 사용하는 Keyword는 사용 불가

정리 요약

(1) 값(Value)은 숫자나 글자처럼 컴퓨터 프로그램이 다루는 가장 기본적인 단위이다.
(2) 변수(Variable)는 이러한 값을 참조(Reference)하는 이름을 뜻한다.
(3) 변수에 값을 할당할 때는 할당연산자 등호('=')를 사용한다.
(4) 변수는 사용되기 전에 먼저 정의('할당')되어야만 한다.
(5) 대화형 모드에서 최종 입력된 표현식은 변수 '_'에 대입된다.
(6) Python에서 변수명은 영어 문자와 숫자, 그리고 '_'로 이루어져 있다.
(7) 변수 이름의 첫 글자는 반드시 영어 문자 또는 '_'이어야 한다.
(8) '예약어'라는 것은 이 이름을 미리 Python이 예약해서 사용하겠다는 의미이다.
(9) 사용자는 예약어를 일반 변수 이름으로 사용할 수가 없다.
(10) 변수의 값을 출력하기 위해서는 print() 함수를 사용한다.

맞을까? 틀릴까?

변수는 사용되기 전에 먼저 정의('할당')되어야만 한다. (○ , ×)

왜냐하면______________________________

사용자는 예약어를 일반 변수 이름으로 사용할 수 있다. (○ , ×)

왜냐하면______________________________

연습문제 2.2

(1) 시장에서 과자(1000원) 2개, 사과(2000원) 3개, 아이스크림(3000원) 3개를 구매할 때 전체 지불해야 할 총 가격과 물건 하나당 평균 가격을 계산하는 프로그램을 작성하시오.

(2) 연습문제 (1)의 프로그램에서 부가세 10%가 더 추가되어 지불해야 할 총 가격을 계산하는 프로그램을 작성하시오.

(3) 다음 항목들이 파이썬에서 변수 이름으로 사용할 수 있는지 알아보고 사용할 수 없다면 그 이유를 설명하시오.

① Ace38 (   )
② ace38 (   )

③ 38Ace ( )

④ _38Ace ( )

⑤ if ( )

⑥ for ( )

⑦ I ( )

⑧ while ( )

(4) 다음 조건을 지키며 아래 연산의 결과를 내는 과정을 쓰시오.

[조건1] 변수는 사용하지 않는다

[조건2] 한 문장에서 한 번만 연산자를 사용한다

[조건3] 이전 연산의 결과로써 _를 이용한다.

```
2+3*2**2*2-1
```

과제 2.2

(1) a의 값은 1, b의 값은 2, x의 값이 2일 때, 아래 수학 공식에 대하여 y의 값을 구하시오.(a, b, x 변수에 값을 할당해 놓고 연산식을 만들어 y에 할당한 후 y 값을 출력)

$$y = x^3 + x^2 + \frac{b}{a}x + \left(\frac{2b}{a}\right)^2$$

(2) 변수 선언, 변수 할당, 변수 참조를 각각 설명하시오.

(3) 변수명의 올바른 작명 방법에 대해 설명하시오. (구문 상의 규칙은 지켜진다고 전제한다.)

2.3 Python 자료형

목표 표현식과 문장, 자료형의 개념을 이해하기

2.3.1 표현식과 문장

표현식(Expression)은 값, 변수, 연산자들의 조합이다. 다음과 같이 값이나 변수는 그 자체로도 표현식이라고 할 수 있다.

2-17 따라해보기

```
>>>> 13579
13579
>>> a=13579
```

문장(Statement)은 Python Interpreter가 실행하는 코드의 단위이다. 표현식의 값, 변수, 연산자, 함수 그리고 그 조합들이 문장이 된다. Python 실행 프로그램의 대화 모드에서 문장을 실행하면 그 결과를 화면에 보여주게 된다.

2.3.2 변수의 자료형 알기

변수의 자료형이라는 것은 변수가 참조하는 값의 자료형을 의미한다.

2-18 따라해보기

```
>>> width=10
>>> height=20
>>> area=width*height/2
```

위와 같이 대화형 모드에서 입력하면 width와 height 변수는 정수형 값을, area 변수는 실수형 값을 가지며, 그 자료형도 각각 정수형, 실수형이 된다.

변수의 자료형을 알려주는 함수는 type()이다. type()의 ( ) 안에 원하는 변수명을 입력하면 그 자료형을 알려주게 된다.

2-19 따라해보기

```
>>> type(width)
<class 'int'>
>>> type(height)
<class 'int'>
>>> type(area)
<class 'float'>
```

2.3.3 변수의 할당

컴퓨터에서 '데이터'는 그 형태가 문자, 정수, 실수 중 무엇인가에 따라서 저장하는 데 필요한 메모리의 크기와 형태가 달라진다. 즉, 어떤 값을 표현하면 그 값의 종류에 따라 데이터 형(자료형)이 결정되고 그에 따라 메모리가 할당된다.

한편 '변수'는 특정 타입에 얽매이지 않는다. 변수의 타입이란 특정 시점에 해당 변수가 참조하는 자료형의 타입을 말한다.

특정 타입으로 표현된 데이터를 결정하여 변수에 최초로 할당해 주는 시점에 변수가 생성되며 그 이후로 해당 변수를 사용(read/write, 재할당)할 수 있게 된다.

2-20 따라해보기

```
>>> a = 10
>>> type(a)
<class 'int'>
>>> a = 10.5
>>> type(a)
<class 'float'>
```

int 타입의 데이터를 할당.
변수 a가 생성됨.

float 타입의 데이터를 재할당.
변수 a의 타입이 바뀜.

좀 더 자세히

sys.getsizeof는 객체의 크기를 byte 단위로 돌려(return)준다. 객체는 어떤 자료형이 들어와도 상관없다. Python 내장 타입(int, float 등)에서는 정확한 값을 내지만, 사용자가 직접 정의한 클래스 같은 객체는 구현에 따라서 조금씩 다른 결과가 나올 수도 있다.

정리 요약

(1) 표현 식(Expression)은 값, 변수, 연산자들의 조합이다.
(2) 문장(Statement)은 Python Interpreter가 실행하는 코드의 단위이다.
(3) 변수는 사용되기 전에 먼저 정의('할당')되어야만 한다.
(4) 변수의 자료형을 알려주는 함수는 type()이다.

맞을까? 틀릴까?

정의되지 않은 변수를 사용하려고 시도하면 에러가 발생하게 된다. (○ , ×)

왜냐하면 ______________________________

연습문제 2.3

(1) 다음의 #? 위치의 결과값을 예측해보고 실행시켜 결과값과 그 값이 얻어지는 이유를 설명해 보시오.

①
```
x = 2020
y = 2021
x - y            #?
```

②
```
x = "2020"
y = "2021"
x - y            #?
```

③
```
x = int("2020")
y = int("2021")
x - y            #?
type(x)          #?
```

④
```
x = "2020"
y = "2021"
int(x) - int(y)  #?
type(x)          #?
```

(2) 아래 기본 연산자를 사용해 보고 각 연산을 정리하시오.

+　　-　　*　　/　　//　　%

(3) a = 0으로 변수 a를 선언했다. 이후, 재할당하는 문장을 반복적으로 사용하여 a의 값이 0에서 1로, 1에서 2로, 2에서 0으로 바뀌게 하고자 한다. 이 문장을 만드시오.

과제 2.3

(1) C와 C++에서의 자료형과 Python에서 사용하는 자료형의 차이에 대해서 알아보자.

(2) 다음 코드를 실행해보고, 그 결과를 설명해보자.

```
>>> import sys
>>> a=1
>>> b=1.0
>>> print(sys.getsizeof(a))
>>> print(sys.getsizeof(b))
```

2.4 군집자료형 - 문자열형 다루기

목표 문자열형을 이해하고 사용하기

2.4.1 문자열형이란?

문자열(String)은 문자로 이루어져 있으며 단어와 숫자도 포함될 수 있다. 그리고 Python에서는 문자형(Character)이 존재하지 않으며 데이터 타입(data type)으로 문자열형(String)만이 존재한다.

Python에서는 문자열형을 나타내기 위하여, 큰따옴표(“ ”), 작은따옴표(‘ ’), 큰따옴표 3개(“““ ”””), 작은따옴표 3개(‘‘‘ ’’’)로 표현할 수 있다. 4가지의 방법의 사용법을 알아보자.

2-21 따라해보기

```
>>>  'hello 123'
 'hello 123'
>>>  "hello 123"
 'hello 123'
>>>  ' ' 'hello 123' ' '
 'hello 123'
>>>  " " "hello 123" " "
 'hello 123'
```

Python에서는 문자열의 표현방법은 4가지로 모두 같은 문자열(String)이다. 문자열 내에서 큰 따옴표(")와 작은따옴표(')를 표현하려면 문장 내에서 따옴표를 상반되게 사용하면 된다. 큰따옴표(") 안에 큰따옴표(")를 넣어 표현하려고 하면 SyntaxError를 불러일으키게 된다.

2-22 따라해보기

```
>>>  ' "Yes,"  they said.'
 ' "Yes,"  they said.'

>>>  " "Yes,"  they said."
  File  "<stdin>" , line 1
      " "Yes,"  they said."
          ^
SyntaxError: invalid syntax
```

여러 줄의 문자열을 표현하기 위해서는 삼중 따옴표를 사용하면 된다.

2-23 따라해보기

```
>>> print("""
..... hello
..... world
..... """)

hello
world
```

2.4.2 이스케이프 코드

이스케이프 코드란 프로그래밍할 때 사용할 수 있게 미리 정의해 둔 문자조합이다. 주로 출력물을 보기 좋게 정렬하는 용도로 사용한다. 몇 가지 이스케이프 코드를 정리하면 다음과 같다.

이스케이프 코드	이름	설명
₩b	백 스페이스 (Backspace)	앞의 문자를 지울 때 사용
₩t	탭 (Tab)	문자열 사이에 탭 간격을 줄 때 사용
₩n	라인피드 (Linefeed)	문자열 안에서 줄을 바꿀 때 사용
₩f	폼피드 (Formfeed)	현재 커서를 다음 줄로 이동
₩r	캐리지(Carriage Return)	현재 커서를 가장 앞으로 이동
₩₩	역슬래시 (Backslash)	문자열에서 '₩'를 표현할 때 사용
₩'	작은따옴표 (Single Quote)	작은따옴표를 표현할 때 사용
₩"	큰따옴표 (Double Quote)	큰따옴표를 표현할 때 사용

이제 다음과 같이 이스케이프 코드를 사용해보자.

2-24 따라해보기

```
>>> "doesn₩'t"
"doesn't"

>>>s = 'First line.₩nSecond line.'
>>>s
'First line.₩nSecond line.'
>>>print(s)
First line.
Second line.
```

내용상으로는 '₩n' 문자를 갖고 있는 것이 확인된다.

내용을 출력해 보면 '₩n' 문자의 기능인 줄바꿈으로 표현된다

2.4.3 문자열 연산

Python에서는 문자열에 +, *의 연산을 이용하여 문자열을 붙이고 반복할 수 있고, 두 개의 문자열을 연속해서 입력하면 자동으로 이어 붙여진다.

2-25 따라해보기

```
>>>3* 'un' + 'ium'
 'unununium'

>>> 'Py'  'thon'
 'Python'
```

2.4.4 인덱싱과 슬라이싱

Python에서는 원소들이 순서를 가지고 있어서 특정 원소를 지칭하는 데 인덱스를 사용하는 자료형들에 대해 일부분을 지정하여 선택하는 인덱싱과 슬라이싱 연산이 가능하다. 문자열도 문자 원소가 순서를 가지고 늘어서 있는 것이므로 이들 연산이 가능하다.

- **인덱싱(Indexing)**: 원소의 순서에 따라 번호를 붙이는 일과 관계된 연산. 순서는 0부터 시작하게 된다.
- **슬라이싱(Slicing)**: 인덱싱된 원소들의 부분을 취하는 것. 범위를 지정할 수 있다. 슬라이싱할 때에는 [a:b]와 같은 형태로 범위를 지정하며, a 순서부터 시작해서, b 순서의 앞까지 선택하게 된다.

2-26 따라해보기

```
>>> s='a1234567'
>>> s
'a1234567'
>>> len(s)
8
>>> s[0]
'a'
>>> s[1]
'1'
>>> s[2]
'2'
>>> s[7]
```

```
'7'
>>> s[1:3]
'12'
>>> s[1:5]
'1234'
>>> s[2:3]
'2'
```

정리 요약

(1) 문자열(String)은 문자로 이루어져 있으며 단어와 숫자도 포함될 수 있다.

(2) Python에서는 문자열형을 나타내기 위하여, 큰따옴표(“ ”), 작은따옴표(‘ ’), 큰따옴표 3개(“ “ “ ” ” ”), 작은따옴표(‘ ‘ ‘ ’ ’ ’)로 표현할 수 있다.

(3) 이스케이프 코드란 프로그래밍할 때 사용할 수 있게 미리 정의해 둔 문자조합이다.

(4) Python에서는 문자열에 +, *의 연산을 이용하여 문자열을 붙이고 반복할 수 있다.

(5) Python에서는 문자열형과 군집자료형들 중 원소들이 순서를 가지는 자료형에 대해 인덱싱과 슬라이싱이 가능하다.

맞을까? 틀릴까?

숫자를 문자열형으로 표현이 가능할까? (○ , ×)

왜냐하면 ____________________

정수를 문자열형으로 변경하는 방법이 있을까? (○ , ×)

왜냐하면 ____________________

연습문제 2.4

(1) 다음의 문장이 Python 문자열 변수 a에 할당되도록 하시오.

> If you have a question, it's a “good idea” to try the FAQ, which answers the most commonly asked questions about Python.

(2) 위의 문자열 변수 a를 화면에 출력하고, 타입과 크기(Byte수)를 확인하시오.

(3) 아래 빈 칸을 채워 문자열을 만드시오.

구문	의미
□문자열□	큰따옴표로 문자열 만들기
□문자열□	작은따옴표로 문자열 만들기
□여러 줄에 걸쳐 문자열 만들기□	여러 줄로 이루어진 문자열 만들기

(4) 1개의 print() 문장을 사용하여 아래와 같은 내용을 출력하시오. 이 때 문자열 연산자 + 와 *를 활용하시오.

[출력 결과] ₩₩--------

과제 2.4

(1) Python에서는 +, * 연산을 이용하여 문자열을 붙이고 반복할 수 있다. 문자열에 +, * 연산을 하는 예제를 만들어 실행하시오.

(2) Python에서 숫자로 이루어진 문자열형을 정수형 또는 실수형으로 변환하는 방법을 알아보시오.

(3) Python에서 영문과 한글이 섞인 문자열을 만들어 원하는 부분을 인덱싱과 슬라이싱해 보시오.

(4) 문자열에 사용 가능한 함수 strip, split, replace 의 기능을 익히고 시험하시오.

2.5 군집자료형 - 리스트(List) 다루기

목표 리스트를 이해하고 사용하기

2.5.1 리스트란?

리스트(List)는 대괄호 [ ] 안에서 원소들을 쉼표로 구분하여 표현한다. 리스트의 원소로는 숫자, 문자열 외의 군집자료형들도 포함될 수 있다. 문자열형에서 사용하는 인덱싱과 슬라이싱이 가능할 뿐만 아니라 원소 삽입, 정렬, 뒤집기 등을 쉽게 사용할 수 있어 여러 데이터를 다루는 프로그래밍에서 유용하게 쓰일 수 있다. 앞으로 리스트를 시작으로 튜플, 딕셔너리도 학습하게 된다. 각각의 자료형 특징을 헷갈리지 않게 꼼꼼히 알아보자.

인덱싱과 슬라이싱에 양수가 사용되면 맨 앞 원소를 [0]번으로 하여 오른편으로 증가하며 매긴 번호를 의미하고 음수가 사용되면 맨 뒤 원소를 [-1]번으로 하여 왼쪽으로 감소하며 매긴 번호를 의미한다.

인덱싱 [a:b]에서 a를 생략하면 "첫 번째 원소부터"를 의미하고 b를 생략하면 "마지막 원소까지"를 의미하며 a,b를 모두 생략하면 "첫 번째 원소부터 마지막 원소까지"를 의미한다.

2-27 따라해보기

```
>>> squares = [1,4,9,16,25]
>>> squares
[1, 4, 9, 16, 25]

>>> squares[-1]
25

>>> squares[-3:]
[9, 16, 25]
```

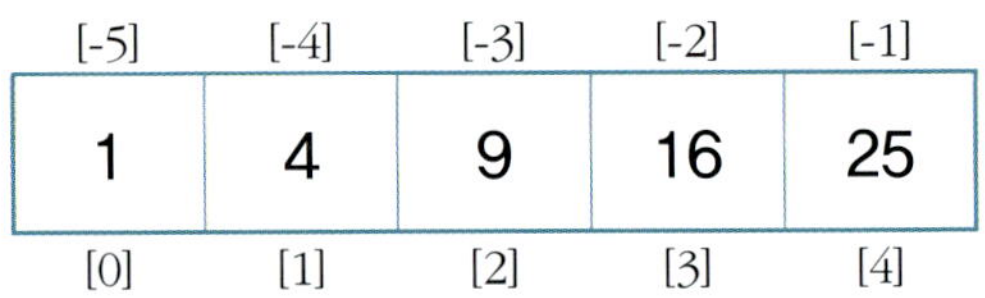

2.5.2 리스트 연산

리스트에서는 문자열형에서와 같은 연산이 가능하다. 또한, 리스트 내의 요소의 개수를 출력하는 len 함수도 사용이 가능하다.

2-28 따라해보기

```
>>> squares = [1,4,9,16,25]
>>> squares + [36,49,64,81,100]
[1, 4, 9, 16, 25, 36, 49, 64, 81, 100]

>>> len(squares)
10
```

좀 더 자세히

mutable? immutable?

mutable의 자료형은 변경 가능한 데이터 값으로 기존의 데이터를 변경할 수 있다. 하지만 immutable의 자료형은 mutable 자료형처럼 변경을 시도할 때, 변경되지 않고 새로운 데이터를 생성한다.

- mutable(변하는 값) : 리스트(list), 딕셔너리(dictionary), 집합(set)
- immutable(변하지 않는 값) : 숫자(number), 문자열(string), 튜플(tuple)

2.5.3 리스트 함수

리스트는 문자열과 다르게 여러 함수가 있어 데이터를 다루는 것이 편하다. 아래에서 요소 추가, 정렬, 뒤집기, 반환, 삽입, 제거, 꺼내기, 확장을 알아보자.

(1) 요소 추가(append)

append 함수는 리스트의 가장 마지막에 요소를 추가하는 함수이다.

2-29 따라해보기

```
>>> squares = [1,4,9,16,25]
>>> squares.append(36)
[1, 4, 9, 16, 25, 36]
```

(2) 요소 정렬(sort)

리스트 내의 요소를 숫자는 작은 순으로, 알파벳은 순서대로 정렬할 수 있다.

2-30 따라해보기

```
>>> number = [3, 1, 2, 4]
>>> number.sort()
[1, 2, 3, 4]
```

(3) 요소 뒤집기(reverse)

리스트 내의 요소를 역순으로 재배치한다.

2-31 따라해보기

```
>>> squares = [1,4,9,16,25]
>>> squares.reverse()
[25, 16, 9, 4, 1]
```

(4) 요소 반환

리스트 내의 요소를 index에 맞춰서 반환한다.

2-32 따라해보기

```
>>> squares = [1,4,9,16,25]
>>> squares.index(2)
9
```

(5) 요소 삽입

insert(x,y)에서 리스트 내의 x 위치에 y 요소를 추가한다.

2-33 따라해보기

```
>>> squares = [1,4,9,16,25]
>>> squares.insert(3,36)
[1, 4, 9, 36, 16, 25]
```

(6) 요소 제거

리스트 내에서 특정 원소값을 찾아 제거한다. 같은 원소값이 여러 개 있을 경우 앞에서부터 첫번째 발견한 요소를 삭제한다.

2-34 따라해보기

```
>>> squares = [1,4,9,16,25]
>>> squares.remove(9)
>>> squares
[1, 4, 16, 25]
```

(7) 요소 꺼내기

리스트 내에서 마지막 요소를 삭제한다.

2-35 따라해보기

```
>>> squares = [1,4,9,16,25]
>>> squares.pop()
25
```

(8) 요소 확장

extend([x,y])의 형식으로, 리스트 형식만 extend 함수로 사용할 수 있다. 리스트에 리스트를 추가하는 함수이다.

2-36 따라해보기

```
>>> squares = [1,4,9,16,25]
>>> squares.extend([36, 49, 64])
>>> squares
[1, 4, 9, 16, 25, 36, 49, 64]
```

정리 요약

(1) 리스트(List)는 대괄호 [ ] 안에서 원소들을 쉼표로 구분하여 표현한다. 리스트의 원소로는 숫자, 문자열 외의 군집자료형들도 포함될 수 있다.

(2) 리스트(List)는 인덱싱과 슬라이싱이 가능할 뿐만 아니라 요소 추가, 정렬, 뒤집기, 반환, 삽입, 제거, 꺼내기, 확장을 쉽게 사용할 수 있다.

(3) 리스트(List)는 기존의 데이터를 변경할 수 있는 mutable 자료형이다.

맞을까? 틀릴까?

리스트는 정의된 값을 변경이 가능할까? (○ , ×)

왜냐하면____________________

리스트에 문자열 연산(+, *)이 가능할까? (○ , ×)

왜냐하면____________________

연습문제 2.5

(1) 리스트에 하나의 값만 추가할 경우 append() 함수를 활용하는데 여러 개의 값을 리스트에 한꺼번에 추가할 경우 어떤 함수를 쓰는가? 그리고 그 함수를 이용하여 다음의 a=[1,2,3]의 리스트에 b=[4,5,6]을 한꺼번에 추가 후 a,b 리스트를 출력해보시오.

(2) (1)번과 같이 리스트 연결을 할 수 있는 함수를 사용하지 않아도 리스트를 한꺼번에 연결 가능한 방법을 생각하고 구현하여 출력하시오.

(3) a=[0,1,2,3,4,5,6,7] 일 때 다음 표의 함수들을 실행했을 때 a의 값이 어떻게 나올지 적어보시오. 각 문장은 a=[0,1,2,3,4,5,6,7] 문장 직후에 수행된다고 한다.

함수	a의 값
a.extend(a)	
a.append(10)	
a.insert(3,0)	
a.remove(3)	
a.pop(3)	
a.clear()	

(4) a=[1,2,3,4,5], b=[10,20,30,40,50] 와 같이 2개의 리스트가 있다. 리스트 a,b 의 맨 뒤 2개 원소만 모아 별도의 리스트 c를 만드는 문장을 작성하시오.

과제 2.5

(1) append()와 insert()의 차이점은 무엇인가?

(2) remove()와 pop()의 차이점은 무엇인가?

2.6 군집자료형 - 튜플(Tuple) 다루기

목표 튜플을 이해하고 사용하기

2.6.1 튜플이란?

리스트는 대괄호 [ ]로 둘러싸지만, 튜플(tuple)은 소괄호 ( )로 둘러싸인 데이터의 모임이다. 리스트와 달리 immutable 자료형으로 값을 바꾸지 못한다. 그러한 점을 활용해서 프로그램의 실행 중에 값이 변하지 않아야 하는 상황에서 튜플을 사용하면 유용하다. 그와 반대로 수시로 값을 변경하는 경우에는 리스트를 사용한다.

2-37 따라해보기

```
>>> tuple1 = ()
>>> tuple2 = (1,)
>>> tuple3 = (1,2,3)
>>> tuple4 = 1,2,3
>>> tuple5 = ( 'a' , 'b' ,( 'ab,' ,  'cd' ))
```

튜플에는 리스트와 다른 다음과 같은 규칙이 2가지 있다.

① tuple2와 같이 1개의 요소만 가질 때는 요소 뒤에 반드시 콤마(,)를 붙여야 한다.
② tuple4와 같이 소괄호를 생략해도 무방하다.

2.6.2 튜플 값의 변경? 삭제?

튜플은 immutable 자료형으로 값을 지우거나 변경하지 못한다. 아래와 같이 변경과 삭제를 시도해보자.

2-38 따라해보기

```
>>> tuple1 = (0,1,2,3,4,5)
>>> del tuple1[0]
결과 --> ?

>>> tuple1[0] = 1
결과 --> ?
```

2.6.3 튜플 함수

튜플은 immutable 특징을 제외하고는 리스트와 유사하고, 아래와 같은 함수를 갖고 있다.

(1) 튜플 인덱싱

2-39 따라해보기

```
>>> tuple1 = (0, 1, 2, 3, 4, 5)
>>> tuple1[0]
0
>>> tuple1[4]
4
```

(2) 튜플 슬라이싱

2-40 따라해보기

```
>>> tuple1 = (0, 1, 2, 3, 4, 5)
>>> tuple1[3:]
(3, 4, 5)
```

(3) 튜플 더하기

2-41 따라해보기

```
>>> tuple1 = (0, 1, 2, 3, 4, 5)
>>> tuple2 = (6, 7, 8)
>>> tuple1 + tuple2
(0, 1, 2, 3, 4, 5, 6, 7, 8)
```

(4) 튜플 곱하기

2-42 따라해보기

```
>>> tuple1 = (0, 1, 2, 3, 4, 5)
>>> tuple1 * 2
(0, 1, 2, 3, 4, 5, 0, 1, 2, 3, 4, 5)
```

(5) 튜플 길이 구하기

2-43 따라해보기

```
>>> tuple1 = (0, 1, 2, 3, 4, 5)
>>> len(tuple1)
6
```

정리 요약

(1) 튜플(tuple)은 소괄호 ( )으로 둘러싸인 데이터의 모임이다.

(2) 튜플(tuple)은 immutable 자료형으로 원소의 값을 지우거나 변경하지 못한다.

맞을까? 틀릴까?

튜플은 정의된 값의 변경이 가능할까? (○ , ×)

왜냐하면____

튜플 내에 리스트가 들어갈 수 있을까? (○ , ×)

왜냐하면____

연습문제 2.6

(1) 리스트와 튜플의 핵심적인 차이점은 무엇인가?

(2) mytuple = (10,20,30,40,50) 튜플에서

① 튜플의 길이를 구하고

② 0번 인덱스에는 어떠한 자료가 있는지 확인하시오.

(3) 인적데이터로 이름과 아이디를 아래와 같이 갖고 있다. 각 인적 데이터는 튜플로 만들고 이들을 모아 하나의 리스트 b 로 구성하시오. (튜플의 리스트)

홍길동, 10

김철수, 20

이영희, 30

(4) 아래 4개 문장 중 4번째 문장에서 오류가 발생하는 이유를 설명하시오.

```
>>> l1=[1,2,3]
>>> t1=(1,2,3)
>>> l1[0]=100
>>> t1[0]=100
```

과제 2.6

(1) myTuple 변수에 'T', 'U', 'P', 'L', 'E'의 문자 값들을 갖는 튜플을 생성하고 그 튜플로부터 앞의 2개의 요소만으로 구성된 튜플을 생성하여 출력하시오.

(2) 튜플 대입 연산에 대해 알아보고 a, b = b, a 구문은 어떤 작업을 하는 것인지 설명하시오.

(3) 리스트와 튜플의 차이점은 mutable, immutable 이다.

```
l1=[10,20,30]
t1=( '홍길동' ,10)
```

리스트와 튜플의 특성을 이해하고 l1과 t1의 원소 중 10을 100으로 바꿔서 아래와 같은 값을 가지도록 만들고 설명하시오. (단, 10만 100으로 바꾸고 그 외의 원소들은 기존 값을 유지하도록 한다)

```
>>> l1
[100, 20, 30]
>>> t1
('홍길동', 100)
```

2.7 군집자료형 - 딕셔너리(Dictionary) 다루기

목표 딕셔너리(Dictionary)를 이해하고 사용하기

2.7.1 딕셔너리(Dictionary)란?

딕셔너리는 중괄호 { }로 이루어진 데이터의 집합이다. 흔히 사용되는 사전을 생각해보자. 단어를 찾으면 그에 맞는 정보가 있듯이, Python에서의 딕셔너리는 Key와 Value가 대응 관계를 갖고, Key를 호출하면 Value가 출력된다. 딕셔너리의 기본 구조를 알아보자.

```
dic = {Key1 : Value1, Key2 : Value2, Key3 : Value3}
```

2-44 따라해보기

```
>>> 홍길동 = { '나이' :20,  '성별' : '남자' ,  '생일' : '9월 13일' }
>>> print(홍길동[ '나이' ])
20
>>> print(홍길동[ '성별' ])
 '남자'
```

딕셔너리와 관련된 함수들은 다음의 표와 같다.

함수	함수 설명
dic.keys()	딕셔너리 내의 Key를 리스트형으로 출력한다.
dic.values()	딕셔너리 내의 Value를 리스트형으로 출력한다.
dic.items()	딕셔너리 내의 대응되는 Key와 Value 튜플들을 리스트형으로 출력한다.
dic.clear()	딕셔너리 내의 모든 요소를 제거한다.
dic.get(x)	x(Key)에 해당하는 Value를 반환한다.

2-45 따라해보기

```
>>> dic = { ‘이름’ : ‘홍길동’ , ‘나이’ :20}

>>> dic.values()
dic_values([ ‘홍길동’ ,20]

>>> dic.items()
dic_item([( ‘이름’ , ‘홍길동’ ),( ‘나이’ ,20)])

>>> dic.get( ‘이름’ )
 ‘홍길동’
```

2.7.2 딕셔너리 활용하기

Python에서는 값을 다루는 일이 자주 있다. 그 값은 변경되기도, 추가되기도 한다. 딕셔너리는 mutable 자료형으로 변경이 가능하다. 딕셔너리를 잘 활용하기 위해서 더 알아보자.

(1) 딕셔너리 원소 추가하기

2-46 따라해보기

```
>>> dic = { ‘이름’ : ‘홍길동’ , ‘나이’ :20}
>>> dic[ ‘성별’ ] = ‘남자’
>>> dic
{ ‘이름’ : ‘홍길동’ , ‘나이’ :20, ‘성별’ : ‘남자’ }
```

(2) 딕셔너리 원소 삭제하기

2-47 따라해보기

```
>>> dic = { ‘이름’ : ‘홍길동’ , ‘나이’ :20, ‘성별’ : ‘남자’ }
>>> del dic[ ‘이름’ ]
>>> dic
{ ‘나이’ :20, ‘성별’ : ‘남자’ }
```

(3) 딕셔너리 원소 찾기

2-48 따라해보기

```
>>> dic = { '이름' : '홍길동' , '나이' :20, '성별' : '남자' }
>>> dic[ '이름' ]
 '홍길동'
>>> dic
{'이름': '홍길동', '나이': 20, '성별': '남자'}
```

정리 요약

(1) 딕셔너리는 중괄호 { }로 이루어진 데이터의 집합이다.
(2) 딕셔너리는 Key와 Value가 대응 관계를 갖고, Key를 호출하면 Value가 출력된다.
(3) 딕셔너리는 mutable 자료형으로 변경이 가능하다.

맞을까? 틀릴까?

딕셔너리는 정의된 값의 변경이 가능할까? (○ , ×)

왜냐하면______________________________

딕셔너리는 중복된 Key와 Value가 들어갈 수 있을까? (○ , ×)

왜냐하면______________________________

연습문제 2.7

(1) 다음 표에서 "d1의 현재 상태"에서 "d1의 다음 상태"로 될 수 있도록 "적용할 문장"을 작성하시오.

d1의 현재 상태	적용할 문장	d1의 다음 상태
{ }		{ 'name' : '홍길동' }
{ 'name' : '홍길동' }		{ }

과제 2.7

(1) 커피의 가격 정보가 담겨있는 다음 딕셔너리 dc = {'아메리카노': 2000, '라떼': 3500, '카푸치노': 4000, '에스프레소':3500}에 '아이스아메리카노':3000 정보를 추가하는 코드를 작성하고 추가된 딕셔너리 요소를 모두 출력하시오.

(2) '아이스아메리카노'의 이름이 '아아'로 바뀌었다. 이를 적용하기 위해 먼저 '아이스아메리카노' 정보를 삭제하고 '아아' 정보를 추가해서 모두 출력하시오.

(3) Python에서는 dict()를 이용하여 튜플의 리스트를 딕셔너리로 바꿀 수 있다. 아래 리스트 l1을 딕셔너리 d1으로 바꾸시오.

```
l1=[('a',10), ('b',20),('c',30)]
```

2.8 군집자료형 - 집합(Set) 다루기

목표 집합 자료형을 이해하고 사용하기

2.8.1 집합(set)이란?

집합(set)은 Python 내에서 집합을 다룰 때 사용하는 자료형이다. 집합의 자료형은 set 함수를 이용해 생성하고, 다음의 중요한 2가지의 특징이 있다.

① 중복이 없다.
② 순서가 없다.

무슨 뜻인지 아래에서 알아보자.

2-49 따라해보기

```
>>> s1 = set( 'Hello' )
>>> s1
{ 'e' ,  'H' ,  'l' ,  'o' }
```

위와 같이 'l' 문자가 2개인데도 불구하고, 중복을 허용하지 않는 집합에서는 1번만 출력하게 된다. 또한, 입력한 순서와 무관하게 출력되는 것을 확인할 수 있다. 이를 통해서 집합의 특징을 알 수 있다.

2.8.2 집합(set)의 함수

(1) 교집합

2-49 따라해보기

```
>>> s1 = set([1,2,3,4,5,6])
>>> s2 = set([4,5,6,7,8,9])
>>> s1&s2
{4, 5, 6}
```

(2) 합집합

2-50 따라해보기

```
>>> s1 = set([1,2,3,4,5,6])
>>> s2 = set([4,5,6,7,8,9])
>>> s1|s2
{1,2,3,4,5,6,7,8,9}
```

(3) 차집합

2-51 따라해보기

```
>>> s1 = set([1,2,3,4,5,6])
>>> s2 = set([4,5,6,7,8,9])
>>> s1-s2
{1,2,3}
>>> s2-s1
{8,9,7}
```

(4) 집합 값 1개 추가하기

2-52 따라해보기

```
>>> s1 = set([1,2,3])
>>> s1.add(4)
>>> s1
{1,2,3,4}
```

(5) 집합 값 여러 개 추가하기

2-53 따라해보기

```
>>> s1 = set([1,2,3])
>>> s1.update([4,5,6])
>>> s1
{1,2,3,4,5,6}
```

(6) 집합 특정 값 제거하기

2-54 따라해보기

```
>>> s1 = set([1,2,3])
>>> s1.remove(2)
>>> s1
{1,3}
```

정리 요약

(1) 집합 자료형은 set 함수를 이용해서 생성한다.
(2) 집합 자료형은 원소 간의 중복이 없고, 순서가 없다.
(3) 파이썬 3의 내장 자료형

종류	설명	사용 예
str	문자열. 문자들을 원소로 가짐. immutable.	‘wikipedia’ “wikipedia “ “ “ “wki pedia “ “ “
list	모든 타입을 원소로 가짐. mutable.	[1.5, “우수” , True]
tuple	모든 타입을 원소로 가짐. immutable.	(1.5, “우수” , True)
set	순서가 없고 중복이 없는 집합. mutable.	{ 1.5, “우수” , True }
dict	Key, Value 쌍을 원소로 가짐. mutable.	{ “Key” : 100, “age” : 20 }
int	정수, immutable.	10
float	실수. immutable.	10.14
bool	True와 False 2개 값만 가능. immutable.	True False

맞을까? 틀릴까?

집합은 정의된 값의 변경이 가능할까? (○ , ×)

왜냐하면______________________________

집합 내부에 mutable한 값을 가질 수 있을까? (○ , ×)

왜냐하면______________________________

연습문제 2.8

(1) 빈 세트 타입은 반드시 (   ) 함수를 써야 생성할 수 있다.

리스트는 대괄호[ ], 튜플은 소괄호( ) 기호만으로도 빈 데이터를 생성할 수 있지만, 세트는 중괄호 기호로{ } 빈 세트 타입을 생성할 수 없다. 이유는 딕셔너리 타입의 생성방식과 중복되기 때문이다. 세트 타입에서는 반드시 (   )함수를 써야 빈 세트 생성이 가능하다.

(2) 다음을 실행하여 출력되는 결과를 예측해보고 이유를 쓰시오.

```
>>>empty_set = { }
>>>type(empty_set)
```

①______________________

```
>>>correct_empty_set = set()
>>>type(correct_empty_set)
```

②______________________

(3) s1={1,2,3,4,}, s2={3,4,5,6,7,8} 일 때 아래 결과가 나오도록 s1, s2를 이용하여 s3을 선언하시오. 합집합, 교집합, 차집합 연산만 사용하여 작성한다.

```
>>> s3
{1, 2, 5, 6, 7, 8}
```


과제 2.8

(1) a = set('aaabbbcccdddd') b = set('ababcdcdefef')
이와 같은 세트 타입이 있다. 다음의 문제에 알맞은 답을 작성하시오.

① 세트 a ={ }
② 세트 b ={ }
③ a-b ={ }
④ b-a ={ }
⑤ a & b ={ }
⑥ a ^ b ={ }

(2) a = {1, 2, 3, 4}, b = {4, 2, 3, 1} 2개의 집합에 대해서 == 과 != 연산을 사용하여 비교해 보고 결과에 대해 설명하시오.

(3) 합집합, 교집합, 차집합 이외에 집합에 적용할 수 있는 연산을 찾아 설명하시오.

CHAPTER 03

연산자와 제어문

파이썬으로 움직이는 EV3 로봇

3.1 연산자 다루기

목표 모든 연산자를 익히고 활용하기

3.1.1 연산자의 종류

앞에서 배운 사칙연산자를 제외하고 Python에서는 비교연산자, 논리연산자, 할당연산자, 비트(Bitwise) 연산자, 멤버십(Membership) 연산자가 있다. 연산자를 사용하면 여러 상황에서 프로그래밍을 편리하게 할 수 있다. 그러므로 사용법을 잘 익히자.

(1) 비교연산자

비교연산자는 객체의 크고 작음을 비교하고 포함관계를 알아내는 연산자이다. 아래의 표를 참고하자.

연산자	설명
A == B	A와 B의 값이 동일하다.
A != B	A와 B의 값이 동일하지 않다.
A 〉 B	A가 B보다 크다.
A 〈 B	B가 A보다 크다.
A 〉= B	A가 B와 같거나 크다.
A 〈= B	B가 A와 같거나 크다.
A in B	B가 A를 포함하고 있다. (tuple, list …)

위의 표를 보고 비교연산자를 사용해보자.

3-1 따라해보기

```
>>> A = 10
>>> B = 5

>>> A == B
False
>>> A != B
True
>>> A < B
False
>>> A >= B
True
```

(2) 논리연산자

논리연산자는 참과 거짓의 논리를 출력하는 연산자이다. and, or, not이 있다. 아래의 표를 참고하자.

연산자	설명
A and B	A와 B, 모두 참일 때 참.
A or B	A와 B, 둘 중 하나만 참이여도 참.
not A	논리를 반전해 출력.

위의 표를 보고 논리연산자를 사용해보자.

3-2 따라해보기

```
>>> A = True
>>> B = False

>>> A and B
False
>>> A or B
True
>>> not(A or B)
False
```

(3) 할당연산자

할당연산자는 변수 간에 값을 할당하거나, 연산하여 할당하는 등의 목적이 있을 때 사용된다. 또한, 값의 이동은 항상 오른쪽에서 왼쪽으로 이동되는 점을 유의하여 아래의 표를 참고하자.

연산자	설명
A = B	A에 B를 할당한다.
A += B	A에 B를 더한 후 할당한다.
A -= B	A에 B를 뺀 후 할당한다.
A *= B	A에 B를 곱한 후 할당한다.
A /= B	A에 B를 나눈 후 할당한다.
A //= B	A에 B를 나눈 후 몫을 할당한다.
A %= B	A에 B를 나눈 후 나머지를 할당한다.
A **= B	A에 B를 제곱한 후 할당한다.

위의 표를 보고 논리연산자를 사용해보자.

3-3 따라해보기

```
>>> A = 10
>>> B = 7

>>> C = A
>>> C += 2     #C=C+2
>>> C
12

>>> B -= 3     #B=B-3
>>> B
4

>>> A **= 2    #A=A^2
>>> A
100
```

(4) 비트(Bitwise)연산자

앞서 배운 논리연산자를 2진법 비트 단위로 연산을 수행할 수 있다. 1은 참, 0은 거짓으로 and, or, xor, not, shift가 있다. 아래의 표를 참고하자.

<table>
<tr><th>연산자</th><th>설명</th></tr>
<tr><td>A & B</td><td>A와 B를 bitwise AND 한다.</td></tr>
<tr><td>A | B</td><td>A와 B를 bitwise OR 한다.</td></tr>
<tr><td>A ^ B</td><td>A와 B를 bitwise XOR 한다.</td></tr>
<tr><td>~ A</td><td>A와 B를 bitwise NOT 한다.</td></tr>
<tr><td>A << 2</td><td>A를 2bit 왼쪽으로 shift한다.</td></tr>
<tr><td>B >> 2</td><td>B를 2bit 오른쪽으로 shift한다.</td></tr>
</table>

위의 표를 보고 비트 연산자를 사용해보자. 숫자 앞에 0b를 붙이면 그 뒤의 숫자를 2진수로 받아들인다. 그러므로 0b 뒤쪽에는 0과 1만 올 수 있다. 10진수인 숫자를 2진수 형태의 문자열로 바꿀 때는 bin() 함수를 사용한다.

3-4 따라해보기

```
>>> A = 0b100001
>>> B = 0b101111

>>> print(bin(A&B))
0b100001

>>>print(bin(A|B))
0b101111

>>> print(bin(A^B))
0b1110

>>> print(bin(A<<2))
0b10000100
```

(5) 멤버십(Membersip) 연산자

멤버십 연산자는 좌측의 변수가 우측의 튜플, 리스트 등 데이터의 모음에 포함되는가를 나타내는 연산자이다. 문자열 역시 여러 문자를 포함하고 있으므로 멤버십 연산자 사용이 가능하다. in, not in으로 사용할 수 있다. 아래의 표를 참고하자.

연산자	설명
A = [1, 2, 3]	
3 in A	A에 3이 포함되어 있을 때 → True
3 not in A	A에 3이 포함되어 있지 않을 때 → True

위의 표를 보고 맴버십연산자를 사용해보자.

3-5 따라해보기

```
>>> friend = [ ‘철수’ , ‘영희’ , ‘봉구’ ]

>>> print( ‘철수’  in friend)
True

>>> print( ‘선우’  in friend)
False

>>> str1 = "철수가 어제 갔었니?"
>>> "어제" in str1
True
```

정리 요약

(1) 비교연산자는 객체의 크기를 비교하는 연산자이다.
(2) 논리연산자는 값의 참과 거짓을 출력하는 연산자이다.
(3) 할당연산자는 우측의 값을 좌측의 변수로 할당하는 연산자이다.
(4) 비트연산자는 2진법 비트 단위의 연산을 수행하는 연산자이다.
(5) 멤버십연산자는 데이터의 모음에 해당 값의 포함/비포함을 알아내는 연산자이다.

맞을까? 틀릴까?

연산자를 이용한 할당, 결합의 순서는 좌측에서 우측이다. (○ , ×)

왜냐하면 ______________________________

연습문제 3.1

(1) 다음의 세트에서 현재의 세트항목을 출력하고 'BTS'와 'Rain'의 항목이 존재하는지 확인하는 코드를 작성하고 결과값을 나타내시오.

```
group = {'redVelvet','BTS','TWICE','SEVENTEEN','OHMYGIRL'}
```

(2) age에는 나이를 가지고 있다. ok 변수에, 나이가 12세 이하이거나 65세 이상일 때는 True를, 그 외일 때는 False를 넣는 문장을 작성하시오.

(3) d1 = {'name': '사과잼', 'type': '절임류', 'origin': '한국'} 일 때 아래 문장에서 ok가 True 되게 빈 칸을 채우시오.

ok = '사과잼' in ____________

과제 3.1

(1) a에는 2진수 8자리 숫자를 넣고 result 변수에는 a의 오른쪽에서 3번째와 4번째 bit가 모두 1이면 True가, 0이면 False가 들어가게 하시오.

3.2 제어문 다루기

목표 Python 제어문 사용하기

Python은 대화형 모드로도 실행할 수 있고 스크립트 파일로도 실행할 수 있다. 이 중 스크립트 파일로 실행하는 방법은 Python 명령어들을 확장자가 py인 파일로 저장한 후 일괄로 수행하는 실행 모드이다. 제어문을 배우면 코드 블록을 사용하게 되므로 계속 대화형 모드로만 프로그램하면 비효율적이다. 스크립트 파일로 실행시키는 방법으로 바꾸고 간단한 테스트가 필요할 때에 대화형 모드를 활용하도록 하자.

Visual Studio Code를 설치한 후 윈도우 검색창에서 "Visual Studio Code"를 입력하여 프로그램을 수행시키고 py 파일을 작성할 수 있다. 프로그램 설치부터 소스 파일 작성 및 실행시키는 방법까지 "부록 A"를 참조하도록 한다.

3.2.1 순서도로 표현하기

제어문의 주된 목적은 프로그램의 흐름을 바꾸는 것이다. 제어문이 없다면 프로그램은 첫 줄부터 마지막 줄까지 순차적인 수행만 가능할 것이다.

프로그램의 흐름을 표현하는데 가장 직관적인 방법으로 순서도를 사용한다. 여기서 순서도의 기본형을 배워 제어문의 기능을 명확히 이해하고 이후로도 논리 구조를 표현할 때 순서도를 활용하도록 하자.

순서도는 몇 가지 기호만으로 논리의 흐름을 표현한다.

기호	기능
	단말(순서도의 시작과 끝을 표시)
	처리(처리할 작업을 표시)
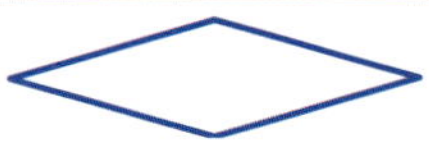	판단(조건문 결과(True/False)에 따라 흐름이 2갈래로 갈라짐)
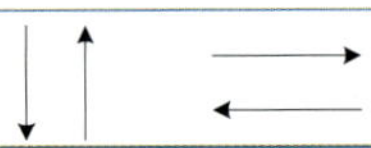	흐름선(다음 처리할 곳을 표시)

3.2.2 조건문 (if, elif, else문)과 input() 함수

프로그래밍 중에 여러 조건에 맞는 각각의 프로그램을 작성할 때, if문을 사용하면 유용하다. if문은 '(만약) …면'의 의미와 같이 해석하면 이해하기 편하다. if문의 목적은 예측되거나 예측하지 못하는 모든 상황에 대처하기 위함도 있다. 예측되는 조건에 대해서는 elif문을 사용하고, 예측되지 않는 나머지 상황에 else문을 이용해서 프로그램을 작성한다. 아래의 기본 틀을 확인하자.

3-6 따라해보기

```
if 〈조건문〉:
    〈명령어 1〉
    …
```

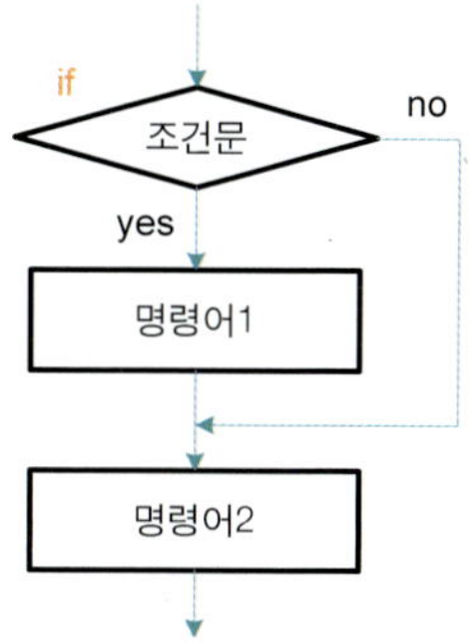


```
if 〈조건문〉:
    〈명령어 1〉
    …
else:
    〈명령어 2〉
    …
```

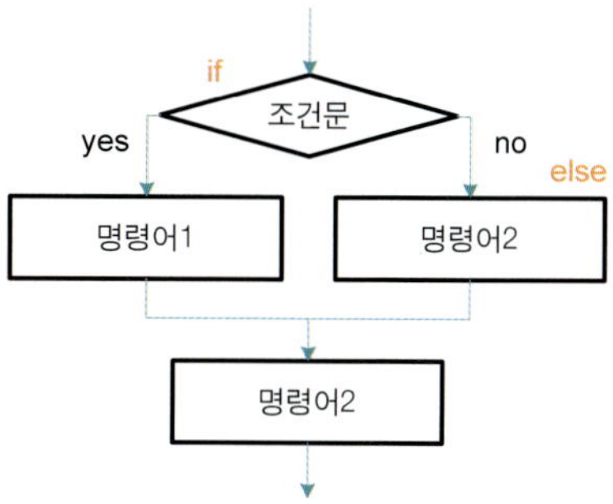


```
if 〈조건문〉:
    〈명령어 1〉
    ....
elif 〈조건문〉:
    〈명령어 2〉
    ....
elif 〈조건문〉:
    pass
else:
    〈명령어 4〉
    ....
```

콜론으로 시작되는 블록은 비워 놓을 수 없으므로 아무 일도 수행하지 않을 때는 pass 명령어를 사용한다.

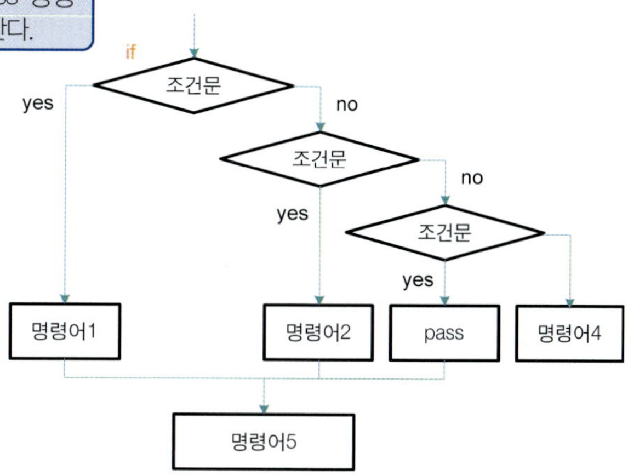

if 블록만 있을 때 〈조건문〉의 결과가 True일 때는 〈명령어1〉이 속한 블록을 수행하고 False일 때는 건너뛴다. if와 else 블록이 있을 때는 〈조건문〉의 결과에 따라 양쪽 블록 중 한 쪽만 수행하고 지나간다. if와 elif 여러 개와 else 블록이 있으면 위에서부터 차례로 조건문을 테스트하여 True가 되는 블록의 명령어들을 처리하고 나머지는 건너뛴다.

if문에서 조건의 끝맺음을 나타내는 ':'와 들여쓰기(indentation)는 매우 중요하다. 만약, ':'이 빠지면 SyntaxError를 나타내고 들여쓰기가 잘못되면 IndentationError를 나타낸다.

Python에서는 블록을 구분하는 방법으로 들여쓰기를 사용하며 하나의 블록 안에서는 모든 줄에서 같은 문자를 사용하여 같은 분량의 들여쓰기를 해야 한다. 아래는 대표적으로 발생하기 쉬운 들여쓰기 오류이다. 프로그램을 작성하며 오류를 구별하고 확인하자.

```
>>> if (a==b):
...         c = 10
...       d = 11
  File "<stdin>", line 3
    d = 11
         ^
IndentationError: unindent does not match any outer indentation level
>>> if (a == b):
...         c = 10
...         d = 11
  File "<stdin>", line 3
TabError: inconsistent use of tabs and spaces in indentation
```

공백 문자를 4개 넣은 줄과 3개 넣은 줄은 같은 블록으로 인정받지 못한다

같아 보이지만 한 줄은 Tab으로 들여쓰기 했고 다른 줄은 공백 문자 4개로 들여쓰기 했으므로 같은 블록으로 인정받지 못한다.

또한, if 문의 원활한 학습을 위해 input 함수의 기본 틀을 확인해보자. input()함수를 호출하면 그 지점에서 사용자의 입력을 받고 사용자가 입력한 내용은 input()함수의 반환값을 할당한 변수에 할당된다.

```
>>> friend = input()
철수
>>> print(friend)
철수
```

input 함수 호출할 때 괄호 안에 안내문을 넣어 보다 명확하게 알려주고 입력받을 수 있다. input 함수의 반환값은 숫자를 입력하더라도 항상 문자열 타입이다. 그러므로 입력받은 내용을 숫자로서 사용하려면 int() 함수를 이용하여 형변환하여 사용해야 한다.

```
>>> name=input('이름: ')
이름: 홍길동
>>> name
'홍길동'
>>> score=input('점수: ')
점수: 99
>>> score
'99'
>>> score = int(score)
>>> score+1
100
```

안내문을 보이면서 입력 받기

사용자는 숫자를 입력했지만 항상 문자열 형태로 들어온다.

int 함수 이용하여 정수로 바뀐 후에 +와 같은 정수 연산도 가능해 진다.

앞서 배운 if ~elif ~else문의 기본 틀과 input 함수의 기본 틀을 참고해서, 다음의 프로그램을 작성해보자.

조건 1. 친구의 이름을 입력한다.
조건 2. 아는 친구에게는 이름과 함께 인사를 하자.
조건 3. 하지만 친구의 이름이 '동수'이면 무시한다.
조건 4. 모르는 친구일 경우에는 누구인지 물어본다.

3-7 따라해보기

```
>>> friend = input()
철수
>>> if friend ==  '철수' :
. . .    print( '철수 안녕' )
. . .elif friend ==  '영미' :
. . .    print( '영미 안녕' )
. . .elif friend ==  '동수' :
. . .    pass
. . .else:
. . .    print( '누구세요?' )
```

다음으로 "돈이 있으면 택시를 타고, 돈이 없으면 걸어가라."를 조건문으로 표현해보자.

3-8 따라해보기

```
>>> money = True
>>> if money:
...     print("택시를 타고 가라")
... else:
...     print("걸어가라")
...
택시를 타고 가라
```

money에 True를 입력했으므로 money는 참이다. 따라서 if문 다음 문장이 수행되어 '택시를 타고 가라'가 출력된다.

"만약 3000원 이상의 돈을 가지고 있으면 택시를 타고 그렇지 않으면 걸어가라."

3-9 따라해보기

```
>>> money = 2000
>>> if money >= 3000:
...     print("택시를 타고 가라")
... else:
...     print("걸어가라")
...
걸어가라
>>>
```

money >= 3000 조건문이 거짓이 되기 때문에 else문 다음 문장을 수행하게 된다.

"돈이 3000원 이상 있거나 카드가 있다면 택시를 타고 그렇지 않으면 걸어가라."

3-10 따라해보기

```
>>> money = 2000
>>> card = True
>>> if money >= 3000 or card:
...     print("택시를 타고 가라")
... else:
...     print("걸어가라")
...
택시를 타고 가라
>>>
```

"주머니에 돈이 있으면 가만히 있고 주머니에 돈이 없으면 카드를 꺼내라."

3-11 따라해보기

```
>>> pocket = ['paper', 'money', 'cellphone']
>>> if 'money' in pocket:
...     pass
... else:
...     print("카드를 꺼내라")
...
```

['paper', 'cellphone', 'money'] 리스트 안에 'money'가 있으므로 'money' in pocket은 참이 된다. 따라서 if문 다음 문장이 수행된다.

가끔 조건문의 참, 거짓에 따라 실행할 행동을 정의할 때, 아무런 일도 하지 않도록 설정하고 싶을 때가 있다. 이럴 때 사용하는 것이 바로 pass이다.

"주머니에 돈이 있으면 택시를 타고,
주머니에 돈은 없지만 카드가 있으면 택시를 타고,
돈도 없고 카드도 없으면 걸어가라."

3-12 따라해보기

```
>>> pocket = ['paper', 'handphone']
>>> card = True
>>> if 'money' in pocket:
...     print("택시를 타고가라")
... else:
...     if card:
...         print("택시를 타고가라")
...     else:
...         print("걸어가라")
...
택시를 타고가라
```

위의 문장을 elif를 사용해서 간결하게 만들어보자.

3-13 따라해보기

```
>>> pocket = ['paper', 'cellphone']
>>> card = True
>>> if 'money' in pocket:
...     print("택시를 타고가라")
... elif card:
...     print("택시를 타고가라")
... else:
...     print("걸어가라")
...
택시를 타고가라
```

elif는 이전 조건문이 거짓일 때 수행된다. if, elif, else를 모두 사용할 때 기본 구조는 위와 같다. elif는 개수에 제한 없이 사용할 수 있다.

3.2.3 for문과 range, continue

프로그램을 작성하면서 반복을 하는 경우가 많다. Python에서는 반복문으로 for 문과 while 문이 있는데, 첫 번째로 for 문을 알아보자. for 문은 리스트, 튜플, 딕셔너리, 문자열 자료형에서 각각의 요소에 대해서 반복적으로 프로그램을 수행할 수 있다.
for 문의 기본 틀을 확인하자.

```
for 변수 in 리스트(또는 튜플, 딕셔너리, 문자열):
    수행할 문장1
    수행할 문장2
    ...
```

리스트나 튜플, 딕셔너리, 문자열의 첫 번째 요소부터 마지막 요소까지 차례로 변수에 대입되어 "수행할 문장1", "수행할 문장2" 등이 수행된다.

3-14 따라해보기

```
>>> test_list = ['one', 'two', 'three']
>>> for i in test_list:
...     print(i)
...
one
two
three
```

['one', 'two', 'three'] 리스트의 첫 번째 요소인 'one'이 먼저 i 변수에 대입된 후 print(i) 문장을 수행한다. 다음에 두 번째 요소 'two'가 i 변수에 대입된 후 print(i) 문장을 수행하고 리스트의 마지막 요소까지 이것을 반복한다.

3-15 따라해보기

```
>>> friend = [ ‘철수’ , ‘영미’ , ‘동수’ ]

>>> for i in friend:
. . .   print( ‘반가워 ‘, i)

반가워 철수
반가워 영미
반가워 동수
```

위 프로그램 두 줄의 작성으로 편리하게 여러 요소에 대해서 명령을 수행할 수 있는 것을 확인할 수 있었다.

for 문을 변형해보자.

3-16 따라해보기

```
>>>> a = [(1,2), (3,4), (5,6)]
>>> for (first, last) in a:
...     print(first + last)
...
3
7
11
```

위 예는 a 리스트의 요소값이 튜플이기 때문에 각각의 요소가 자동으로 (first, last) 변수에 대입된다.

3-17 따라해보기

```
>>> friend = [( '철수' , '영민' ), ( '영미' , '봉구' ), ( '동수' , '수빈' )]

>>> for (i, j) in friend:
. . .   print( '반가워 ', i,j)

반가워 철수 영민
반가워 영미 봉구
반가워 동수 수빈
```

리스트의 원소인 튜플에 대해, 튜플의 첫 번째 원소를 i에, 두 번째 원소를 j에 할당한 후 for 블록을 수행한다. 리스트의 다음 원소인 튜플에 대해 같은 작업을 하며 마지막 원소까지 진행한다.

앞서 배운 if문과 for문을 같이 사용하여 다음의 조건을 충족하는 프로그램을 작성하자.

> 데이터 : [('철수',92),('영미',77),('동수',85)]
> 학점을 분별해내는 프로그램을 작성하라.
>
> 조건1. A는 90점 이상, B는 90점 미만 80점 이상, C는 80점 미만
> 조건2. 이름과 함께 학점을 출력한다.

3-18 따라해보기

```
student = [('철수',92), ('영미',77), ('동수',85)]

for (i,j) in student:
    if j >= 90:
        print(i,"A")
    elif j >= 80:
        print(i,"B")
    else:
        print(i,"C")
```

반복문 안에서 조건에 따라 반복 블록의 나머지 부분을 건너뛰고 다음 반복을 계속할 경우 'continue'문을 이용하면 된다.

A학점을 맞은 사람에게만 통보하는 프로그램을 작성해보자.

3-19 따라해보기

```
student = [('철수',92), ('영미',77), ('동수',85)]

for (i,j) in student:
    if j < 90:
        continue
    print(i, “A” )
```

"총 5명의 학생이 시험을 보았는데 시험 점수가 60점이 넘으면 합격이고 그렇지 않으면 불합격이다. 합격인지 불합격인지 결과를 보여 주시오."

3-20 따라해보기

```
marks = [90, 25, 67, 45, 80]

number = 0
for mark in marks:
    number = number +1
    if mark >= 60:
        print("%d번 학생은 합격입니다." % number)
    else:
        print("%d번 학생은 불합격입니다." % number)
```

각각의 학생에게 번호를 붙이기 위해 number 변수를 사용하였다. 점수 리스트 marks에서 차례로 점수를 꺼내어 mark라는 변수에 대입하고 for문 안의 문장들을 수행한다. 우선 for문이 한 번씩 수행될 때마다 number는 1씩 증가한다.

3-21 따라해보기

```
marks = [90, 25, 67, 45, 80]
number = 0
for mark in marks:
    number = number +1
    if mark < 60:
        continue
    print("%d번 학생 축하합니다. 합격입니다. " % number)
```

점수가 60점 이하인 학생일 경우에는 mark < 60이 참이 되어 continue 문이 수행된다. 따라서 축하 메시지를 출력하는 부분인 print문을 수행하지 않고 for 문의 처음으로 돌아가게 된다.

Python에서 range 함수는 지정한 범위의 정수를 생성해주는 함수이다.
range(10)일 경우, 0부터 9까지 정수를 생성한다. for 문을 통해 확인하자.

3-22 따라해보기

```
for i in range(100):
    print(i)
```

range() 함수의 매개변수는 range(시작 정수, 끝 정수, 간격)이다. 시작과 끝 정수는 range() 함수의 시작과 끝을 지정하고, 3번째 매개변수 '간격'은 숫자 간의 간격을 말한다.
0부터 100까지 2 간격으로 숫자를 출력해보자.

3-23 따라해보기

```
for i in range(0,101,2):
    print(i)
```

시작 숫자와 끝 숫자를 지정하려면 range(시작 숫자, 끝 숫자) 형태를 사용하는데, 이때 끝 숫자는 포함되지 않는다. for와 range 함수를 사용하면 1부터 10까지 더하는 것을 다음과 같이 쉽게 구현할 수 있다.

3-24 따라해보기

```
>>> sum = 0
>>> for i in range(1, 11):
...     sum = sum + i
...
>>> print(sum)
55
```

3-25 따라해보기

```
#marks3.py
marks = [90, 25, 67, 45, 80]
for number in range(len(marks)):
    if marks[number] < 60:
        continue
    print("%d번 학생 축하합니다. 합격입니다." % (number+1))
```

len 함수는 리스트 안의 요소 개수를 돌려주는 함수이다. 따라서 len(marks)는 5가 될 것이고 range(len(marks))는 range(5)가 될 것이다. number 변수에는 차례로 0부터 4까지의 숫자가 대입될 것이고, marks[number]는 차례대로 90, 25, 67, 45, 80 값을 갖게 된다.

range 함수로 구구단 프로그램을 작성하자.

3-26 따라해보기

```
for i in range(2,10): # ①번 for문
    print(i,'단')
    for j in range(1,10): # ②번 for문
        print(i, '*', j, '=', i*j)
    print(' ')
```

따라하기 3-25에서의 for 문에서 어떤 식으로 작동하는지 서술해보자.

1. ①번 for문에서 2부터 9까지의 숫자(range(2, 10))가 차례로 i에 대입된다.
2. i가 처음 2일 때 ②번 for문을 만나게 된다.
3. ②번 for문에서 1부터 9까지의 숫자(range(1, 10))가 j에 대입되고 그 다음 문장 print(i*j)를 수행한다.
4. 따라서 i가 2일 때 2*1, 2*2, 2*3, … 2*9까지 차례로 수행되며 그 값을 출력하게 된다.
5. 그 다음으로 i가 3일 때 역시 2일 때와 마찬가지로 수행될 것이고 i가 9일 때까지 계속 반복된다.

3.2.4 print() 함수, formatting

앞에서 여러 차례 print() 함수를 사용해 출력했다. print() 함수는 정수, 실수, 불(Bool) 자료형을 문자열로 변경할 필요 없이 바로 출력할 수 있다. 또한, 수식과 리스트 같은 복잡한 내용도 쉽게 출력할 수 있다.

3-27 따라해보기

```
>>> print(123)
123
>>> print("3*2=",3*2)
3*2= 6
>>> print(list(range(1,10)))
[1, 2, 3, 4, 5, 6, 7, 8, 9]
```

위와 같이, 문자열과 정수형을 같이 출력하고자 하면 쉼표(,)를 통해서 사용할 수 있다.

print() 함수를 자유롭게 사용하기 위해서는 다음의 표와 같은 포맷 코드를 사용한 포맷팅을 사용하면 더 간단하게 내용을 표현할 수 있다. 포맷 코드부터 알아보자.

포맷 코드	설명
%s	문자열
%c	문자형
%d	정수형
%f	실수형
%o	8진수
%x	16진수
%%	리터럴(%)

포맷 코드를 참고하여 print() 함수를 간단하게 사용해보자.

```
print( 문자열 % 값)
```

형식으로 사용하면 "문자열" 안의 "포맷 코드"가 "값"으로 대체된다. 이 때 "값"의 타입에 맞게 "포맷 코드"를 사용해야 한다.

3-28 따라해보기

```
>>> print('철수는 %d점을 맞았다.' % 92 )
철수는 92점을 맞았다.

>>> print('92점을 맞은 철수는 %s를 받았다' % 'A' )
92점을 맞은 철수는 A를 받았다.

>>> print('철수의 백분위는 %0.3f%%이다.' % 93.1234 )
철수의 백분위는 93.123%이다.
```

%0.3f를 이용해서 소수점 아래 3째 자리까지만 보이도록 할 수 있다.

```
print( 문자열 % (값1, 값2, 값3))
```

형식으로 사용하면 "문자열" 안의 "포맷 코드"들이 나오는 순서대로 "값1", "값2", "값3"으로 대체된다. 이 때도 각 "값"의 타입에 맞게 "포맷 코드"를 사용해야 한다.

```
printf( 문자열.format(값1, 값2, 값3) )
```

형식으로 사용하면 "문자열" 안의 "{번호}"들이 번호 순서대로 "값1", "값2", "값3"으로 대체된다. 등장한 순서대로가 아니고 "{번호}" 순서대로 뒤쪽 값으로 대체됨에 유의하도록 한다.

3-29 따라해보기

```
>>> print("%d %s" % (10000, 'lelecoder'))
10000 lelecoder

>>> print("number={0}, name={1}".format(10000, 'lelecoder'))
number=10000, name=lelecoder
```

좀 더 자세히

10.3f의 표현은 전체 10개 칸의 자리에 오른쪽 정렬하여 실수를 표현하되 소수점 셋째 자리까지 표현하라는 명령어다.

3.2.5 while문

for문과 같이 Python의 반복문이다. while문은 for문과 달리 조건부 반복문이다. while문의 조건이 참일 경우에만, while문 내의 명령어가 반복된다. while문도 if 문과 같게 조건의 끝맺음을 나타내는 ":"와 들여쓰기가 중요하다.

기본 구조를 확인하자.

3-30 따라해보기

```
while 〈조건문〉:
    〈명령어1〉
    ...
```

while문을 이용하여 “명령어1”을 일정 횟수만큼 반복 수행시킬 수 있다. 반복을 제어하는 반복 제어 변수를 두어 그의 값을 ①초기화시키고 ②반복을 수행하면서 일정하게 변화시키다가 ③일정한 값에 도달하면 반복을 멈추고 while문 아래쪽으로 흐름이 계속되게 하는 방법이다. 이러한 논리 구조를 파악하면서 while문을 이용해서 0부터 100까지 출력하는 프로그램을 작성해보자.

3-31 따라해보기

```
i = 0             # ①

while (i < 101):  # ③

    print(i)
    i += 1        # ②
```

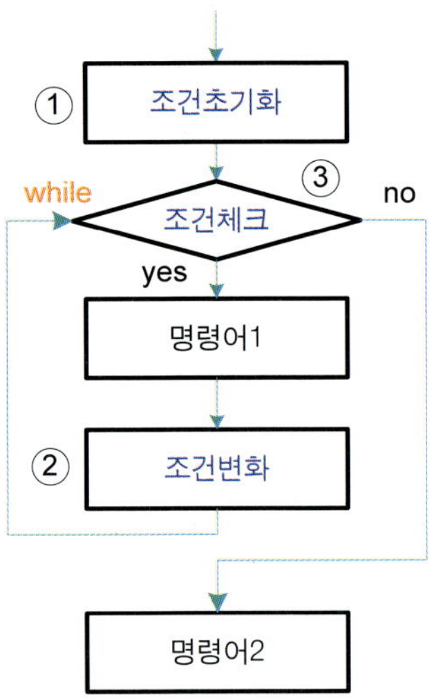

"열 번 찍어 안 넘어가는 나무 없다"

3-32 따라해보기

```
>>> treeHit = 0
>>> while treeHit < 10:
...         treeHit = treeHit +1
...         print("나무를 %d번 찍었습니다." % treeHit)
...         if treeHit == 10:
...             print("나무 넘어갑니다.")
```

treeHit가 10보다 작은 동안에 while문 안의 문장을 계속 수행한다.

whlie문 안의 문장을 보면 제일 먼저 treeHit = treeHit + 1로 treeHit 값이 계속 1씩 증가한다. 나무를 treeHit번만큼 찍었음을 알리는 문장을 출력하고 treeHit가 10이 되면 "나무 넘어갑니다."라는 문장을 출력한다. 그러고 나면 treeHit < 10 조건문이 거짓이 되므로 while문을 빠져나가게 된다.

while문을 이용해서 프로그램이 끝나지 않고 반복을 계속하는 무한 루프(Infinite Loop)를 만들어보자.

```
while True:
    <명령어1>
    ...
```

while문의 조건문이 True이므로 항상 참이 된다. 따라서 while문 안에 있는 문장들은 무한하게 반복 수행될 것이다. 무한루프 속 break는 강제로 루프를 빠져나가게 해준다.

3.2.6 break문

무한루프 목적의 while문에서, 무한루프를 탈출하기 위해서는 break 함수를 호출하면 된다. 예를 들어, 언제 입력될지 모르는 특정 신호를 받기 위해 무한루프를 설계하고 실행될 때, 특정 신호가 인식되면 무한루프를 탈출하게 하고자 할 때 break 문을 사용한다.

이러한 논리 구조를 이용할 때는 while문에서 조건 체크를 하지 않고 while 블록 안에서 if문으로써 조건체크한 후 조건에 맞으면 break한다.

```
while True:
    〈명령어1〉
    ...
    if signal ==  'ok' :
        break
    〈명령어2〉
〈명령어3〉
```

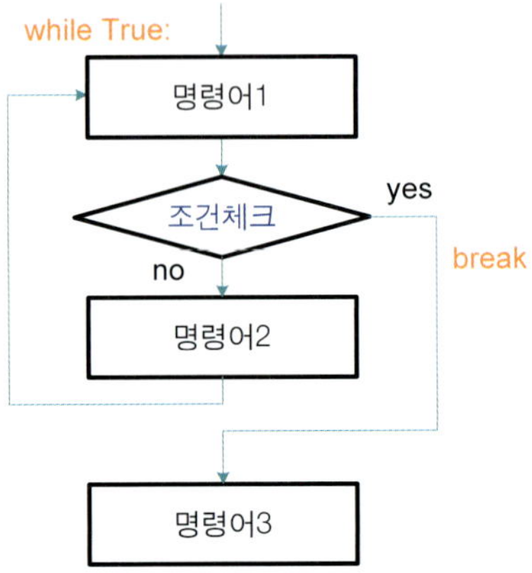

정리 요약

(1) if ~elif ~else 문은 ':'로 끝맺음을 하고 이들 블록에 속하는 명령문들은 들여쓰기를 해 줘야 한다.
(2) for 문은 리스트, 튜플, 딕셔너리, 문자열 자료형의 요소마다 반복할 수 있다.
(3) for 문에서는 range를 이용해서 특정 범위의 정수들을 사용할 수 있다.
(4) while 문을 이용해서 무한루프를 쓸 수 있고, break 문으로 멈출 수 있다.

맞을까? 틀릴까?

else문을 작성한 후 elif문을 작성할 수 있다.(○ , ×)

왜냐하면 ______________________________

연습문제 3.2

(1) 다음의 그림과 같이 화면에 출력하는 프로그램을 제어문을 이용하여 작성하시오.

```
*******
 *****
  ***
   *
```

(2) 다음의 그림과 같이 화면에 출력하는 프로그램을 제어문을 이용하여 작성하시오.

```
0123456789
1234567890
2345678901
3456789012
4567890123
5678901234
6789012345
7890123456
8901234567
9012345678
```

(3) 다음 프로그램을 실행하고, 그 결과를 설명하시오.

```
>>> for x in range(1, 11):
... print('{0:2d} {1:3d} {2:4d}'.format(x, x*x, x*x*x))
```

(4) 다음 프로그램을 실행하고, 그 결과를 설명하시오.

```
i = 123
f = 3.14
s = 'Hello'
print('i: %d, f: %f, s: %s' % (i, f, s))
print('i: %9d, f: %5.2f, s: %7s' % (i, f, s))
print('i: %09d, f: %05.2f, s: %7s' % (i, f, s))
print('i: {}, f: {}, s: {}'.format(i, f, s))
print('f: {1}, i: {0}, s: {2}'.format(i, f, s))
print('f: {ff}, i: {ii}, s: {ss}'.format(ii=i, ff=f, ss=s))
```

(5) 리스트 nums가 아래와 같이 선언되었다.

```
nums=[1,2,6,8,4,3,2,1,9,5,4,9,7,2,1,3,5,4,8,7,2,3]
```

nums에서 찾을 숫자를 입력받아 입력받은 숫자가 나타나는 횟수를 출력하는 프로그램을 작성하시오. (input() 으로 입력 받은 변수는 문자열 타입이며 이를 정수로 사용하기 위해서는 int() 함수를 사용해야 한다.)

(6) 다음 소스 코드를 완성하여 리스트 s에 들어있는 문자열 중에서 길이가 4인 것들만 리스트 형태로 출력되게 만드세요(리스트 표현식 사용)

```
>>> s = ['apple', 'banana', 'chip', 'deli', 'echo', 'fox', 'god', 'hotel', 'inch']
```

(7) 출생연도를 year에 입력 받아 나이를 계산한 후 나이가 15세 이상이고 20세 미만이면 "아직 당신은 미성년입니다." ,나이가 21세이면 "당신은 올해부터 성년입니다!" 라고 출력하는 프로그램을 만드시오. year 변수에 다양한 값을 바꿔 넣고 실행시켜 출력 결과를 확인하시오. (if 문만 이용)

과제 3.2

(1) 구구단의 시작하는 단과 끝나는 단을 입력받아 화면에 출력하는 프로그램을 제어문을 이용하여 작성하시오.

(2) 50부터 100까지의 정수 중에서 3의 배수만 더하는 프로그램을 while문을 이용하여 작성하시오.

(3) 아래 표의 빈 칸을 채우시오.

코드	결과 값
list(range(5))	[0,1,2,3,4]
list(range(4,6))	
list(range(7,0,−1))	
list(range(3,8))	[3,4,5,6,7]
	[3,6,9]

(4) 빈칸을 채워 키와 값으로 이루어진 각 리스트를 조합해 하나의 딕셔너리를 만드시오.

프로그램	결과
keys=['k1', 'k2', 'k3', 'k4'] values=['문자', 200, 20, 2] chars={} print(chars)	{'k1': '문자', 'k2': 200, 'k3': 20, 'k4': 2}

(5) 딕셔너리의 원소들을 for문으로써 살펴보는 방법은 2가지가 있다.

①	for key in dictionary1: print(key+' : '+dictionary1[key])
②	for key, value in dictionary1.items(): print(key+' : '+value)

②번 방법에 대하여 설명하고 1)번과 비교하여 편리한 점을 적으시오.

(6) 아래 시나리오에 맞게 보유금액을 기준으로 구매 가능 티켓을 출력하는 프로그램을 작성하시오.

Step 1) 보유금액을 입력받는다.
Step 2) 비행기티켓 가격이 1등석(500만), 비지니스석(300만), 이코노미석(100만)이라 가정한다.
Step 3) 보유금액을 기준으로 구매 가능 티켓을 출력하라.
(1등석('F'), 비지니스석('B'), 이코노미석('E'), 구매불가('X')

CHAPTER 04

함수와 변수 범위

4.1 함수의 종류

목표 함수의 종류를 알아보자

함수의 목적은 프로그램 작성자의 편리함에 있다. 프로그램을 간소화하고 반복적인 작업을 줄여주어 효율을 늘려준다. Python에서는 내장함수, 외장함수, 사용자 정의 함수가 있다. 각각의 함수별로 이해해보자.

(1) 사용자 정의함수

프로그램 작성자가 def로 선언하여 필요한 함수를 만들어낼 수 있다.

```
def 함수명(입력 인자)
    ...
    ...
    return 반환 값
```

위의 기본 틀로 사용할 수 있다. 이번 4.1 함수의 장에서는 함수의 종류를 구별하는 장으로 다음 장에서 더 자세히 알아보겠다. 사용자 정의 함수는 필요한 함수를 직접 작성해 프로그램을 간략하게 작성하고 반복적인 작업을 줄여 효율적인 프로그램을 만들 수 있게 도와준다. 다시 말해, 사용자에게 최적화된 함수를 직접 만들어낸다.

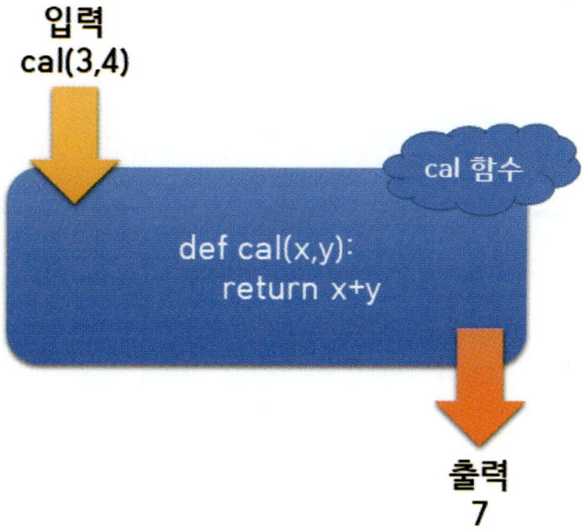

(2) 내장함수

우리는 이미 내장함수를 많이 사용해왔다. Python에서 기본적으로 제공하는 함수다. print, input, list, len, type 등을 말한다. 내장함수는 별도의 작업 필요 없이 호출만 하면 사용 가능하므로 우리는 내장함수를 별다른 번거로움 없이 편리하게 써왔었다. 내장함수를 모두 외워 알고 있어야 하는 것은 아니므로 내장함수가 무엇인지 의미를 이해하는 것에 중점을 두고 다른 함수들과의 차이점을 명확히 알아야 한다.

(3) 외장함수

외장함수는 import를 통해 외부 모듈을 불러와 프로그램을 작성한다. 내장 함수와는 달리 import로 호출해오지 않으면 사용 불가능한 함수들이다.

4-1 따라해보기

```
>>> print(time.ctime())
Traceback (most recent call last):
  File "<stdin>", line 1, in <module>
NameError: name 'time' is not defined

>>> import time
>>> print(time.ctime())
Tue Dec 23 13:01:14 2019
```

import 하지 않은 상태로 호출하면, NameError를 일으키게 된다. 또한, 자신이 만든 사용자 정의 함수가 작성된 Python file을 import 해서 사용할 수 있다.

정리 요약

(1) 사용자 정의 함수는 목적에 맞게 자유롭게 수정할 수 있다.
(2) 내장함수는 따로 import 할 필요가 없다.
(3) 외장함수는 반드시 import를 해야 사용할 수 있고, 하지 않고 사용하면 NameError를 일으킨다.

맞을까? 틀릴까?

내장 함수는 우리가 직접 작성하여 사용하는 함수이다. (○ , ×)

왜냐하면 ______________________________

연습문제 4.1

(1) 전달되는 값이 리스트라고 가정하고, [0]에는 0, [−1]에도 0을 대입시키는 함수 func(s)를 다음과 같이 구현한다.

```
def func(s):
    s[0]=0
    s[-1]=0
```

함수 func(s)에 리스트 st = [1,2,3]를 인자 값으로 호출하였을 때 결과를 프로그램하여 출력시키시오.

(2) $f(x) = 5x^2 + 2x + 10$ 이라는 이차 방정식 형태의 함수를 만들고 함수 호출 시 x의 값이 1일 때와 10일 때 함수를 호출해서 결과를 얻을 수 있는 프로그램을 작성하여 결과도 출력시키시오.

(3) printHi 함수를 작성한 후 이를 호출하여 "안녕하세요"를 3번 출력하려 한다. 이를 해결하려면 2가지 방법을 사용할 수 있다. 아래 2가지 방법으로 각각 해결하시오.

① printHi 함수 안에서 3회 출력하기.

② printHi 함수 안에서는 1회 출력하고 printHi 함수를 3회 호출하기.

과제 4.1

(1) 원의 반지름 r을 입력받고 원의 둘레(r*2*3.14)와 원의 넓이(r*r*3.14)를 구하는 함수를 각각 구현, 호출하여 원의 둘레와 원의 넓이를 소수 둘째 자리까지 출력하는 프로그램을 작성하시오.

(2) 프로그래밍 언어에서 함수를 사용하면 얻을 수 있는 이점을 조사하시오.

4.2 함수의 구성과 사용법

목표 함수의 구성과 사용법을 알아보기

아래는 피보나치 수열을 Python 함수로 표현하는 것이다. 피보나치 수열 함수로 함수의 구성을 알아보자.

```
>>> def fin (n):
...     result = []
...     a, b = 0, 1
...     while a < n:
...         result.append(a)
...         a, b = b, a+b
...     return result
>>> fib(100)
[0, 1, 2, 3, 5, 8, 13, 21, 34, 55, 89]
```

① 함수 이름 (fin)
② 함수의 입력 인자 (형식매개변수) (n)
③ 반환 값 (return result)
④ 함수 호출 (fib)
⑤ 함수의 입력 인자 (실매개변수) (100)
⑥ 함수 수행 결과 ([0, 1, 2, 3, 5, 8, 13, 21, 34, 55, 89])

키워드 def는 함수 정의를 시작한다. 함수 이름과 괄호로 싸인 형식 매개변수(함수의 인자)들의 목록이 뒤따른다. 함수 이름과 형식 매개변수의 이름들은 식별자 작명 규칙에 따라 지어주면 된다. 형식 매개변수(함수 인자)가 2개 이상일 때는 콤마(,)로 연결하여 나열한다. 다음 줄부터는 이 함수에 속한 블록이 시작되는 것이므로 함수 헤더는 콜론(:)으로 마치도록 한다. 함수의 body를 형성하는 문장들이 다음 줄에서 시작되고, 반드시 들여쓰기 되어야 한다.

작성된 함수는 ④처럼 함수의 ①함수 이름과 ②함수의 입력 인자 형태에 맞춰 호출할 수 있다. 만약 입력 인자가 일치하지 않으면 호출할 수 없다. 사용자가 작성한 함수는 return문을 통해서 값이 반환된다. 대화형 모드에서 함수를 호출했으므로 함수의 반환값이 결과값으로 인정되어 ⑥처럼 출력된다.

다음 장을 넘어가기 전에, 입력 인자를 두 개로 하는 사칙연산 함수를 작성해보자.

4-2 따라해보기

```
def sum(a,b):
    return a+b

def sub(a,b):
    return a-b

def mul(a,b):
    return a*b

def div(a,b):
    return a/b


>>> print(mul(sum(3,4),sub(7,3)))
28
```

함수를 직접 사용해보았다. 처음 접하는 개념이 어려울 수는 있으나, 후에 프로그램을 작성하며 매우 많이 사용된다. 반드시 이해하고 넘어가자.

앞서 학습한 예제는 입력 인자가 2개로 정의되어 있다. 하지만 입력 인자의 개수가 미리 정해져 있지 않을 때는 함수를 사용하지 못할까? 이러한 경우에는 입력 인자 앞에 *를 붙여주고, for문과 함께 함수를 작성하면 된다. 다음의 예제를 보고 이해해보자.

4-3 따라해보기

```
def sum( *a ):
    b = 0
    for i in a:
        b = b + i
    return b
>>> sum( 1,2,3,4,5,6,7,8,9,10 )
55
>>> sum(1,2,3,4)
10
```

형식 인자 앞에 *가 붙어 있을 때 여러 개의 인자를 주면서 호출하면 함수 내부에서는 여러 원소를 가진 Tuple로 처리한다.

함수의 출력은 항상 1개이다. 여러 가지의 값을 반환하는 함수일 경우에는 튜플형으로 값이 반환된다.

4-4 따라해보기

```
def cal(a,b):
    return a+b, a-b, a*b, a/b

>>> print(cal(8,4))
(12,4,32,2.0)
```

호출된 쪽에서 여러 개의 값을 반환.
→ 호출한 쪽에서는 Tuple로 받게 됨.

4-5 따라해보기

```
i = 5

def f(arg=i):
    print(arg)

i = 6
f()
```

가장 쓸모 있는 형식은 하나 또는 그 이상 인자들의 기본값을 지정하는 것이다. 이를 이용하여 정의된 것보다 더 적은 개수의 인자들로 호출될 수 있는 함수를 만든다. 기본값은 함수 정의 시점에 정의되고 있는 변수에서 결정된다.

f 함수의 arg 인자는 기본값이 할당되었다. 만약 호출할 때 arg에 해당하는 인자가 입력되지 않으면, 기본값으로 할당된 값이 사용된다. 물론 인자로 어떤 값이 지정되면 그 값이 사용된다.

기본값은 오직 한 번만 값이 할당된다. 이것은 기본값이 리스트나 딕셔너리나 대부분 클래스의 인스턴스와 같은 가변 객체일 때 차이를 만든다. 예를 들어, 다음 함수는 계속되는 호출로 전달된 인자들을 누적시킨다.

4-6 따라해보기

```
def f(a, L=[]):
    L.append(a)
    return L

print(f(1))
print(f(2))
print(f(3))
```

실행결과

```
>>> [1]
>>> [1, 2]
>>> [1, 2, 3]
```

연속된 호출 간에 기본값이 공유되지 않기를 원한다면, 대신 함수를 이런 식으로 쓸 수 있다.

4-7 따라해보기

```
def f(a, L=None):
    if L is None:
        L = [ ]
    L.append(a)
    return L
```

인자로 리스트가 들어오면 그 리스트를 사용하고 생략되어 들어오지 않으면 새로 빈 리스트를 만들어 사용한다.

정리 요약

(1) 정의된 입력 인자와 틀린 입력 인자로 함수를 호출할 경우 에러가 생긴다.
(2) 입력 인자의 갯수를 정하지 않고 함수를 작성할 때는 *와 for문을 사용하면 된다.
(3) 함수의 출력은 항상 1개이다.

맞을까? 틀릴까?

함수의 반환 값이 여러 개일 때 리스트로 출력된다. (○ , ×)

왜냐하면____

연습문제 4.2

(1) 다음 프로그램을 실행하고, 그 결과를 설명하시오.

```
>>> def fib2(n):
            result = [ ]
...         a, b = 0, 1
...         while a < n:
...             result.append(a)
...             a, b = b, a+b
...         return result
...
>>> f100 = fib2(100)
>>> f100
```

(2) 구구단 중 사용자가 지정하는 하나의 단을 출력하는 프로그램을 작성하시오. 이 때 사용자가 입력한 단을 인자로 받아 한 단을 출력하는 함수 printDan()을 사용한다.

수행결과

```
단을 입력: 3
3 x 1 = 3
3 x 2 = 6
3 x 3 = 9
3 x 4 = 12
3 x 5 = 15
3 x 6 = 18
3 x 7 = 21
3 x 8 = 24
3 x 9 = 27
```

과제 4.2

(1) 숫자를 입력 받아 소수 여부를 판정하는 프로그램을 작성하시오. 이때 사용자로부터 입력 받은 후 숫자로 변환하여 isPrime(n) 함수를 호출하여 해결한다. (소수 판정 방법 : 2~n-1까지의 수로 나누어 떨어지는 수가 없어야 소수이다)

(2) 임의 개수의 숫자를 인자로 받아 이들의 합계와 평균 튜플을 반환하는 함수를 만들고 호출하는 예제를 프로그램하시오.

4.3 변수의 범위

목표 지역 변수, 전역 변수를 이해하기

Python에는 함수 내부에서 생성하고 함수 내부에서만 사용되는 지역 변수(local variable)와 함수 내부와 외부에서 모두 사용할 수 있는 전역 변수(global variable)가 있다. 지역 변수와 전역 변수의 차이를 작성된 프로그램으로 확인해보자.

지역변수

```
>>> def age():
...     local_age = 20                    ········· ④
...     print(local_age)

>>> local_age = 0                         ········· ①
>>> age()                                 ········· ②
20
>>> print(local_age)                      ········· ③
0
```

위의 프로그램에서 지역 변수가 함수 내에서만 사용되는 걸 알 수 있다. ①에서 변수를 선언하고, ② age() 함수를 호출했음에도 불구하고 ③의 출력은 0이다. ①에서 할당된 것은 전역 변수인 local_age이고 ④에서 할당된 것은 지역 변수인 local_age로서 서로 다른 변수이기 때문이다. ② age() 함수에서의 local_age = 20은 지역 변수인 local_age의 값을 20으로 바꿨고 ③에서는 전역 변수인 local_age의 값을 출력하여 0이 출력되었다. 함수가 실행되는 동안에만 존재하는 점이 지역 변수의 특징이다.

다음은 전역 변수를 알아보자.

전역 변수는 변수 선언 앞에 'global'을 붙임으로 전역 변수로 사용할 수 있다. 전역 변수는 함수 내에서 선언되어도 외부에서도 적용이 된다. 아래에서 전역 변수의 사용 예를 확인하고, 지역 변수와 전역 변수의 차이점을 이해하자.

전역변수

```
>>> def age():
...     global local_age
...     local_age = 20
...     print(local_age)

>>> local_age = 0
>>> age()
>>> print(local_age)
20
```

global로써 변수 선언하여 local_age가 전역 변수임을 알려준 후 사용하면 이 함수 안에서의 local_age는 전역 변수를 사용하게 된다.

정리 요약

(1) 함수 내에서 선언되는 변수는 지역 변수이다.

(2) 전역 변수로 선언하기 위해서는 global 키워드를 사용해야 한다.

맞을까? 틀릴까?

global 변수는 언제 어디서든 수정이 가능하다. (○ , ×)

왜냐하면 ______________________________

연습문제 4.3

(1) 전역 변수를 이용하여 함수 호출 횟수를 세는 프로그램이다. 빈칸을 채워 프로그램을 완성하시오.

프로그램

```
count = 0

def sum(*a):
    □□□□
    □□□□
    sum = 0;
    for i in a:
        sum = sum + i
    return sum

print(sum(100,200))
print(sum(300,400))
print('호출 횟수='+str(count))
```

수행결과

```
300
700
호출 횟수=2
```

과제 4.3

다음 밑줄 친 곳에 알맞은 결과값을 작성하시오.

(1)

```
>>> a = 100
>>> a += 1
>>> def func():
  print(a)

>>> func()
①____________
```

(2)

```
>>> aa = 100
>>> def func():
    aa =0
    print(aa)

>>> func()
①____________________
>>> print(aa)
②____________________
```

(3)

```
>>> aaa =100
>>> def func():
    global aaa
    aaa = 0
    print(aaa)

>>> func()
①____________________
>>> print(aaa)
②____________________
```

(4) 전역 변수 사용시의 장점과 단점을 조사하고 어떤 경우에 전역변수를 사용할지 정리하시오.

(5) 원주율 값(3.141592653589793)을 전역변수 pi에 넣고 반지름을 받아 원둘레를 반환하는 함수 round_of_circle와 반지름을 받아 원의 넓이를 반환하는 함수 area_of_circle를 작성하시오.

CHAPTER 05

모듈과 패키지

5.1 모듈

목표 모듈을 이해하고 사용하기

모듈은 클래스나 함수를 모아둔 프로그램이다. 사용자가 직접 작성한 함수를 Python file로 저장한 후, 외장함수를 사용하는 것처럼 import 시켜 사용할 수 있다. 이러한 방법은 프로그램을 더 기능별로 구역화하여 프로그램 작성과 수정의 효율을 높일 수 있다. file1.py와 file2.py는 동일 경로에 있음을 가정하고 아래의 예제를 따라 해보자.

모듈 C:\Users\K\Desktop\file1.py

```
def sum(*a):
    b = 0
    for i in a:
        b = b + i
    return b
```

우선 모듈로 사용될 file을 생성하자. file1.py에는 sum 함수만 존재하며 file2.py, 즉 메인프로그램에서는 file1.py의 sum 함수를 import 해서 사용할 것이다.

메인 C:\Users\K\Desktop\file2.py

```
import file1
file1.sum(1,2,3,4,5)
```

file2.py를 실행하면, file1.py 모듈의 sum 함수를 불러와 간단하게 15라는 출력값을 얻을 수 있다.

위와 같은 단순한 예제일 경우에는 모듈의 사용이 불필요할 수 있으나, 프로그램의 길이가 길어져 작성과 수정이 쉽지 않을 때 유용하다.

다음은 file1.py 전체가 아닌 sum 함수만을 import하는 방법이다.

5-1 따라해보기

```
from file1 import sum
sum(1,2,3,4,5)
```

위와 같이 import를 한다면, 'file1.'이라는 모듈의 이름을 작성하지 않아도 sum 함수를 사용할 수 있는 장점이 있다. 그리고 sum 대신 '*'를 작성한다면 모듈의 모든 함수를 import 해와서 사용할 수 있다.

정리 요약

(1) 도구를 쓰는 것처럼 프로그램 작성에서는 모듈을 가지고 와서 쓸 수 있다.
(2) 모듈을 가지고 오기 위해서는 import 키워드를 사용한다.
(3) 'import 파일명' 방식이 아닌 다른 방법도 있다.

맞을까? 틀릴까?

모듈의 변수를 메인 함수에서 쓸 수 있을까? (○ , ×)

왜냐하면 ______________________________

연습문제 5.1

(1) 원의 둘레와 원의 넓이를 구하는 함수가 있는 circle.py 모듈을 만드시오. main모듈(main.py)에서는 반지름을 입력받아 그에 따르는 원의 둘레와 원의 넓이를 구하는 프로그램을 작성하시오. 'import 파일명' 방식이 아닌 함수 이름을 import하는 방법으로 구현하시오.

과제 5.1

(1) Python에서 모듈을 사용할 때의 장점을 조사하고 모듈 단위로 나누는 기준을 정리하시오.

5.2 패키지

목표 패키지를 이해하고 사용법 알아보기

패키지는 프로그램의 크기가 커지거나 내용이 길어질 때, 패키지 구조로 프로그램을 설계하면 좋다. 지금은 이해가 어려울 수 있으나, 책상이 정리가 잘 되어있으면 필요한 것을 찾을 때 빠르게 찾을 수 있는 것과 동일 원리이다. 프로그램에서도 패키지 구조를 이용하면, 여럿이서 작업을 하거나 유지보수를 진행할 때 편리하다.

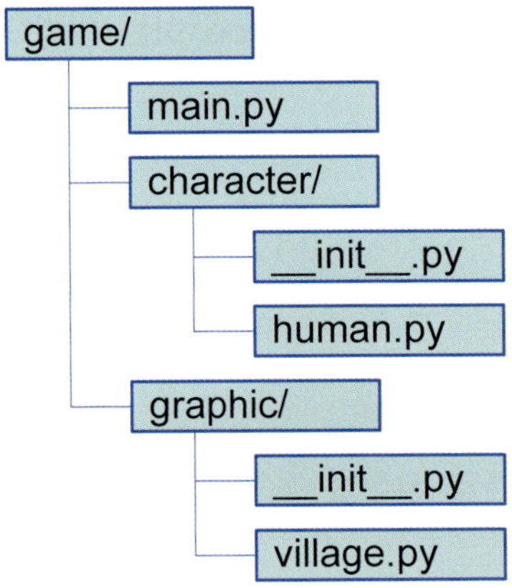

위의 그림에서 game 패키지 내에 character, graphic 디렉터리(directory)를 생성했다. game은 메인 디렉터리, character, graphic는 서브 디렉터리의 명칭을 갖는다. 서브 디렉터리 내에 있는 human.py, village.py는 앞서 배운 모듈 파일이다.

모든 패키지 디렉터리에 존재하는 __init__.py는 무엇일까?
이 파일은 해당 디렉터리를 패키지로 인식하게 해주는 목적이 있다. 그러기 때문에 모든 디렉터리에 __init__.py의 파일이 필요하다. __init__.py 내의 프로그램 내용은 다음 장에 있으며 주로 하위 패키지의 내용을 import하고, 초기화의 목적으로도 쓸 수 있다.

다음 장에서 game 패키지에 대해서 이해해보자. 아래는 메인 디렉터리와 서브 디렉터리의 각 파일의 내용이다.

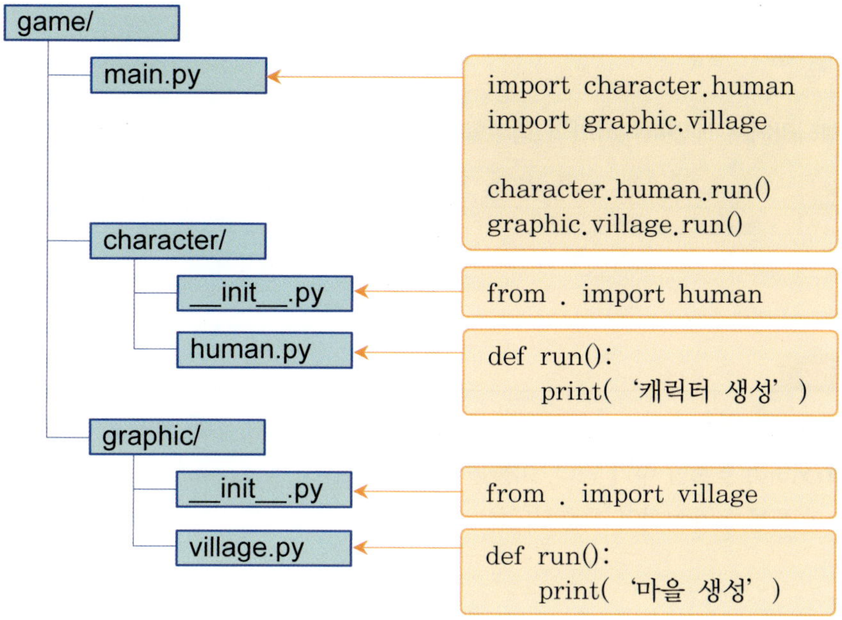

실행결과

```
>>> 캐릭터 생성
>>> 마을 생성
```

다시 정리하면, 패키지는 모듈의 집합체로 프로그램을 기능별 목적별로 구조화하는 것이다.

정리 요약

(1) 패키지는 모듈과 클래스의 집합이다.
(2) 패키지의 목적은 프로그램을 기능별, 목적별 구조화하여 효율적으로 사용하는 것이다.
(3) 점(.)을 통해서 하위 디렉터리에 접근할 수 있다.

맞을까? 틀릴까?

서브디렉터리에서 메인디렉터리의 함수를 호출할 수 있다 (○ , ×)

왜냐하면 ______

연습문제 5.2

(1) 5.2에서 작성한 소스에서는 human.py와 village.py에 run이라는 같은 이름의 함수가 있어서 함수명을 import하여 호출할 수가 없다. 이들을 각각 humenrun, villagerun이라고 함수 이름을 달리한 후 함수 이름을 import하여 호출하도록 수정하여라.

과제 5.2

(1) Python에서 패키지를 사용하면 얻을 수 있는 이점을 정리하시오.

(2) 아래는 패키지를 import하는 2가지 방식이다. 두 방식의 장단점을 설명하시오.

①

```
import animal.rabbit.eat
animal.rabbit.eat.eat_food()
```

②

```
from animal.rabbit.eat import eat_food
eat_food()
```

CHAPTER

06 파일 다루기

파이썬으로 움직이는 EV3 로봇

목표 Python 내에서 외부의 파일을 사용하자

Python 프로그램을 작성하며 외부의 file을 사용해야 하는 경우가 있다. 이번 6강에서는 외부의 text file을 불러오고, 수정과 저장을 하는 Python 파일 I/O에 대하여 알아보자.

모드	설명
r	read의 약자로 파일을 읽어온다.
w	write의 약자로 파일을 작성한다.
a	append의 약자로 파일에 내용을 추가한다.

6.1 파일 쓰기

지정한 파일에 원하는 내용을 작성해보자.

6-1 따라해보기 (6_1_filewrite.py)

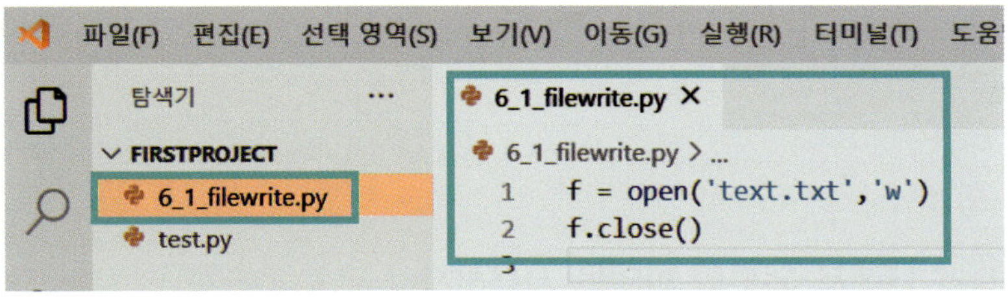

Visual Studio Code에서 6_1_filewrite.py라는 소스 파일을 만들고 위와 같은 내용을 작성한 후 Control+F5 키를 눌러서 실행해 본다.

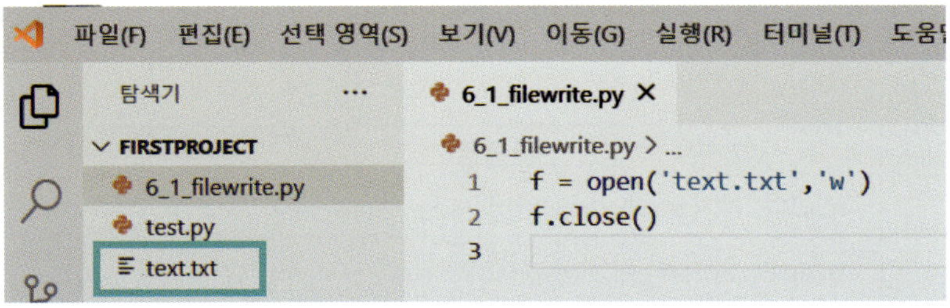

위와 같이 실행을 하면 python file(6_1_filewrite.py)과 동일한 경로에 text.txt 파일이 생성된다. 소스 파일과 같은 위치에 생성되므로 왼편 파일 목록에서 확인할 수 있다.

그림 6-1 파일 생성하기

다음은 text.txt 파일에 글을 작성해보자.

6-2 따라해보기 (6_1_filewrite.py 수정)

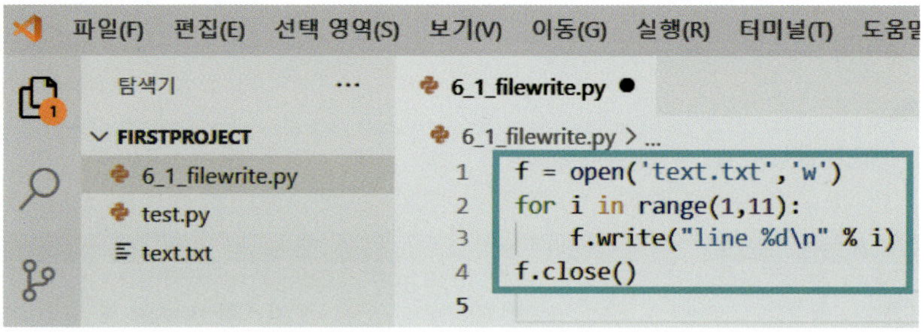

6_1_filewrite.py 파일에 내용을 추가하여 text.txt 파일에 글을 작성해 보자. Control+F5키를 눌러서 실행해 본다.

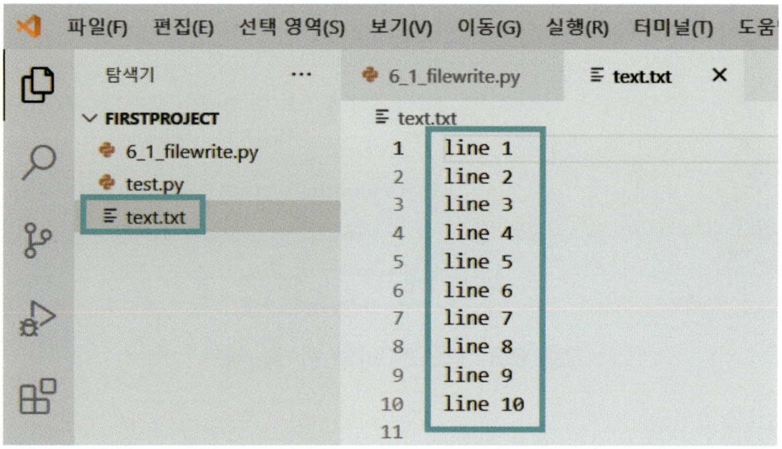

실행한 후 왼편의 파일 목록에서 text.txt 파일을 더블 클릭하여 열어 보면 10번째 줄까지 작성되어 있는 것을 확인할 수 있다.

그림 6-2 텍스트 파일 작성하기

6.2 파일 읽기

앞서 작성한 text 파일을 Python에서 읽어보자. readline() 함수를 통해서 한 줄씩 불러올 수 있다.

6-3 따라해보기 (6_2_fileread.py)

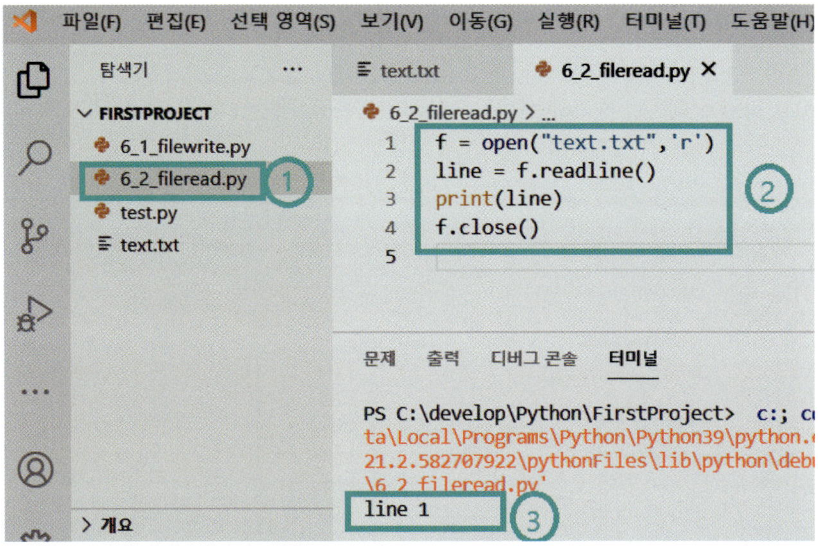

그림 6-3 텍스트 파일 한 줄 읽기

프로젝트 디렉터리에 ①과 같이 6_2_fileread.py 파일을 생성하고 ② 내용을 입력하여 Control+F5 키를 눌러서 실행해 보자. 실행 결과 ③을 보면 readline() 함수가 1줄을 읽어 들여 문자열 형태로 주었음을 알 수 있다.

while 반복문과 if 조건문을 통해서 text file 내의 모든 줄의 내용을 읽어보자.

6-4 따라해보기 (6_2_fileread.py 수정)

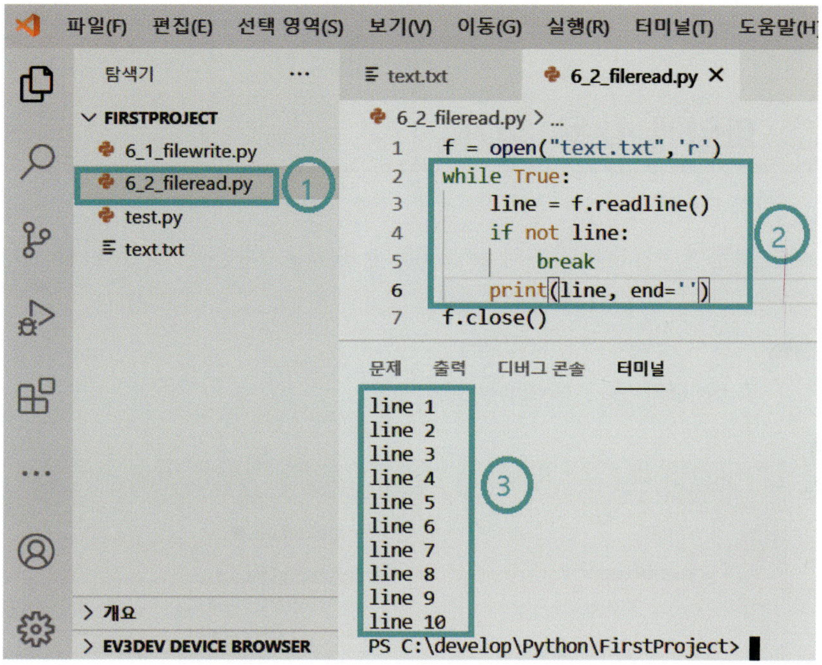

그림 6-4 텍스트 파일 모든 줄 읽기

①의 6_2_fileread.py 파일을 수정하여 ② 내용을 작성하고 Control+F5로써 실행해 보자. 실행 결과 ③을 보면 10줄의 내용을 모두 읽어 들였음을 알 수 있다.

좀 더 자세히

파일 끝 체크 방법

파일 끝에 다다르면 readline()에서 빈 문자열을 반환한다. 그러므로 이를 받은 변수 line에 대해 not line이 True가 되도록 이를 반복해서 읽어들인 후 이를 while 구문의 break 조건으로 사용할 수 있다.

print 함수의 end 인자

print 함수는 주어진 인자를 모두 출력한 후에 맨 뒤에 추가로 출력해 줄 내용을 end 인자로써 받는다. end의 기본값이 '₩n' 이기 때문에 내용만 주어도 호출할 때마다 줄바꿈이 되는 것이다. 이를 이용하여 print 함수를 다양하게 활용할 수 있다. 여기서는 파일에서 읽은 한 줄이 그 내용에 이미 '₩n'를 포함하고 있으므로 end에 빈 문자열을 넣어 2회 줄 바꿈 되지 않도록 하였다. 또한, readlines() 함수를 이용하면 문자열의 리스트로 읽어올 수 있고, read() 함수로써는 파일의 내용 전체를 하나의 문자열로 불러올 수 있다.

6.3 파일에 내용 추가

읽어오고 쓰는 것뿐만 아니라 기존의 text file에 원하는 내용을 더 추가할 수 있다.

6-5 따라해보기 (6_3_fileappend.py)

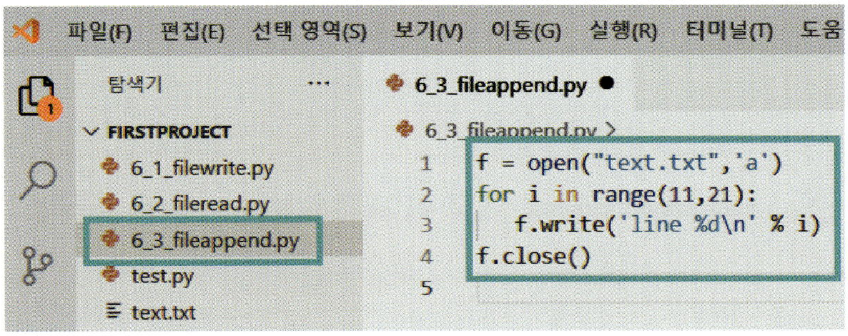

그림 6-5 텍스트 파일 내용 추가

위와 같이 작성하고 Control+F5로써 실행한 후 text.txt 파일을 열어 보면 기존의 내용은 유지한 채로 새로 쓴 내용이 덧붙여진 것을 확인할 수 있다.

정리 요약

(1) Python 파일 I/O 중 'w'는 쓰기이다.
(2) Python 파일 I/O 중 'r'는 읽기이다.
(3) Python 파일 I/O 중 'a'는 추가이다.
(4) readline() 함수는 text 파일의 한 줄씩 Python에서 호출할 수 있다.
(5) readlines() 함수는 text 파일의 내용을 list 자료형을 불러온다.
(6) read() 함수는 text 파일의 모든 내용을 하나의 문자열로 불러온다.

맞을까? 틀릴까?

Python은 현재 폴더가 아닌 다른 폴더에 있는 text file을 다룰 수 있을까? (○ , ×)

왜냐하면 ______________________________

연습문제 6.3

(1) L = ["Python", "Myname", "076923"]의 리스트를 읽어서 Text file을 작성해보자.

(2) 이름에 빈 문자열이 입력될 때까지 이름과 학번을 입력받아 파일에 내용을 덧붙이는 프로그램을 작성하여라. 프로그램을 수행한 후에 메모장 등으로 파일을 열어 내용을 확인하여라.

과제 6.3

(1) Text file의 내용을 불러와 리스트 형식으로 Python 내에서 출력해보자.

(2) 아래와 같은 텍스트 파일이 있다.

```
name1 111
name2 222
name3 333
name4 444
```

파일의 내용을 한 줄 씩 읽어서 튜플의 리스트 형태로 만들어 결과 리스트를 출력하여라.

CHAPTER 07

객체지향 프로그래밍

파이썬으로 움직이는 EV3 로봇

7.1 객체지향 프로그래밍 (Object-Oriented Programming)

목표 객체지향 프로그래밍 개념 알기

객체지향 프로그래밍은 컴퓨터 프로그램 설계방법론 중의 하나로, 프로그래밍에서 필요한 데이터를 추상화시켜 상태와 행위를 가진 객체를 만들고 그 객체들 간의 유기적인 상호작용을 통해 논리를 나타내는 프로그래밍 방법이다. 즉, 프로그램을 단순히 데이터와 처리 방법으로 나누는 것이 아니라, '객체'라는 기본 단위로 나누고 이 객체들의 상호작용으로 표현하는 방식이다. 여기서, 객체란 하나의 역할을 수행하는 '메소드와 데이터(변수)'의 조합을 말한다.

7.1.1 절차적 프로그래밍과 구조적 프로그래밍

이전의 프로그래밍 방식은 절차적 프로그래밍(Procedural Programming) 방식이었다. 지정된 입력을 받아 지시된 순서대로 처리한 다음, 그 결과를 내는 것뿐이라는 생각이 지배적이었다. 즉, 데이터가 흘러가는 흐름을 기준으로 프로그램을 작성하였으며, 프로그램을 명령어의 집합으로 간주한 것이다. 순서도로 나타내기 적합한 절차적 프로그래밍에서는 프로그램이 갖는 일(기능)에 대해서 다루었고, 프로그램이 다루는 데이터 자체에 대해서는 관심이 없었다.

그러나 이 방식은 간단한 알고리즘이면 모를까 조금만 복잡해지면 순서도로 나타내는 것이 불가능할 정도로 복잡한 코드를 만들게 된다. 이러한 코드는 다른 사람이 보고 이해하는 것이

거의 불가능할 뿐더러 심지어는 작성한 본인조차도 유지보수에 어려움을 겪게 된다. 명령어의 양이 많아지는 것은 기본이고, 특정 코드 부분은 어디에 사용되는 코드고 해당 코드 부분은 어디까지 이어지는지의 흐름을 파악하기도 힘들어지며, 중복 코드 대처도 매우 어려웠다. 당시에는 H/W의 성능이 폭발적으로 향상되는 반면에 S/W는 이러한 문제 때문에 그 성장이 지체되고 있어 소프트웨어의 위기(Software Crisis)라는 말이 나올 정도로 심각한 상황에 있었다.

이 문제를 해결하기 위해 프로그램을 함수(Procedure) 단위로 나누고 함수끼리 호출을 하는 구조적 프로그래밍(Structural Programming) 방식을 제안하면서 이러한 위기를 벗어나게 된다. 이 방법은 프로그램이라는 큰 문제를 해결하기 위해 그것을 몇 개의 작은 문제들로 나누어 해결하기 때문에 하향식(Top-down)방법이라고도 한다.

하지만 함수는 데이터의 처리 방법을 구조화했을 뿐, 데이터 자체는 구조화하지 못했다. 이는 전역 변수 포화 문제, 실행 콘텍스트 저장 방법, GUI 함수의 처리, 데이터의 오염 등의 문제가 발생하고, 따라서 더 근본적인 해결책이 필요했다.

이를 극복하기 위한 대안으로 등장한 것이 바로 객체지향 프로그래밍이다. 큰 문제를 작게 쪼개는 것이 아니라, 먼저 작은 문제들을 해결할 수 있는 객체들을 만든 뒤, 이 객체들을 조합해서 큰 문제를 해결하는 상향식(Bottom-up) 해결법을 도입한 것이다. 이 객체란 것을 일단 한번 독립성과 신뢰성이 높게 만들어 놓기만 하면 그 이후엔 그 객체를 수정 없이 재사용할 수 있으므로 개발 기간과 비용이 대폭 줄어들게 된다.

객체지향 프로그래밍을 사용하면 코드의 중복을 어느 정도 줄일 수 있고 입력 코드, 계산 코드와 결과 출력 코드 등 코드의 역할 분담을 좀 더 확실하게 할 수 있어서 가독성이 높아질 수 있다.

7.1.2 객체지향 프로그래밍의 기본 구성요소

객체지향 프로그래밍(Object-Oriented Programming)은 좀 더 나은 프로그램을 만들기 위한 프로그래밍 패러다임으로 논리를 상태(state)와 행위(behave)로 이루어진 객체로 표현하는 것이다. 이 객체들을 마치 레고 블럭처럼 조립해서 하나의 프로그램을 만드는 것이 객체지향 프로그래밍이라고 할 수 있다. 다시 말해서 객체지향 프로그래밍은 객체를 만드는 것이다.

(1) 클래스와 인스턴스(객체)

클래스(Class)는 같은 종류(또는 문제 해결을 위한)의 집단에 속하는 속성(attribute)과 행위(behavior)를 정의한 것으로 객체지향 프로그램의 기본적인 사용자 정의 데이터형(user defined data type)이라고 할 수 있다. 즉, 어떤 문제를 해결하기 위한 데이터를 만들기 위해 추상화를 거쳐 집단에 속하는 속성(attribute)과 행위(behavior)를 각각 변수와 메서드로 정의한 것이다. 클래스는 다른 클래스 또는 외부 요소와 독립적으로 설계하여야 한다.

객체를 만드는 틀을 클래스(붕어빵 틀)라고 하면, 객체(팥 붕어빵, 크림 붕어빵)는 각자 고유의 성질을 가지고 있는 객체(Instance)라고 할 수 있다.

객체(Object)는 클래스의 인스턴스(실제로 메모리상에 할당된 것)이다. 객체는 자신 고유의 속성(attribute)을 가지며 클래스에서 정의한 행위(behavior)를 수행할 수 있다. 즉, 인스턴스(Instance)는 클래스에서 정의한 것을 토대로 메모리상에 할당된 것으로 실제 프로그램에서 사용되는 데이터를 의미한다. 객체의 행위는 클래스에 정의된 행위를 공유함으로써 메모리를 경제적으로 사용한다.

예를 들어, 학생(Student)이라는 클래스를 학번과 이름이라는 데이터와 출석하기, 시험치기 등의 메서드를 가지는 클래스로 정의한다면, 학번이 '20200000', 이름이 '동양'라는 데이터를 가진 한 명의 학생은 학생(Student) 클래스의 객체(Instance)가 된다.

(2) 메서드(Method)와 메시지(Message)

클래스의 메서드는 한 객체의 서브루틴(subroutine) 형태로 객체의 속성을 조작하는 데 사용된다. 또 객체 간의 통신은 메시지를 통해 이루어진다.

7.1.3 객체지향 프로그래밍이 가지는 특징

(1) 자료의 추상화(Data Abstraction)

불필요한 정보는 숨기고 중요한 정보만을 표현함으로써 공통의 속성이나 기능을 묶어 이름을 붙이는 것이다. 자료 추상화를 통해 정의된 자료형을 추상 자료형이라고 한다.

(2) 자료의 은닉(Data Encapsulation)

객체지향 프로그래밍에서 기능과 특성의 모음을 "클래스"라는 "캡슐"에 분류해서 넣는 것이 캡슐화다. 자료 캡슐화의 목적은 코드를 수정 없이 재활용하는 것이다. 프로그램 코드에서 변수와 함수는 분산되어 재활용이 어려웠으나 캡슐화를 통해 관련된 기능과 특성을 한곳에 모으고 분류하기 때문에 재활용이 원활해졌다.

추상 자료형은 자료형의 자료 표현과 자료형의 연산을 캡슐화한 것으로 접근 제어를 통해서 자료형의 정보를 은닉할 수 있다. 객체지향 프로그래밍에서 일반적으로 추상 자료형을 클래스, 추상 자료형의 인스턴스를 객체, 추상 자료형에서 정의된 연산을 메소드(함수)라고 한다.

(3) 상속(Inheritance)

상속은 부모 클래스의 속성과 기능을 그대로 이어받아 사용할 수 있게 하고 기능의 부분을 변경해야 할 때 상속받은 자식 클래스에서 해당 기능만 다시 수정(정의)하여 사용할 수 있게 하는 것이다. 상속은 새로운 클래스가 기존의 클래스의 자료와 연산을 이용할 수 있게 하는 기능이다. 상속을 받는 새로운 클래스를 파생 클래스, 하위 클래스, 자식 클래스라고 하며 새로운 클래스가 상속하는 기존의 클래스를 기반 클래스, 상위 클래스, 부모 클래스라고 한다. 상속을 통해서 기존의 클래스를 상속받은 하위 클래스를 이용해 프로그램의 요구에 맞추어 클래스를 수정할 수 있고 클래스 간의 종속 관계를 형성함으로써 객체를 조직화할 수 있다.

구조적 프로그래밍에서도 "라이브러리"를 통해서 남이 짜놓은 소스 코드를 가져와 사용할 수 있었다. 하지만 내 의도에 맞게 수정하게 되면 다른 라이브러리가 되어 버전에 따라 동작하지 않을 수 있고 불필요한 코드의 수정작업을 해야 한다는 것이다. 이런 문제를 해결하기 위해 상속이라는 것을 도입하였다.

(4) 다형성(Polymorphism)

다형성이란 어떤 한 요소에 여러 개념을 넣어 놓는 것으로 일반적으로 오버라이딩(같은 이름의 메소드가 여러 클래스에서 다른 기능을 하는 것)이나 오버로딩(같은 이름의 메소드가 인자의 개수나 자료형에 따라서 다른 기능을 하는 것)을 의미한다. 다형성 개념을 통해서 프로그램 안 객체 간의 관계를 조직적으로 나타낼 수 있다. 하나의 변수명, 함수명 등이 상황에 따라 다른 의미로 해석될 수 있다.

좀 더 자세히

오버라이딩(Overriding)과 오버로딩(Overloading)

- 오버라이딩 : 부모 클래스의 메서드와 같은 이름, 매개변수를 재정의하는 것.
- 오버로딩 : 같은 이름의 함수를 여러 개 정의하고, 매개변수의 타입과 개수를 다르게 하여 매개변수에 따라 다르게 호출할 수 있게 하는 것.

(5) 동적 바인딩(Dynamic Binding)

동적 바인딩은 프로그램의 실행 시간 중에 일어나거나 실행 과정에서 변경될 수 있는 바인딩으로 컴파일 시간에 완료되어 변화하지 않는 정적 바인딩과 대비되는 개념이다. 동적 바인딩은 프로그램의 한 개체나 기호를 실행 과정에 여러 속성이나 연산에 바인딩함으로써 다형성 개념을 실현한다.

좀 더 자세히

① 객체지향 프로그래밍의 장점

- 코드 재사용이 용이 : 남이 만든 클래스를 가져와서 이용할 수 있고 상속을 통해 확장해서 사용할 수 있음.
- 유지보수가 쉬움 : 절차지향 프로그래밍에서는 코드를 수정해야 할 때 일일이 찾아 수정하는 반면 객체지향 프로그래밍에서는 수정해야 할 부분이 클래스 내부에 멤버변수 혹은 메서드로 있어 해당 부분만 수정하면 됨.
- 대형 프로젝트에 적합 : 클래스 단위로 모듈화시켜서 개발할 수 있으므로 대형 프로젝트처럼 여러 명, 여러 회사에서 개발이 필요할 시 업무 분담하기 쉬움

② 객체지향 프로그래밍의 단점

- 처리속도가 상대적으로 느림
- 객체가 많으면 용량이 커질 수 있음
- 설계 시 많은 시간과 노력이 필요

정리 요약

(1) 객체지향 프로그래밍은 데이터를 추상화시켜 상태와 행위를 가진 객체를 만들고 그 객체 간의 유기적인 상호작용을 통해 논리를 나타내는 프로그래밍 방법이다.

(2) 클래스(Class)는 같은 종류(또는 문제 해결을 위한)의 집단에 속하는 속성(attribute)과 행위(behavior)를 정의한 것이다.

(3) 객체(Object)는 클래스의 인스턴스(실제로 메모리상에 할당된 것)이다.

(4) 클래스의 메서드는 한 객체의 서브루틴(subroutine) 형태로 객체의 속성을 조작하는 데 사용된다. 또 객체 간의 통신은 메시지를 통해 이루어진다.

(5) 추상화는 불필요한 정보는 숨기고 중요한 정보만을 표현함으로써 공통의 속성이나 기능을 묶어 이름을 붙이는 것이다.

(6) 기능과 특성의 모음을 "클래스"라는 "캡슐"에 분류해서 넣는 것이 캡슐화다.

(7) 상속은 새로운 클래스가 기존의 클래스의 자료와 연산을 이용할 수 있게 하는 기능이다.

(8) 다형성이란 어떤 한 요소에 여러 개념을 넣어 놓는 것이다.

(9) 동적 바인딩은 실행 시간 중에 일어나거나 실행 과정에서 변경될 수 있는 바인딩이다.

맞을까? 틀릴까?

객체지향 프로그래밍에서 일반적으로 추상 자료형을 클라스, 추상 자료형의 인스턴스를 객체, 추상 자료형에서 정의된 연산을 메소드(함수)라고 한다.(○, ×)

왜냐하면 ______________________________

연습문제 7.1

(1) 클래스와 객체의 차이점을 설명하여라.

(2) 클래스 변수와 인스턴스 변수의 차이점을 설명하여라.

7.2 클래스(Class)와 객체(Instance)

목표 클래스와 객체의 개념을 이해하고 사용하기

7.2.1 클래스의 정의

클래스는 객체를 만들기 위한 틀(Framework)로서, 같은 종류(또는 문제 해결을 위한)의 집단에 속하는 속성(attribute)과 행위(behavior)를 정의한 것이다. 클래스의 가장 간단한 형태는 다음과 같다.

```
class ClassName:
    <statement-1>
    .
    .
    .
    <statement-N>
```

즉, class라는 키워드 다음에 정의하고자 하는 클래스의 이름과 ':'을 쓰고, 그 다음 줄에 속성(Attribute)와 행위(behavior)를 뜻하는 메서드(Method)를 정의한다. ':' 다음 줄부터는 해당 클래스에 속한 모든 문장들에 대해 들여쓰기가 적용되어야 한다.

7-1 따라해보기

```
>>> class Student:
        pass

>>>
```

즉, Student라는 이름을 가진 클래스를 정의하고, 다음 줄의 pass는 클래스 및 객체의 속성과 메서드가 없다는 의미이다. 빈 클래스로써 클래스가 기본적으로 가지는 속성과 메서드를 알아보자.

좀 더 자세히

dir() 함수

클래스 내부의 정보를 보여주는 Python 내장함수

위의 경우에는 Student 클래스의 정의만 있으므로 특별히 나타내는 내용이 없다. 다시 다음과 같이 dir(Student)를 입력하면, Student 클래스의 속성과 메서드를 보여준다.

7-2 따라해보기

```
>>> class Student:
        pass

>>> dir(Student)
['__class__', '__delattr__', '__dict__', '__dir__', '__doc__', '__eq__',
'__format__', '__ge__', '__getattribute__', '__gt__', '__hash__', '__init__',
'__init_subclass__', '__le__', '__lt__', '__module__', '__ne__', '__new__',
'__reduce__', '__reduce_ex__', '__repr__', '__setattr__', '__sizeof__',
'__str__', '__subclasshook__', '__weakref__']
>>>
```

7.2.2 객체의 생성

Student 클래스의 객체(Instance) 'a' 와 'b'를 다음과 같이 만들어보자.

7-3 따라해보기

```
>>> a= Student()
>>> b= Student()
>>> print(a)
<__main__.Student object at 0x03D534B0>
>>> print(type(a))
<class '__main__.Student'>
```

print(a)는 Student 클래스의 객체(Instance) 'a'가 메모리 주소 0x03D534B0에 만들어져 있음을 보여준다. print(type(a))는 그 자료형이 Student 클래스임을 알려준다.

isinstance(객체, 클래스)는 주어진 객체가 클래스의 인스턴스인지를 알려주는 내장함수이다.

7-4 따라해보기

```
>>>isinstance(a, Student)
True
```

7.2.3 속성 부여

이제 객체(instance) a의 속성(Attribute)으로 이름(name)과 나이(age)를 부여해 보자.

7-5 따라해보기

```
>>>a.name='Adam'
>>> print(a.name)
Adam
>>> a.age=19
>>> print(a.age)
19
```

위의 결과로서 똑같이 Student 클래스의 객체이지만 'a'만 name과 age라는 속성을 추가로 가지게 되었다.

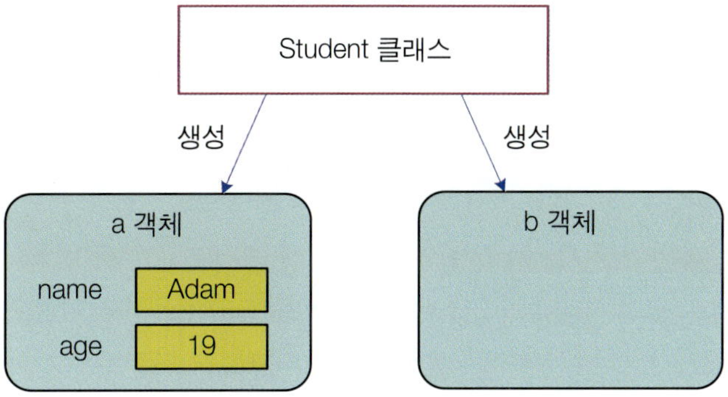

그림 7-1 객체 속성 부여

7.2.4 초기화 메서드와 메서드 구현

지금까지는 클래스의 밖에서 객체(instance)의 속성을 부여했으나, 클래스 내부에서 속성을 부여하는 것이 일반적인 프로그래밍 방법이다. 이제 클래스를 객체로 만들 때 우선 실행되는 초기화 메서드를 이용하여 속성을 정의하고, 클래스의 메서드를 만들어보자.

7-6 따라해보기 (7_2_student.py)

```
class Student:
    def __init__(self, n, a):
        self.name= n
        self.age= a

    def hello(self):
        print("Hi, my name is %s." % self.name)

    def myage(self):
        print("My age is %d." % self.age)

a= Student('Adam', 20)
b= Student('Smith', 21)
a.hello()
a.myage()
```

실행결과

```
Hi, my name is Adam.
My age is 20.
```

02 함수 __init__()는 초기자(initializer) 또는 초기화 메서드라고 하며, 두 개의 밑줄 '__'(under bar)이 앞뒤에 있다. 클래스의 인스턴스가 생성될 때 제일 먼저 자동으로 호출되는 메서드이다.

클래스 내부 함수의 인자로는 self가 제일 먼저 나온다. 초기화 메서드에서는 그다음에 필요한 속성들을 메서드의 인자로 받는다.

self는 항상 현재 사용 중인 인스턴스를 의미한다.

03–04 메서드의 본체에서 사용하는 속성들의 이름은 self.???와 같이 정의한다. 메서드의 입력으로 들어온 인자 n은 객체 속성 name으로, a는 객체 속성 age로 할당된다.

초기화 메서드에서 속성을 생성하면 이 클래스의 모든 인스턴스에 적용된다.

06–10 클래스 메서드는 클래스 내에서 일반적인 메서드처럼 정의한다. 두 개의 클래스 메서드 hello()와 myage()가 정의된다.

12 클래스 Student의 객체(Instance) a가 할당되면서, 그 속성으로 name은 'Adam', age는 20으로 초기자에 의해 자동으로 초기화된다.

13 클래스 Student의 객체(Instance) b가 할당되면서, 그 속성으로 name은 'Smith', age는 21로 초기자에 의해 자동으로 초기화된다.

14–15 객체 a의 메서드 hello()와 myage()가 각각 호출된다.

초기자에서 생성한 속성은 모든 객체에 적용된다.

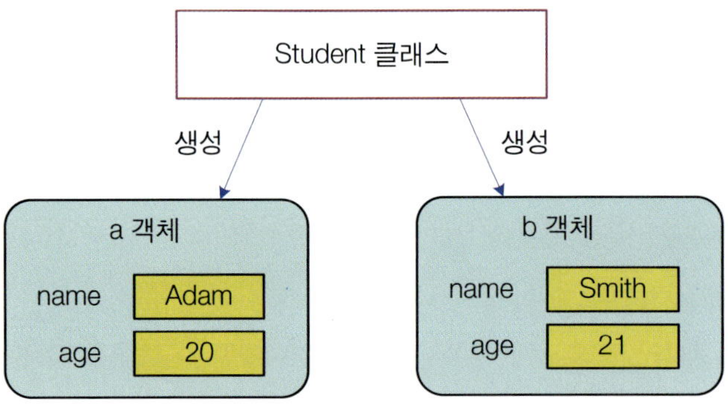

그림 7-2 초기자에서 생성한 객체 속성

좀 더 자세히

class에서의 self

- 클래스의 인스턴스를 지칭하는 예약어이다.
- 객체 변수에 엑세스할 수 있도록 클래스 메서드의 첫 번째 파라미터에 항상 객체 자신을 의미하는 "self"라는 파라미터를 갖는다.
- 클래스 메서드는 여러 파라미터를 가질 수 있지만, 첫 번째 파라미터는 항상 self를 갖는다.

좀 더 자세히

특수 메서드 __XXX__( )

- __init__( )처럼 표시되는 메서드를 특수메서드라고 한다.
- Python에서는 초기자 이외에 객체가 없어질 때 자동으로 호출되는 소멸자 __del__( ), 객체의 더하기 연산을 위한 __add__( ) 등 많은 다양한 특수 메서드를 제공한다.

정리 요약

(1) class라는 키워드 다음에 정의하고자 하는 클래스의 이름과 ':'을 써서 클래스를 정의하는 블록을 시작한다. 그 다음 줄부터 속성(Attribute)와 행위(behavior)를 뜻하는 메서드(Method)를 정의한다.
(2) dir() 함수는 클래스 내부의 정보를 보여주는 Python 내장 함수이다.
(3) isinstance(객체, 클래스)는 주어진 객체가 클래스의 인스턴스인지를 알려주는 내장함수이다.
(4) 초기자는 클래스의 인스턴스가 생성될 때 제일 먼저 자동으로 호출되는 메서드이다.
(5) 초기자의 인자로는 self가 제일 먼저 나오고, 그 다음에 필요한 속성들의 이름을 메서드의 인자로 나타낸다.
(6) class에서의 self는 객체(클래스 인스턴스)를 지칭하는 예약어이다. 그러므로 어느 객체를 통하여 호출하느냐에 따라 각각 다른 객체를 뜻하게 된다.
(7) __init__() 처럼 표시되는 메서드를 특수메서드라고 한다.

맞을까? 틀릴까?

초기자는 클래스의 인스턴스가 생성될 때 제일 먼저 자동으로 호출되는 메서드이다
(○ , ×)

왜냐하면______________________________

Python에서 특수 메서드로는 초기자가 유일하게 지원되고 있다. (○ , ×)

왜냐하면 ____________________

연습문제 7.2

(1) 친구의 이름과 전화번호 정보를 담을 수 있는 클래스를 만들어보자.
생성자 __init__함수와 친구의 이름과 전화번호 데이터를 가져올 수 있는 get_name , get_phone 함수과 , 친구의 전화번호 정보를 수정할 수 있는 함수 set_phone, 친구의 이름과 전화번호 정보를 보여 줄 수 있는 show_info함수, 이렇게 네 개의 함수를 만들어서 클래스 Friend를 완성해보시오.

(2) (1)에서 정의한 클래스 Friend를 기반으로 다음 4명의 친구의 정보를 담은 Friend객체를 각각 생성해서 리스트로 출력하시오.

```
bbb  010-222-2222
ccc  010-333-3333
ddd  010-444-4444
eee  010-555-5555
```

(3) (2)번 문제에서 리스트에 담긴 객체 중 이름이 'ccc'인 친구의 전화번호를 다음과 같이 수정하는 코드를 for문을 이용하여 작성하시오.

```
'ccc'  010-303-3030
```

(4) (3)번 문제에서 수정 후 정상적으로 수정이 되었는지 확인을 위해 'ccc' 의 정보를 찾아서 출력하는 프로그램을 for문으로 작성하시오.

과제 7.2

(1) 원의 반경을 속성으로 가지고 GetArea() 멤버 함수에서 원의 면적을 반환하는 클래스 Circle을 정의하시오. 또한 Circle의 객체를 선언하여 반지름이 10인 원의 면적을 출력하시오.

(2) Student 클래스는 이름과 점수를 속성으로 가지며 getName 함수에서는 이름을 반환하고 isPassed 함수에서는 점수가 60점 이상일 때는 True를, 그보다 낮을 때는 False를 반환한다. 아래 프로그램을 완성하여 [실행 결과]가 나오도록 만드시오.

프로그램

```
class Student:





s1= Student('Adam', 98)
s2= Student('Tom', 59)
print(s1.getName() + ' : ' + str(s1.isPassed()))
print(s2.getName() + ' : ' + str(s2.isPassed()))
```

실행결과

```
Adam : True
Tom : False
```

7.3 클래스 속성과 객체 속성

목표 클래스 속성과 객체 속성의 개념을 이해하고 사용하기

7.3.1 객체 속성(Instance Attribute)

객체 속성은 어떤 한 객체가 만들어질 때마다 메모리에 저장 공간이 만들어지게 된다. 즉, 7.2에서 다루었던 초기자(__init__)에서 'self.속성'에 할당했던 변수들은 모두 객체 속성이다. 객체 속성은 반드시 '객체이름.속성'의 형태로 프로그램 안에서 참조된다. 7_2_student.py 프로그램에서는 a.name과 a.age가 객체 속성이 되고, Student 클래스의 a라는 객체가 만들어지면서 메모리에 a.name과 a.age의 공간이 각각 확보된다.

7.3.2 클래스 속성(Class Attribute)

클래스에 속하는 속성을 클래스 속성이라고 하며, 클래스 변수라고도 한다. 클래스 속성은 클래스 하나당 메모리에 하나가 만들어지고, 객체 속성은 객체가 만들어질 때마다 만들어지게 된다. 예를 들어, Student 클래스를 다음과 같이 정의해보자.

7-7 따라해보기 (7_3_class_attr.py)

```
class Student:
    count= 0

    def __init__(self, n, a):
        self.name= n
        self.age= a
        Student.count += 1

    def hello(self):
        print("Hi, my name is %s." % self.name)

    def myage(self):
        print("My age is %d." % self.age)

```

- **클래스 속성**인 count를 정의함. 클래스의 내부 공간에서 클래스의 속성과 그 초깃값을 바로 할당 가능.
- **객체 속성**은 각 객체 별로 하나씩 유지됨.
- **클래스 속성**의 사용

```
a= Student('Adam', 20)
a.hello()
a.myage()
print("학생 수= %d" % Student.count)
b= Student('Smith', 21)
b.hello()
b.myage()
print("학생 수= %d" % Student.count)
```

__init__ 함수에서 클래스 속성 count를 1로 증가시킴

__init__ 함수에서 클래스 속성 count를 2로 증가시킴

7-8 따라해보기

```
>>>%Run 7_3_class_attr.py
Hi, my name is Adam.
My age is 20.
학생 수= 1
Hi, my name is Smith.
My age is 21.
학생 수= 2
```

좀 더 자세히

클래스 속성과 객체 속성 참조 방법

- 클래스 속성을 참조하는 일반적인 방법은 '클래스이름.속성이름'이다. 위의 예에서는 Student.count처럼 사용한다.
- '객체이름.속성이름'으로도 참조가 가능하다. 위의 예에서는 a.count(또는 b.count)처럼 사용해도 된다. 물론 모두 같은 값을 가지고 있다.
- 그러나 객체 속성은 반드시 '객체이름.속성이름'으로 참조해야만 한다. 위의 예에서는 a.name 또는 b.age처럼 사용해야 한다. (Student.name과 Student.age처럼 사용하는 것은 불가능하다.)

정리 요약

(1) 객체 속성은 어떤 한 객체가 만들어질 때마다 메모리에 저장 공간이 만들어지게 된다. 객체 속성은 반드시 '객체이름.속성'의 형태로 프로그램 안에서 참조된다.

(2) 클래스 속성은 클래스 하나당 메모리에 하나가 만들어지고, 객체 속성은 객체가 만들어질 때마다 만들어지게 된다.

(3) 클래스 속성을 참조하는 일반적인 방법은 '클래스이름.속성이름'이다.

(4) 객체 속성은 반드시 '객체이름.속성이름'으로 참조해야만 한다.

맞을까? 틀릴까?

객체 속성은 반드시 '클래스이름.속성이름'으로 참조해야만 한다 (○ , ×)

왜냐하면______________________________

연습문제 7.3

(1) 학생의 학번, 이름, 국어, 영어, 수학을 보유하고 총점과 평균을 관리하는 함수 sum과 avg를 갖춘 Student 클래스를 작성하시오.

(2) (1)번 클래스를 이용하여 아래와 같은 학생들의 데이터로써 각 학생 별 클래스 객체를 생성하시오. 각 객체를 이용하여 과목 총점과 평균을 구하여 아래 출력 결과와 같이 출력해 보시오.

```
111 Kim 90  85  70
112 Linda 100 90  80
113 Karl 70  70  70
115 Park 80  95  100
```

출력 결과

```
Kim     총점=245 평균=81.666667
inda    총점=270 평균=90.000000
Karl    총점=210 평균=70.000000
Park    총점=275 평균=91.666667
```

(3) 클래스 Figure는 클래스 속성 count와 __init__, __del__ 함수를 이용하여 현재 생성되어 있는 객체의 수를 센다. 아래 프로그램을 완성하여 [수행결과]와 같이 나오게 만들어라. 객체 속성으로는 width와 height가 있다. (__init__는 객체가 생성될 때 자동으로 호풀되고 __del__는 객체가 소멸될 때 자동으로 호출된다. 객체는 할당될 때 생성되고 "del 객체명"으로써 소멸시킬 수 있다.)

프로그램

```
class Figure:






print(Figure.count)
figure1 = Figure(2, 3)
print(Figure.count)
figure2 = Figure(4, 5)
print(Figure.count)
print('figure1.width='+str(figure1.width))
print('figure2.width='+str(figure2.width))
del figure1
print(Figure.count)
del figure2
print(Figure.count)
```

수행결과

```
0
1
2
figure1.width=2
figure2.width=4
1
0
```

과제 7.3

(1) 위 연습문제 (2)에서 학생 4명의 객체를 각각 선언하지 말고 하나의 리스트로 생성하시오. 그리고 학생들의 총점과 평균을 반복문을 이용하여 출력 하시오.

(2) 클래스 속성과 객체 속성을 가지는 클래스와 그의 객체를 생성하고 클래스 이름과 객체 이름에 대해서 각각 __dict__ 속성을 확인하고 dir 함수를 사용해 결과를 확인하시오. 클래스 속성을 확인할 때와 객체 속성을 확인할 때 각각 어떤 방법을 사용해야 할지 알아보시오.

(3) 다음 소스코드 실행 결과를 주석문으로 설명해보고 결과를 확인해 보시오.

```
class Programmner:
    languages = list()

soo = Programmner()
hyun= Programmner()
soo.languages.append('C#')          ①#_______________________________
soo.languages.append('Java')        ②#_______________________________
hyun.languages.append('Python')     ③#_______________________________
print(hyun.languages)               ④#_______________________________
```

7.4 클래스의 접근제어(Access Control)

목표 객체의 속성과 메서드를 참조하는 방법을 이해하기

7.4.1 접근 제어란?

클래스가 가지는 속성이나 메서드를 자기 이외의 모든 다른 클래스에서 사용할 수도 있지만, 다른 클래스 또는 나의 속성을 상속받는 자식 클래스에게도 보이고 싶지 않은 어떤 속성이나 메서드가 있을 수도 있다. 이와 같이 클래스 내의 속성이나 메서드를 읽거나 바꾸게 하는 것을 접근(Access)한다고 말하고, 그 접근 방법이나 정도를 제한하는 것을 제어(Control)한다고 얘기한다.

객체지향 프로그래밍 언어에서는 일반적으로 클래스 내의 속성이나 메서드를 참조할 수 있는 방법을 제한(Access Control)하고 있다. Java나 C++, C# 등의 컴퓨터 언어에서는 public, private, protected 등의 Keyword를 사용하여 접근하는 방법을 달리하게 한다. 그러나 Python에서는 기본적으로 모든 속성과 메서드를 외부에서 접근할 수 있게 한다. 접근 제어를 위한 키워드를 따로 제공하지 않는다.

하지만, 더블 언더 바('__')를 속성이나 메서드의 이름 앞에 붙이게 되면, 다른 클래스에서는 이 속성이나 메서드를 참조(Access, 읽거나 바꾸는 일)할 수 없다.

7-9 따라해보기 (7_4_private_attr.py)

```
class Student:
    count= 0 # Class Attribute

    def __init__(self, n, a, s):
        self.name= n
        self.age= a
        self.__score=s # Private Attribute
        Student.count += 1 # Class Attribute

    def hello(self):
        print("Hi, my name is %s." % self.name)

    def myage(self):
        print("My age is %d." % self.age)

    def show_score(self):
        print("%s's score is %d." % (self.name, self.__score))

    def input_score(self, s):
        self.__score=s

a= Student('Adam', 20, 33)
a.show_score()
b= Student('Smith', 21, 99)
b.show_score()
a.input_score(88)
a.show_score()
#print(a.__score)  # 오류 발생!
```

private한 속성에 대해서는 필요시 get/set 메서드를 마련하여 해당 메서드를 통해서 read/write 하도록 한다.

실행결과

```
Adam's score is 33.
Smith's score is 99.
Adam's score is 88.
```

07 self.__score는 이름 앞에 두 개의 밑줄 '__'(under bar)이 있다.
따라서 다른 클래스에서는 참조할 수 없으며, 오직 자기 객체 안에서만 참조가 가능하다.

16-17 private 속성인 __score 값을 보여준다. (read)

19-20 private 속성인 __score 값을 바꿔준다. (write)

22 Adam의 이름과 나이, 성적이 a 객체로 만들어진다.

24 Smith와 이름과 나이, 성적이 b 객체로 만들어진다.

28 만약 #을 지우고 '__score' 속성에 직접 접근하면 다음과 같은 에러가 발생한다.

```
Traceback (most recent call last):
        File "<pyshell>", line 1, in <module>
      AttributeError: 'Student' object has no attribute '__score'
```

정리 요약

(1) 클래스 내의 속성이나 메서드를 읽거나 바꾸게 하는 것을 접근(Access)한다고 말하고, 그 접근 방법이나 정도를 제한하는 것을 제어(Control)한다고 얘기한다.

(2) Python에서는 기본적으로 모든 속성과 메서드를 외부에서 접근할 수 있게 한다.

(3) 더블 언더 바('__')를 속성이나 메서드의 이름 앞에 붙이게 되면, 다른 클래스에서는 이 속성이나 메서드를 참조(Access, 읽거나 바꾸는 일)할 수 없다.

맞을까? 틀릴까?

더블 언더 바('__')를 속성이나 메서드의 이름 앞에 붙이게 되면, 다른 클래스에서는 이 속성이나 메서드를 참조(Access, 읽거나 바꾸는 일)할 수 있다.(○ , ×)

왜냐하면______________________________

연습문제 7.4

(1) 스택은 자료들을 들어온(push) 역순으로 내보내는(pop) 자료구조이다. 클래스 Stack에 외부에서는 접근 불가능한 속성으로서 리스트를 가지고, 접근 가능한 메서드로서 push, pop을 가지도록 한다. 아래 [프로그램]의 빈 칸을 채워서 [수행결과]와 같이 나오게 하여라. 또한 위 조건대로 작성했을 때, comment 로 되어 있는 마지막 줄을 comment out 했을 때는 오류가 발생함을 확인하여라.

프로그램

```
class Stack:









s1 = Stack()
s1.push(100)
s1.push(200)
s1.push(300)
print(s1.pop())
print(s1.pop())
print(s1.pop())
#print(s1.__stack)
```

수행결과

```
300
200
100
```

과제 7.4

(1) 클래스 변수 이름 앞에 underbar 2개를 붙여도 외부에서 접근 가능한 경우가 있다. 어떤 경우인지 조사하시오.

07 객체지향 프로그래밍

7.5 클래스의 상속과 다형성

목표 클래스의 상속과 다형성 개념 이해하기

7.5.1 클래스의 상속

부모의 생김새, 특성 등의 속성을 자식이 그대로 상속 받는 경우가 많다. Python에서도 클래스를 상속할 수 있다. 클래스의 상속은 기존의 클래스를 변경하지 않고, 기능을 추가하거나 기존 기능을 변경할 때 사용된다. 클래스의 정의시에 클래스 이름 옆에 ()를 하고 그 안에 부모 클래스의 이름을 기입하면 부모 클래스의 속성과 메서드가 자식 클래스에 상속되게 된다. 물론 자식 클래스에서도 자기만의 속성과 메서드를 가질 수도 있고, 부모 클래스의 속성과 메서드를 재정의해서 사용할 수도 있다.

먼저 다음의 코드를 보자.

7-10 따라해보기 (7_5_derive.py)

```
class Animal:
    def __init__(self, name):
        self.name = name
    def move(self):
        print("move")
    def speak(self):
        pass

class Dog (Animal):
    def speak(self):
        print("bark")

class Duck (Animal):
    def speak(self):
        print("quack")

dog = Dog("doggy")
print(dog.name)
```

같은 이름을 가지는 메서드를 다른 방법으로 구현할 수 있다 (다형성).

```
19 dog.move()
20 dog.speak()
21 duck=Duck('Donald')
22 print(duck.name)
23 duck.move()
24 duck.speak()
```


01-07 Animal이라는 클래스를 정의했다.
초기자에서 객체 속성으로 name을 정의하고, 메서드로 move()와 speak()를 정의한다. speak() 메서드는 아무런 일도 하지 않고 있다.

09-15 부모 클래스로 Animal 클래스를 상속받는 두 자식 클래스 Dog과 Duck을 정의했다. 두 자식 클래스는 Animal 클래스를 상속받았으므로, Animal 클래스의 객체 속성과 메서드를 모두 사용할 수 있다. 그런데 두 메서드 중 speak() 메서드는 자식 클래스에서 각각 다르게 다시 정의되었다는 것을 주목해보아야 한다.

17 Dog 클래스의 인스턴스로 'dog'가 생성되면, 부모 클래스인 Animal의 초기자가 자동으로 호출된다. 따라서 name 속성에 'doggy'가 할당된다.

19 부모클래스의 move() 메서드가 실행된다.

20 부모 클래스의 speak() 메서드가 아닌 Dog 클래스의 speak() 메서드가 실행된다. 왜냐하면 자식 클래스에서 이 메서드가 재정의되었기 때문이다. 따라서 자식 클래스의 속성과 메서드가 부모 클래스에 우선하는 것임을 알 수 있다.

21 Duck 클래스의 인스턴스로 'duck'이 생성되면, 부모 클래스인 Animal의 초기자가 자동으로 호출된다. 따라서 name 속성에 'Donald'가 할당된다.

23 부모클래스의 move() 메서드가 실행된다.

24 부모 클래스의 speak() 메서드가 아닌 Duck 클래스의 speak() 메서드가 실행된다.

7.5.2 클래스의 다형성 활용

7-11 따라해보기 (7_5_derive.py 수정)

7_5_derive.py에서 17-24줄을 지우고 아래 코드로 대체하시오.

```
animals = [Dog('puppy'), Duck('diggy')]
for a in animals:
    print(a.name)
    a.move()
    a.speak()
```

다형성을 활용함 함수

실행결과

```
puppy
move
bark
diggy
move
quack
```

위의 예에서는 객체를 리스트에 넣고 활용하는 코드이다. 이름이 'puppy'와 'diggy'인 Dog과 Duck 각각의 객체가 animal 리스트의 원소로 만들어지고, for 루프 안에서 각각의 메서드가 실행되고 있다.

이와 같이 동일한 메서드를 클래스마다 다양하게 구현하는 다형성을 활용하면 같은 코드를 이용하여 객체별로 다양한 처리를 하게 만들 수 있다.

좀 더 자세히

메서드 오버라이딩 (Method Overriding)

- 부모 클래스의 메서드를 자식 클래스에서 다시 구현하는 것.
- 메서드 대체 또는 메서드 재정의라도 한다.

정리 요약

(1) 클래스의 상속은 기존의 클래스를 변경하지 않고, 기능을 추가하거나 기존 기능을 변경할 때 사용된다.

(2) 클래스의 정의시에 클래스 이름 옆에 ( )를 하고 그 안에 부모 클래스의 이름을 기입하면 부모 클래스의 속성과 메서드가 자식 클래스에 상속되게 된다.

(3) 자식 클래스에서도 자기만의 속성과 메서드를 가질 수도 있고, 부모 클래스의 속성과 메서드를 재정의해서 사용할 수도 있다.

(4) 자식 클래스의 인스턴스가가 생성되면, 부모 클래스의 초기자가 자동으로 호출된다.

(5) 부모 클래스의 속성과 메서드가 자식 클래스에서 재정의되었다면 자식 클래스의 속성과 메서드가 부모 클래스에 우선한다.

맞을까? 틀릴까?

자식 클래스의 속성과 메서드가 부모 클래스에 우선한다. (○ , ×)

왜냐하면 ____________________

연습문제 7.5

(1) my_module.py에 Circle클래스와 Square클래스를 만들어 각각 원과 정사각형의 넓이를 구할 수 있는 area() 함수(같은 이름을 사용)를 정의한다. Circle 클래스 초기자에서는 원의 반지름을, Square 클래스 초기자에서는 정사각형의 한 변의 길이를 인자로 받도록 한다.

(2) (1)파일을 import 할 때 별칭을 md로 하여 반지름이 10인 원의 넓이와 한 변의 길이가 10인 정사각형의 넓이를 구하여 출력해본다.

실행결과

```
원의 넓이는 314.0
정사각형의 넓이는 100
```

(3) 아래는 원(Circle)과 정사각형(Square)을 공동 관리하기 위한 클래스 Figure를 이용하여 상속과 다형성을 활용하는 예제이다. 아래 [프로그램]의 빈 칸을 채워서 [수행결과]와 같이 나오게 하시오.

프로그램

```
class Figure:




class Circle(Figure):



class Square(Figure):



figures = [Circle(5), Square(5)]
for figure in figures:
    print(figure.getKind()+' : '+str(figure.getArea()))
```

수행결과

```
I'm a circle. : 78.5
I'm a Square. : 25
```

과제 7.5

(1) Python에서의 기본 연산자 오버로딩(Overloading)에 대하여 조사하시오.

(2) Python에서는 연산자 오버로딩에 의해 기본 연산자 (예: +, –, *, /)를 오버로드하여 사용할 수 있게 해 준다. 이를 활용하여 figure = figure + 5 문장이 수행될 수 있게 아래 [프로그램]의 빈 칸을 채워서 [수행결과]와 같이 나오게 하시오.

프로그램

```
class Figure:




class Circle(Figure):



class Square(Figure):



figures = [Circle(5), Square(5)]
for figure in figures:
    figure = figure + 5
    print(figure.getKind()+' : '+str(figure.getArea()))
```

수행결과

```
I'm a circle. : 314.0
I'm a Square. : 100
```

CHAPTER 08

기본 예제 코드작성 실습

이번 장에서는 컴퓨터적인 사고방식(Computational Thinking)에 따라, Python을 이용하여 다음 절차에 따라 프로그램 코드를 작성하고 실행해 보자.

1. 해결과제 내용 파악

해결 과제의 내용을 파악하여 필요한 변수와 그를 활용한 논리 구조를 구상해 본다.

2. 힌트 받기

문제 해결에 관련된 논리 구조 또는 활용 가능한 연산 등 프로그램 작성에 관련된 힌트를 제공하였다. 주어진 힌트를 참고하되 스스로 작성한 논리가 있다면 비교하며 작성해 본다.

3. 변수 결정

결정된 변수에 식별자를 부여하여 구분한다. 각 변수별로 용도를 정리해 놓는다.

4. 문제 재정의

변수 이름을 활용하여 문제를 재정의 한다

5. Python 코드 작성

Python 코드로 작성한 후 실행시켜 본다. 입력이 필요하다면 다양한 입력을 사용하여 테스트해 본다.

코드 작성 　기본 예제 1

해결 과제	3개의 정수를 입력받아 그중 가장 큰 수를 출력하시오. (리스트 타입은 사용하지 않도록 한다) [실행 예1] 숫자1: 3 숫자2: 5 숫자3: 7 가장 큰 수는 7 [실행 예2] 숫자1: 7 숫자2: 3 숫자3: 5 가장 큰 수는 7
힌트	n1, n2, n3에 세 수를 입력 받는다. 가장 큰 수를 처음에는 n1으로 간주하고 n2가 이 수보다 크면 n2를 가장 큰 수로 삼는다. 다시 n3이 가장 큰 수보다 크면 n3을 가장 큰 수로 삼는다.
변수 결정	n1, n2, n3 : 숫자 입력 max : 가장 큰 수
문제 재정의	- n1, n2, n3에 숫자 입력 받기 - max레 n1 값을 할당 - n2가 max보다 크면, max에 n2를 할당 - n3가 max보다 크면, max에 n3를 할당
Python 코드	

코드 작성 기본 예제 2

해결 과제	숫자를 입력받아 홀수인지 짝수인지 판별하여 출력하시오. [실행 예1] 홀짝 판별할 숫자: 7 홀수입니다 [실행 예2] 홀짝 판별할 숫자: 8 짝수입니다
힌트	- 짝수 판정은 입력받은 수 num을 2로 나누어서 떨어지는지로 한다.
변수 결정	num : 숫자 입력
문제 재정의	- num에 숫자 입력 받기 - num을 2로 나누어 떨어지는지 체크하여, 짝수 또는 홀수라고 출력하기.
Python 코드	

코드 작성 기본 예제 3

해결 과제	숫자를 입력받아 소수인지 판별하여 출력하시오. [실행 예1] 소수 판별할 숫자: 9 소수가 아닙니다 [실행 예2] 소수 판별할 숫자: 11 소수입니다
힌트	- 소수 판정은 입력받은 수 num을 2~(num-1)의 숫자로 차례로 나누어서 떨어지는 수가 없을 때 소수로 판정한다.
변수 결정	num : 숫자 입력 prime : 소수일 때 True, 소수가 아닐 때 False (초기값은 True)
문제 재정의	- num에 숫자 입력 받기 - prime을 True로 초기화하기 - 반복 제어 변수 i를 이용하여 2~(num-1) 까지 반복하며, - num을 i로 나누어 떨어지면 prime에 False 넣기 - prime 값에 따라 소수 판정 출력하기
Python 코드	

코드 작성 기본 예제 4

해결 과제	0이 나올 때까지 반복해서 숫자를 입력받아 소수 판별하기를 반복하시오. [실행 예] 소수 판별할 숫자: 7 소수입니다 소수 판별할 숫자: 12 소수가 아닙니다 소수 판별할 숫자: 5 소수입니다 소수 판별할 숫자: 0
힌트	- 무한 반복 구조를 만들고 if와 break로써 탈출시킨다. - 입력 받은 숫자 num이 0일 때 반복 구조를 탈출한다. - 소수 판정은 num을 2~(num-1)의 숫자로 차례로 나누어서 떨어지는 수가 없을 때 소수로 판정한다.
변수 결정	num : 숫자 입력 prime : 소수일 때 True, 소수가 아닐 때 False (초기값은 True)

문제 재정의	- 무한 반복하며,
	  - num에 숫자 입력 받기
	  - num이 0이면 break하여 종료시키기
	  - prime을 True로 초기화하기
	  - 반복 제어 변수 i를 이용하여 2~(num-1) 까지 반복하며,
	    - num을 i로 나누어 떨어지면 prime에 False 넣기
	  - prime 값에 따라 소수 판정 출력하기

Python 코드	

코드 작성 기본 예제 5

해결 과제	1~100 사이의 3의 배수 또는 7의 배수들의 합을 출력하시오. [실행 예] 합= 2208
힌트	합을 저장할 변수 sum를 할당하고 초기값을 0으로 한다. 1~100까지 i를 반복 제어 변수로 하여 반복문을 작성한다. i를 3으로 나눈 나머지가 0 또는 i를 7로 나눈 나머지가 0일 때 i를 sum에 더한다.
변수 결정	sum : 합을 저장 i : 1~100까지 변화하는 변수 (반복 제어 변수)

문제 재정의	- sum을 0으로 초기값 할당하기
	- i를 이용하여 1~100까지 반복하며,
	  - i를 3으로 나눈 나머지가 0
	    또는
	    i를 7로 나눈 나머지가 0일 때
	    i를 sum에 더하기.
	- sum을 출력

Python 코드	

코드 작성 기본 예제 6

해결 과제	5명의 학생의 점수를 입력받아 최고점과 최저점을 출력하시오. 점수는 0~100 사이이다. [실행 예] 점수 : 91 점수 : 58 점수 : 66 점수 : 80 점수 : 98 최고점= 98 최저점= 58
힌트	최고점을 저장할 변수 max를 할당하고 초기값을 0으로 한다. 최저점을 저장할 변수 min을 할당하고 초기값을 100으로 한다. 점수를 입력받을 때마다 min과 max 값을 업데이트 해 준다.
변수 결정	max : 최고점을 저장 min : 최저점을 저장 score : 점수 입력

문제 재정의	- max는 0으로, min은 100으로 초기값 할당하기
	- 5회 반복하며,
	  - score에 점수 입력하기
	  - score가 max보다 크면 max에 score를 할당하기
	  - score가 min보다 작으면 min에 score를 할당하기
	- max, min을 출력하기

Python 코드	

코드 작성 기본 예제 7

해결 과제	N을 입력받은 후, N명의 학생의 점수를 입력받아 평균 점수를 출력하시오. [실행 예] 학생의 수 : 3 점수 : 79 점수 : 90 점수 : 95 평균 점수= 88.0
힌트	학생의 수 N을 먼저 입력 받기 N회 반복하여 점수 입력 받아 총점에 더하기 총점 / N으로써 평균 구하기
변수 결정	N : 학생의 수를 입력 score : 각 학생의 점수 입력 받을 변수 total : 점수의 합

문제 재정의	- N : 사용자로부터 학생의 수 입력 받기
	- total을 0으로 초기화하기
	- N회 반복
	  - score : 숫자 입력 받기
	  - total에 score를 더하기
	- score / N을 출력하기

Python 코드	

08 기본 예제 코드작성 실습

코드 작성 기본 예제 8

해결 과제	N을 입력받은 후, N개의 정수를 읽어 짝수의 합과 홀수의 합을 각각 출력하시오. [실행 예] 입력할 갯수 : 3 숫자 : 5 숫자 : 9 숫자 : 10 짝수의 합= 10 홀수의 합= 14
힌트	N을 입력 받은 후 N회 반복을 사용하여 숫자 입력 받기. 짝수 판단은 % 2 하여 0이 나오는 것으로 하기.
변수 결정	N : 입력할 개수를 입력 num : N회 숫자 입력 받을 변수 evensum : 짝수의 합 oddsum : 홀수의 합

문제 재정의	- N : 사용자로부터 횟수 입력 받기
	- evensum과 oddsum을 0으로 초기화하기
	- N회 반복
	  - num : 숫자 입력 받기
	  - 짝수이면 evensum에 홀수이면 oddsum에 num을 더하기
	- evensum, oddsum을 출력하기

Python 코드	

코드 작성 | 기본 예제 9

해결 과제	4자리 이내의 양의 정수를 입력받아 한글로 출력하시오. [실행 예1] 숫자(최대 4자리) : 203 이백 삼 [실행 예2] 숫자(최대 4자리) : 1234 일천 이백 삼십 사
힌트	단위 이름("", "십","백", "천")을 기억하는 리스트 units를 준비한다. 숫자의 한글 표현("영", "일", "이",...)을 기억하는 리스트 numstr을 준비한다.
변수 결정	num : 입력 받은 숫자 l1 : num의 각 자리 숫자를 원소로 가지는 리스트

문제 재정의	- num : 사용자 입력 받기
	- l1에 num의 오른쪽 끝 자리부터 한 자리씩 원소로 append. (% 와 // 연산자 이용)
	- l1의 끝 원소부터 [0]번째 원소까지 차례로 한글로 출력하기 (반복제어변수 i)
	  - l1[i]를 numstr의 인덱스로 사용하여 숫자를 한글로 출력하기.
	  - i를 units의 인덱스로 사용하여 단위 이름 출력하기.

Python 코드	

08 기본 예제 코드작성 실습

코드 작성 기본 예제 10

해결 과제	2000년 1월 1일 이후의 날짜를 입력받아 요일을 판별하시오. (2000년 1월 1일은 토요일이다) [실행 예1] 연 : 2000 월 : 1 일 : 1 토요일입니다 [실행 예2] 연 : 2021 월 : 2 일 : 26 금요일입니다
힌트	요일 이름("월","화",...)을 기억하는 리스트를 준비한다. 월별 날짜 수를 기억하는 리스트를 준비한다. 연도를 주면 윤년인지 판단하여 반환하는 함수를 준비한다. 2000/1/1 이후부터 입력한 날짜까지의 날수를 센다. 2000/1/1이 토요일임을 이용하여 요일을 계산한다.
변수, 함수 결정	dayofweek 리스트 : 7개의 요일 이름 monthdays 리스트 : 12개의 숫자. 월별 날짜 수 IsLeapYear(year) : year가 윤년이면 True, 평년이면 False를 반환 year, month, day : 입력 받은 연, 월, 일

문제 재정의	- 연, 월, 일 입력 받기
	- days 변수에 2000/1/1 이후로 몇 번째 날짜인지 계산해 넣기
	  - 2000년~(year-1)년까지 각 연도의 총 날짜수 더하기
	  - year년의 1월~(month-1)월까지 각 달의 총 날짜수 더하기
	  - day-1 더하기
	- days = days + 5 하여 2000/1/1이 토요일인 것을 반영하기
	- days = days % 7 하여 요일에 매치시키기
	- days가 표현하는 요일을 출력하기

Python 코드	

코드 작성 기본 예제 11

<table>
<tr><td>해결 과제</td><td>1에서 5 사이의 수를 10번 입력받은 후 한 번도 입력되지 않은 수들을 출력하시오.

[실행 예]
숫자 입력(1~5) : 2
숫자 입력(1~5) : 5
숫자 입력(1~5) : 5
숫자 입력(1~5) : 5
숫자 입력(1~5) : 2
숫자 입력(1~5) : 1
숫자 입력(1~5) : 1
숫자 입력(1~5) : 2
숫자 입력(1~5) : 5
숫자 입력(1~5) : 1
입력되지 않은 수 :
3
4</td></tr>
<tr><td>힌트</td><td>입력 받은 숫자들을 튜플에 넣어 둔다.</td></tr>
<tr><td>변수 결정</td><td>s1 : 빈 튜플을 준비</td></tr>
<tr><td>문제 재정의</td><td>- s1 : 빈 튜플을 준비
- 10회 반복 :
  사용자 입력(1~5) 받아 s1에 add하기
- 1~5에 대하여 아래를 수행 :
  s1에 없는 숫자일 때만 출력하기</td></tr>
<tr><td>Python 코드</td><td></td></tr>
</table>

08 기본 예제 코드작성 실습

코드 작성 기본 예제 12

해결 과제	예약 좌석 번호 1~100번을 입력 받아 "특별석", "할인석", "일반석" 중 하나를 출력해 주시오. "특별석"은 3, 70, 88, 89번이고 "할인석"은 15, 17, 27, 29번이다. 그 외는 모두 "일반석"이다. [실행 예1] 예약할 좌석 번호(1~100) : 27 할인석입니다. [실행 예2] 예약할 좌석 번호(1~100) : 38 일반석입니다.
힌트	"특별석", "할인석"을 각각 하나의 리스트에 유지해 둔다.
변수 결정	premiums : "특별석" 번호를 보관한 리스트 discounts : "할인석" 번호를 보관한 리스트 seatnum : 사용자 입력(정수)
문제 재정의	- premiums , discounts 2개의 정수 타입 리스트를 준비. - seatnum : 사용자 입력 받기 - seatnum이 premium에 있는 숫자이면, "특별석입니다." 출력 seatnum이 discounts에 있는 숫자이면, "할인석입니다." 출력 그 외 : "일반석입니다." 출력하기
Python 코드	

코드 작성 기본 예제 13

해결 과제	백만원 이하의 금액을 입력받아 각 화폐 단위별로 몇 장을 지불해야 하는지 알려 주시오. 가능한 한 큰 화폐 단위로 지불하도록 한다. (화폐단위: 십만원, 오만원, 만원, 오천원, 천원, 오백원, 백원, 오십원, 십원) [실행 예1] 백만원 이하의 금액 : 10500 만원: 1, 500원: 1 [실행 예2] 백만원 이하의 금액 : 268300 십만원: 2, 오만원: 1, 만원: 1, 오천원: 1, 천원: 3, 백원: 3
힌트	(단위 표현 문자열, 단위 금액) 튜플을 원소로 가지는 리스트를 이용한다.
변수 결정	li : (단위 표현 문자열, 단위 금액) 튜플을 원소로 가지는 리스트 value : 사용자 입력(정수) 받기

문제 재정의	- l1 리스트를 준비
	- value에 입력 받기
	- l1의 모든 원소에 대해 수행 → (unit, amount)
	    - value // amount → count
	    - count가 0이 아니면(해당 화폐 단위로 지불할 것이 있음)
	        unit 과 count를 출력
	    - value -= count * amount

Python 코드	

코드 작성 기본 예제 14

해결 과제	"돈" 또는 "평" 또는 "되"를 입력받아 "돈" 은 "그램" 으로, "평" 은 "제곱미터" 로 "되" 는 "리터" 로 단위 환산하여 출력해 주시오. (1돈=3.75그램, 1평=3.3058제곱미터, 1되=1.8039리터) [실행 예1] "돈" 또는 "평" 또는 "되"를 입력하시오 : 10돈 37.5 그램입니다. [실행 예2] "돈" 또는 "평" 또는 "되"를 입력하시오 : 5되 9.0195 리터입니다.
힌트	입력 가능한 단위를 딕셔너리의 key로 삼고 입력한 단위에 곱해줄 값과 출력 단위를 튜플로 묶어 딕셔너리의 value로 삼아 이용한다.
변수 결정	딕셔너리 : d1 입력 문자열 : input_str 입력받은 단위 : unit (input_str의 맨 끝 문자를 가져온다) 입려받은 값 : input_num (input_str을 정수 타입으로 해석)
문제 재정의	- d1을 준비 (key=단위, value=(곱해줄 값, 환산 단위) 튜플) - input_str에 사용자 입력 받기 - unit에 input_str의 맨 끝 문자 넣기 - unit이 d1에 속하면, d1[unit] 튜플을 이용하여 input_str을 정수로 형 변환하여 '곱해줄 값'을 곱하고, '환산 단위'와 함께 출력하기 - unit이 d1에 없으면, 오류 출력하기
Python 코드	

PART

02

EV3-Python

CHAPTER 09

EV3-Python 사용환경 구성하기

9.1 EV3-Python 운영체제 설치

목표 EV3에서 Python 프로그램을 사용하기 위한 환경을 구성한다.

EV3 코어 세트(Core Set)는 P-Brick, 2개의 큰 모터, 중간 모터, 컬러 센서, 2개의 터치 센서, 초음파 센서, 자이로 센서, 바퀴, 충전식 배터리, USB 케이블과 연결선들 그리고 여러 개의 레고 피스들로 구성되어 있다.

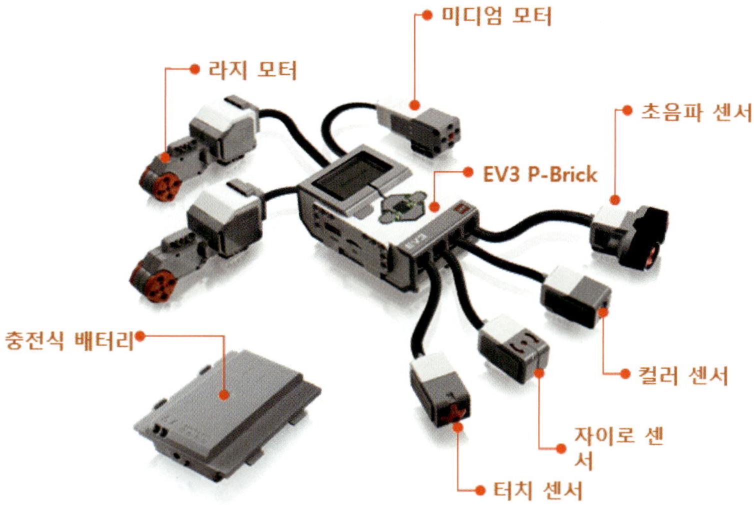

그림 9-1 EV3 코어 세트(Core Set)

이 책에서는 EV3 코어 세트를 이용하여, 만들 수 있는 그림 9-2와 같은 에듀케이터(Educator)를 바탕으로 프로그램할 수 있는 환경을 구성한다.

그림 9-2 EV3 에듀케이터

Python을 이용하여 EV3를 구동하기 위해서는 그림 9-3과 같은 구성요소를 갖추어야 한다. Visual Studio Code가 설치된 컴퓨터와 EV3 브릭, 브릭과 컴퓨터를 연결하는 미니 USB 케이블, 그리고 EV3 마이크로파이썬의 이미지가 들어있는 마이크로 SD 카드가 있어야 한다.

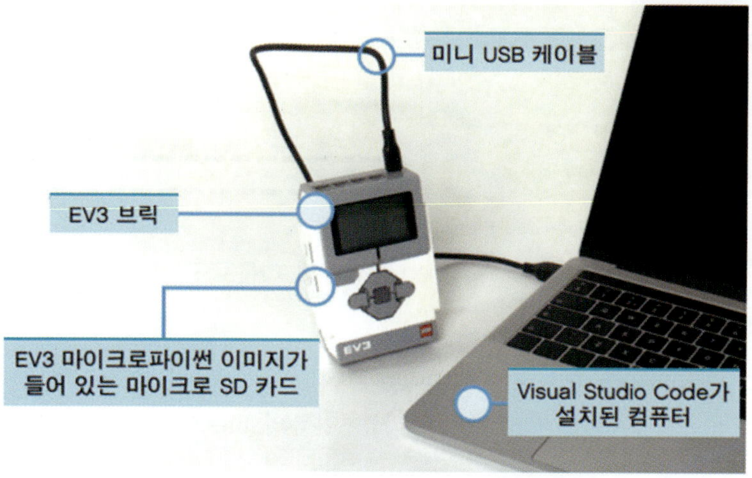

그림 9-3 EV-Python을 위한 구성 요소

EV3는 부팅할 때 SD카드 유무를 감지하여 운영 체제를 선택하여 부팅된다. SD카드가 없으면 EV3에 내장된 운영체제로 부팅되어 블록 코딩 가능한 상태가 된다. SD카드가 있으면 그곳에 있는 운영체제로 부팅되므로 SD카드에 Python 코딩이 가능한 운영체제 이미지를 구워서 EV3에 삽입해 준 후 부팅하도록 해야 한다. 구성요소가 갖추어졌다면, Python을 구동하기 위한 운영체제를 만들어서 설치해 보자.

9.1.1 EV3 - Python 운영체제 이미지 파일 다운로드

설치용 운영체제 프로그램은 EV3 개발사인 Lego사의 홈페이지에서 다운로드 받을 수 있다. 다음과 같이 Lego사의 홈페이지

https://education.lego.com/en-us/support/mindstorms-ev3/python-for-ev3

에 접속하여, 하단의 SD card image 다운로드한다.

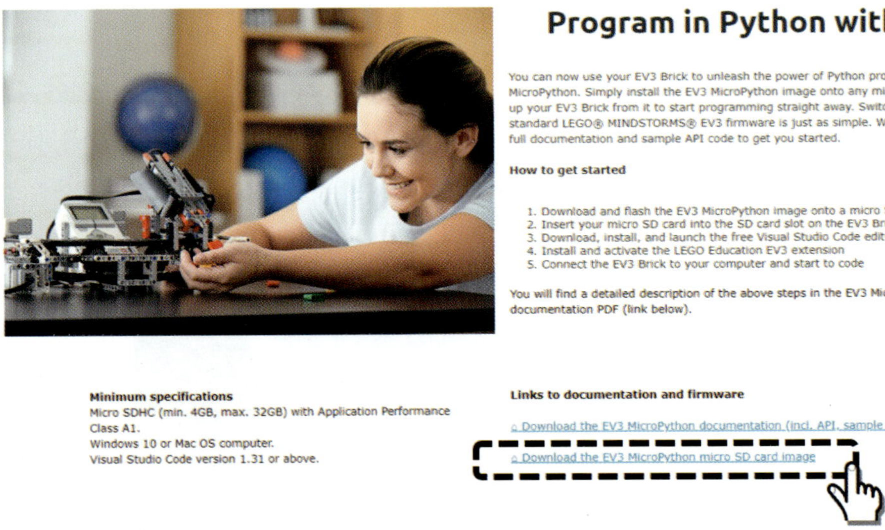

그림 9-4 EV-Python 운영체제 다운로드 페이지

다운로드 받은 ev3micropythonv200sdcardimage.zip 파일을 압축풀기 하면 ev3-micropython-v2.0.0-sd-card-image.img라는 이름의 image 파일이 나온다.

9.1.2 Etcher 다운로드 및 설치

image 파일을 다운로드한 다음에는 그 이미지를 EV3로 옮겨야 한다. 이는 단순한 파일 복사로는 SD카드에 쓸 수 없고 운영체제 이미지 자체를 SD카드에 구워주는 balenaEtcher과 같은 프로그램을 사용해야 한다. 여기서는 balenaEtcher 프로그램을 다운로드 받아 설치해 보자. 먼저 https://www.balena.io/etcher/에 접속하여, balenaEtcher 프로그램을 다운로드 받는다.

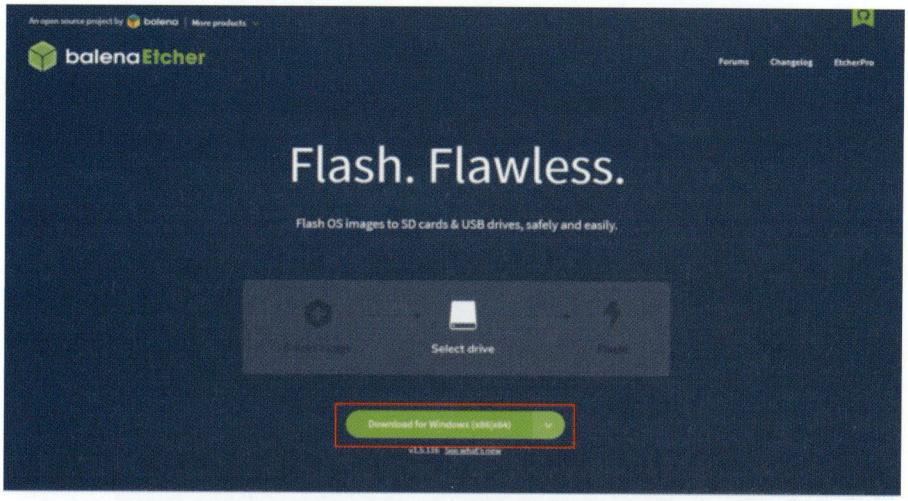

그림 9-5　Etcher프로그램 다운로드 페이지

다운로드 후 exe 파일을 실행시켜 프로그램을 설치한다.

9.1.3 Etcher로써 SD카드에 이미지 넣기

프로그램 설치가 끝났으면 Etcher 프로그램을 실행시켜 flash from file을 선택한 후 9.1.1에서 다운로드 했던 SD 카드 이미지 파일을 선택한다. 그 후 Select Target을 선택하여 EV3에 넣을 SD카드를 선택하면 된다.

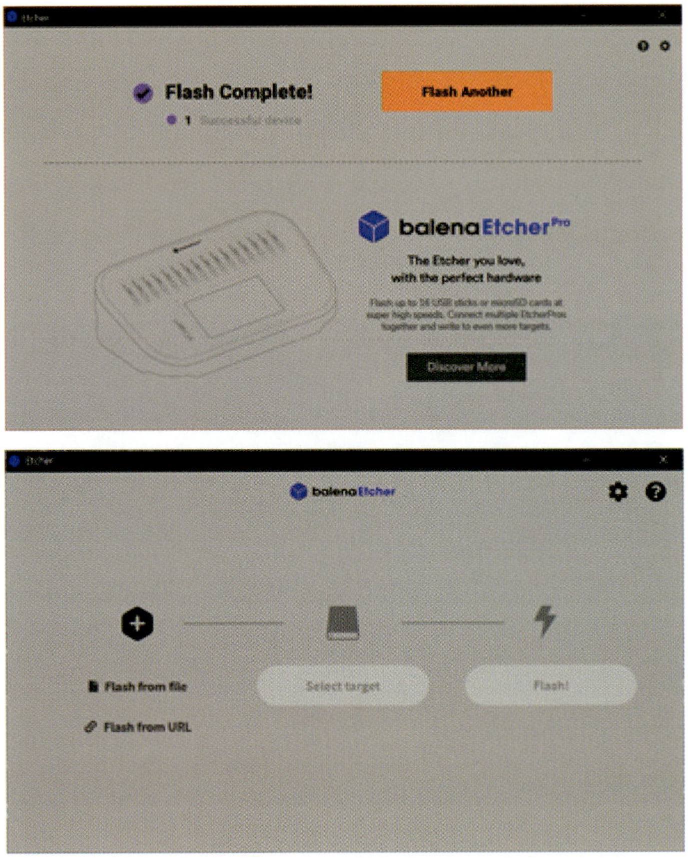

그림 9-6 SD카드에 이미지 넣기

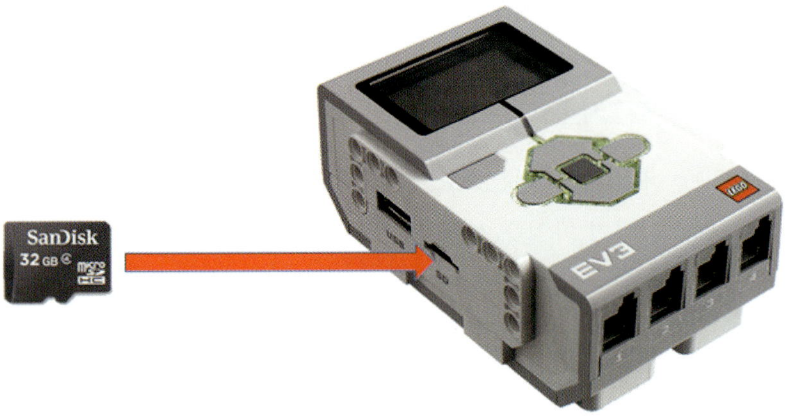

그림 9-7 SD카드를 EV3에 삽입

위의 작업이 끝났다면 Python 운영체제가 설치된 SD카드를 EV3에 삽입한다.

EV3에 SD 카드를 삽입 후 EV3를 켜 보면 로딩하는 창이 뜨게 되고 로딩 창이 끝난 뒤 아래와 같은 모습이 뜬다면 EV3 세팅이 성공적으로 끝난 것이다.

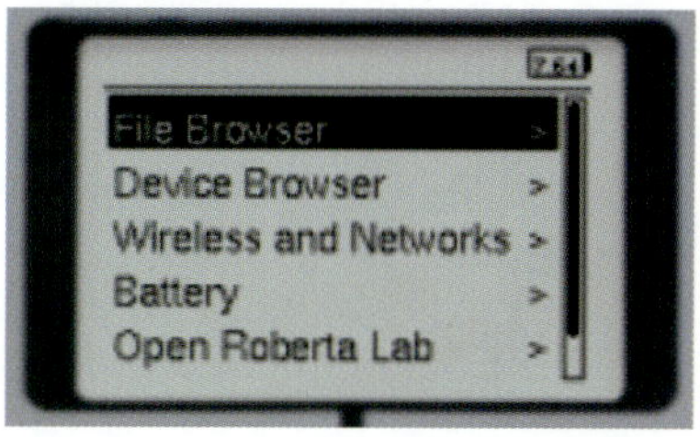

그림 9-8 EV3-Python 부팅 완료 화면

9.2 Visual Studio Code 설치하기

목표 컴퓨터에 EV3 Python 코딩을 위한 Visual Studio Code 설치한다.

EV3 세팅을 다 끝냈다면 이제 컴퓨터에서 EV3 연동, 프로그래밍 등의 작업을 수행할 Visual Studio Code를 설치해야 한다. Visual Studio Code는 MicroSoft 사에서 만든 통합 개발 환경이다. Visual Studio Code의 설치 방법은 "부록 A.1 Visual Studio Code 설치 방법"을 참고하도록 한다.

9.3 MicroPython Library 설치

목표 Visual Studio Code에 MicroPython Library를 설치한다.

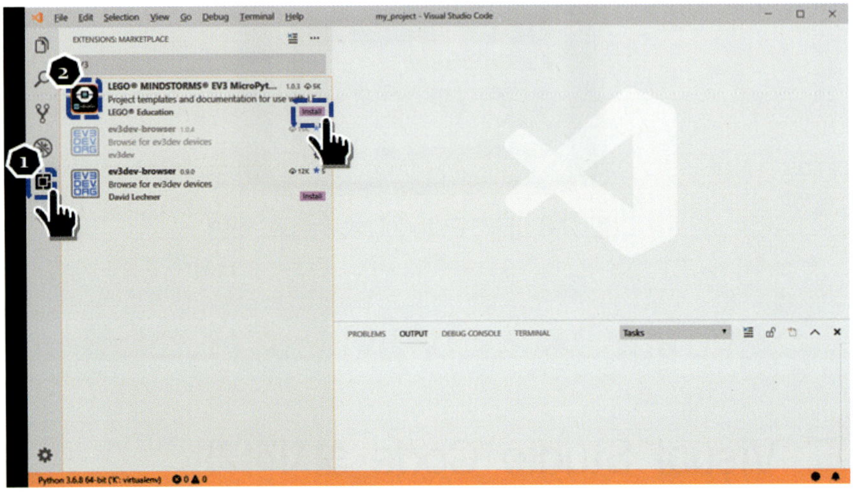

그림 9-9 Visual Studio Code의 Extension 설치하기

Visual Studio Code를 설치를 완료했다면 Visual Studio Code의 Extension을 설치해야 한다. EV3 Python 프로그래밍을 위해서 Python, MicroPython, ev3dev-browser의 3가지 Extension을 설치해야 한다.

옆의 확장(단축키 : Ctrl+Shift+X) 버튼을 눌러 마켓 플레이스에 들어간 후 각각의 Extension을 설치해준다.

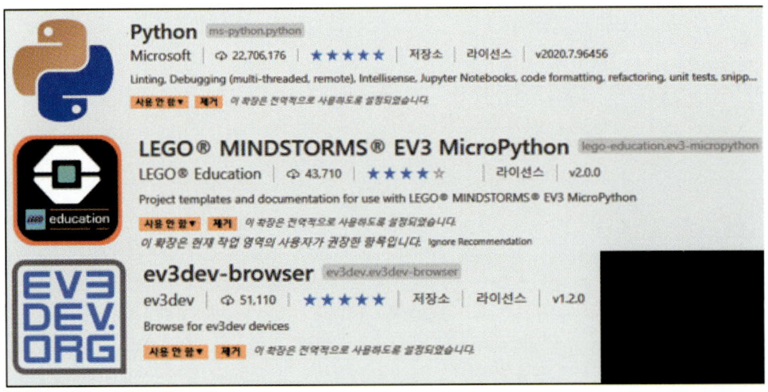

그림 9-10 Visual Studio Code에서 필요한 Extension 3가지

9.4 Visual Studio Code 연동

목표 Visual Studio Code와 EV3를 연동한다.

지금까지의 과정을 다 따라왔다면 이제 Visual Studio Code에서 EV3 brick 제어를 위한 코드를 입력할 프로젝트를 만들어야 한다.

좌측의 MicroPython 모양의 버튼을 클릭한다.

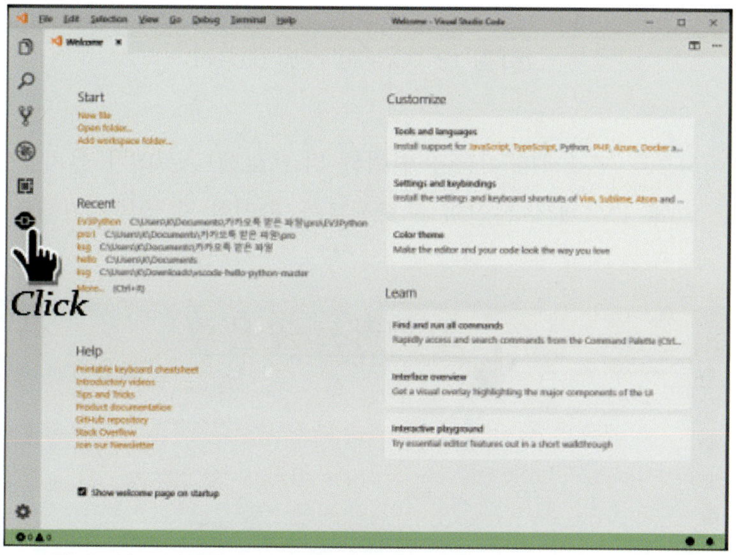

그림 9-11 LEGO MINDSTORMS EV3 MisroPython 탭 선택

Create a new project를 클릭한다.

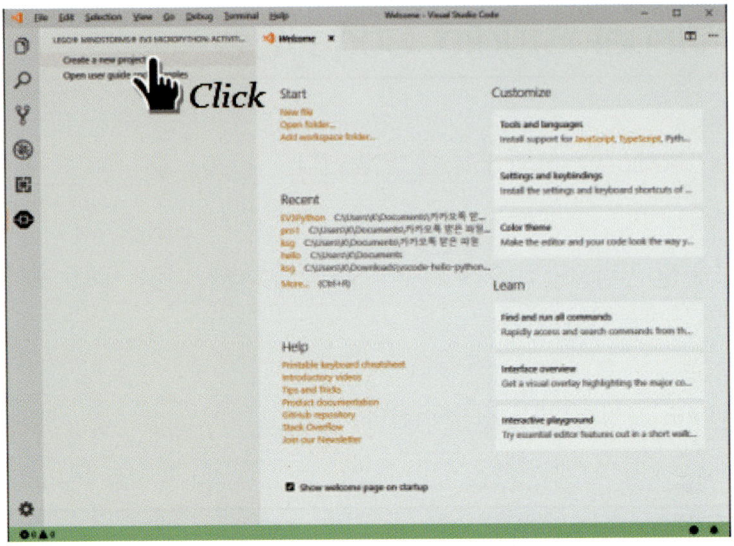

그림 9-12 Create new project

자신이 원하는 이름으로 프로젝트 이름을 입력한 뒤 프로젝트 폴더가 설치될 곳을 선택한다. 프로젝트 이름은 이후 EV3에서 본인의 프로젝트를 확인할 수 있는 이름으로 한다.

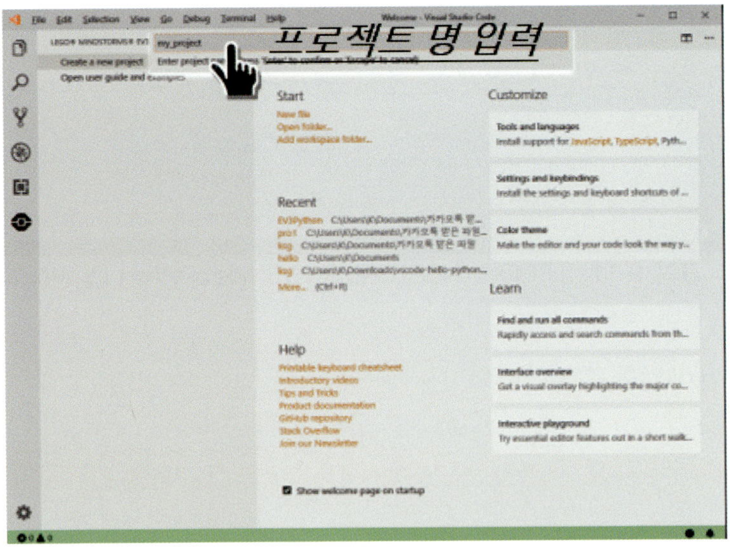

그림 9-13 프로젝트명 입력

프로젝트를 다 만들었다면 프로젝트 폴더 안에 있는 main.py 파일을 클릭하여 코드를 본다. 여기서 '.py'는 Python 파일 확장자명이다. 코드를 보면 pybricks 패키지에 있는 각각의 class들을 호출한 내용을 확인할 수 있다.

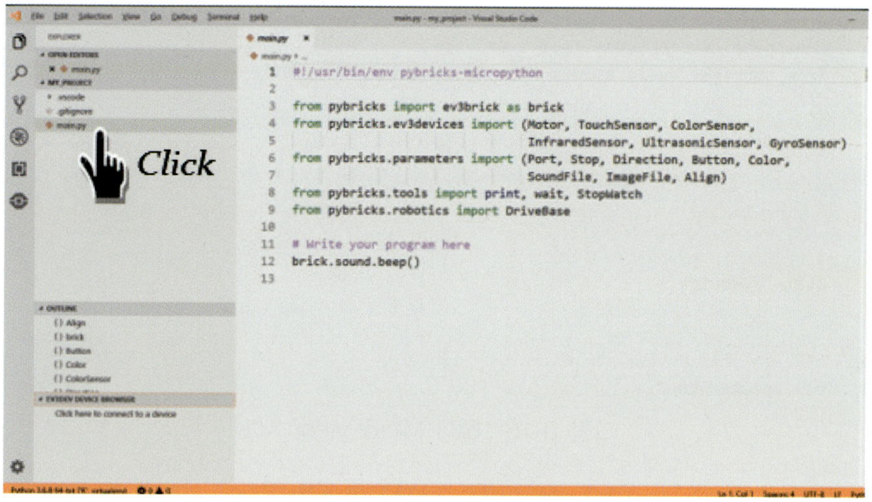

그림 9-14 main.py의 기본 코드

main.py의 코드를 보면 본인이 설치한 MicroPython 버전을 확인할 수 있다.

- EV3 MicroPython V1

```
#!/usr/bin/env pybricks-micropython

from pybricks import ev3brick as brick
from pybricks.ev3devices import (Motor, TouchSensor, ColorSensor,
                                 InfraredSensor, UltrasonicSensor, GyroSensor)
from pybricks.parameters import (Port, Stop, Direction, Button, Color,
                                 SoundFile, ImageFile, Align)
from pybricks.tools import print, wait, StopWatch
from pybricks.robotics import DriveBase

# Write your program here
brick.sound.beep()
```

그림 9-15 EV3 MicroPython V1

- EV3 MicroPython V2 (2020.05.19. 이후 적용)

```python
#!/usr/bin/env pybricks-micropython
from pybricks.hubs import EV3Brick
from pybricks.ev3devices import (Motor, TouchSensor, ColorSensor,
                                 InfraredSensor, UltrasonicSensor, GyroSensor)
from pybricks.parameters import Port, Stop, Direction, Button, Color
from pybricks.tools import wait, StopWatch, DataLog
from pybricks.robotics import DriveBase
from pybricks.media.ev3dev import SoundFile, ImageFile


# This program requires LEGO EV3 MicroPython v2.0 or higher.
# Click "Open user guide" on the EV3 extension tab for more information.


# Create your objects here.
ev3 = EV3Brick()


# Write your program here.
ev3.speaker.beep()
```

그림 9-16 EV3 MicroPython V2

만일 main.py의 코드가 V1일 때에는 코드 실행을 할 때 에러가 뜨게 된다. 그럴 땐 SD 카드에 설치한 프로그램의 버전과 MicroPython의 버전을 같게 해주면 문제가 해결된다.

PC의 USB 포트에 EV3를 연결한 후 좌측 위의 탐색기(단축키 : Ctrl+Shift+E)가 선택된 상태에서 하단의 EV3DEV DEVICE BROWSER에서 컴퓨터와 EV3를 연결해 준다.

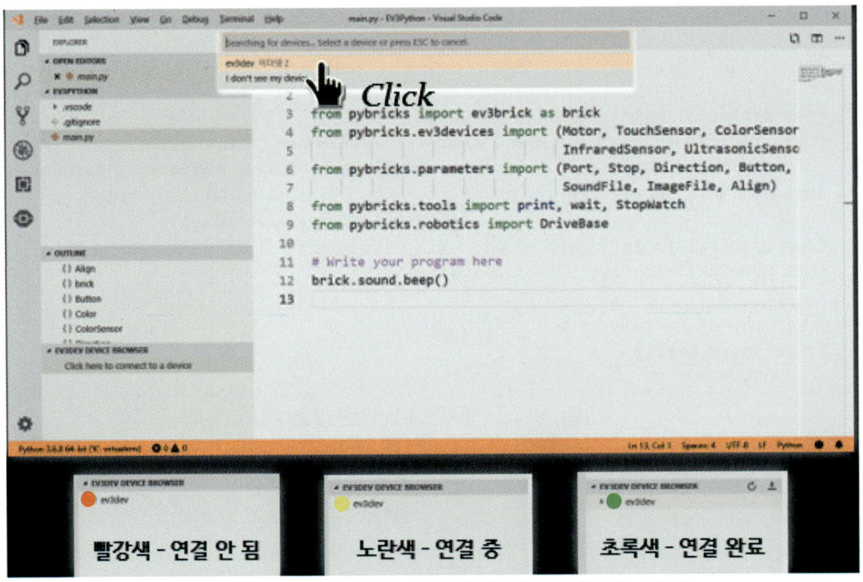

그림 9-17 EV3DEV DEVICE BROWSER 상태

EV3DEV DEVICE BROWSER에서 EV3 연결을 시도하면 그림 9-17처럼 ev3dev 기기명과 함께 옆에는 EV3가 연결된 포트를 확인할 수 있다. 만일 기기가 확인되지 않는다면 EV3가 연결된 USB 포트를 변경하거나, Visual Studio Code를 껐다가 다시 실행시키거나, 확장팩을 지웠다가 다시 설치하는 방법 등으로 문제를 해결한다.

만일 연결이 된 후 다시 연결이 끊겨 재연결을 하고 싶다면 마우스의 오른쪽 버튼을 클릭하여 재연결을 할 수 있다.

Visual Studio Code를 통해 EV3와 컴퓨터 사이의 연결이 끝났다면 이제 코드를 실행시켜 연결이 제대로 되었는지 확인한다. main.py를 선택한 다음 F5를 눌러 코드를 실행시켜 본다. 코드를 실행시켰을 때 EV3에서 삐 하는 소리가 나면 정상적으로 EV3와 컴퓨터가 연결되었고 코드도 정상적으로 작동하는 것을 알 수 있다. 실행은 단축키 F5를 눌러서도 할 수 있고 Visual Studio Code 상단 메뉴의 실행 → 디버깅 시작을 눌러서 실행시킬 수도 있다.

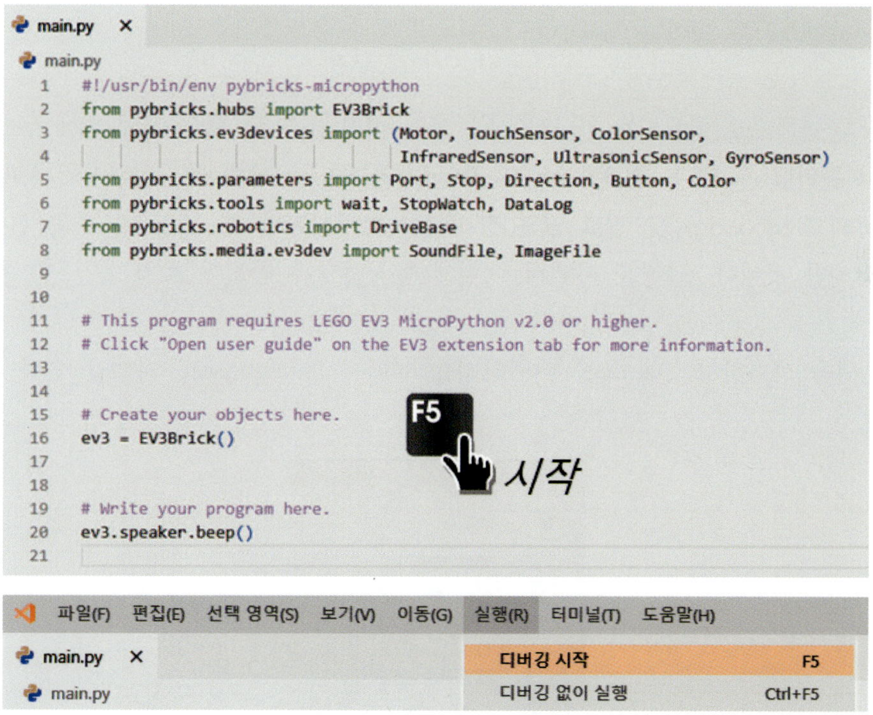

그림 9-18 main.py 실행

프로그램을 실행하기 전에는 Ctrl+S를 눌러 프로젝트를 저장하고 실행해야 한다. 이때 자동으로 EV3에 본인이 만들었던 프로젝트가 다운로드되며 EV3와 컴퓨터가 연결된 선을 제거한 후에도 '단독 프로그램 실행하기'를 통해서 프로그램을 실행시킬 수 있다.

9.5 단독 프로그램 실행하기

목표 EV3 brick에서 본인이 만든 프로젝트의 단독 프로그램을 실행한다.

Visual Studio Code에서 프로그램을 실행시키면 기본적으로 현재 프로젝트의 main.py 파일이 실행된다. 이는 여러 파일로 이루어진 하나의 프로젝트에서 시작 프로그램이 main.py인 것으로 간주하는 것으로서 일반적으로 여러 개의 파일이 협업하여 하나의 프로젝트를 구성하는 환경에서 자연스러운 것이다.

하지만 각각 단독으로 실행되는 간단한 실습 파일 여러 개를 하나의 프로젝트에 두고 싶다면 이 설정이 불편할 수 있다. 현재 First.py 파일을 열고 있는 상태에서 실행시키면 First.py가 단독 실행되고 Second.py를 열고 있는 상태에서 실행시키면 Secon.py가 단독 실행되도록 만들면 편리할 것이다. 설정을 바꿔서 이렇게 동작하도록 만들어 보자.

"탐색기" 탭을 선택하고 ".vscode" 디렉터리를 열어서 "launch.json" 파일을 연다.

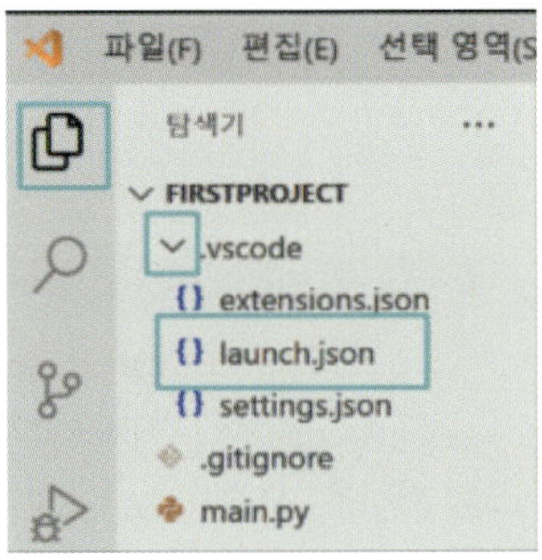

그림 9-19 launch.json 열기

11번 라인의 아래 내용을

```
"program": "/home/robot/${workspaceRootFolderName}/main.py",
```

아래와 같이 바꾸고 Control+S로써 저장한다.

```
"program": "/home/robot/${workspaceRootFolderName}/${relativeFile}",
```


이제 main.py가 아닌 파일도 단독으로 수행할 수 있게 되었다.

탐색기가 열려있는 상태에서 버튼을 누르면 새로운 파일을 만든다.

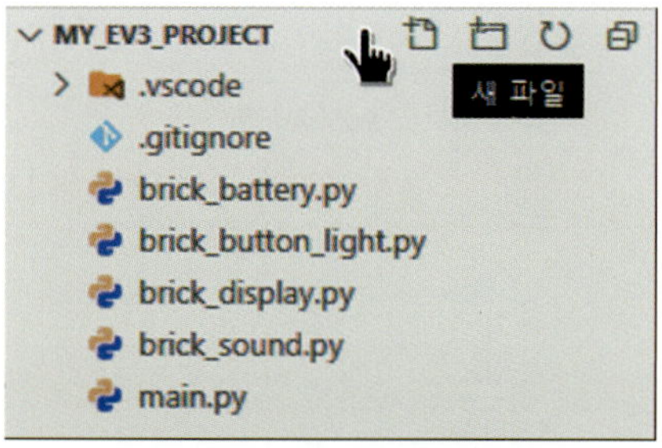

그림 9-20 새 파일 추가

파일을 만들 때는 본인이 원하는 파일 이름 뒤에 '.py'(Python 파일 확장자명)를 무조건 붙여 주어야 한다.

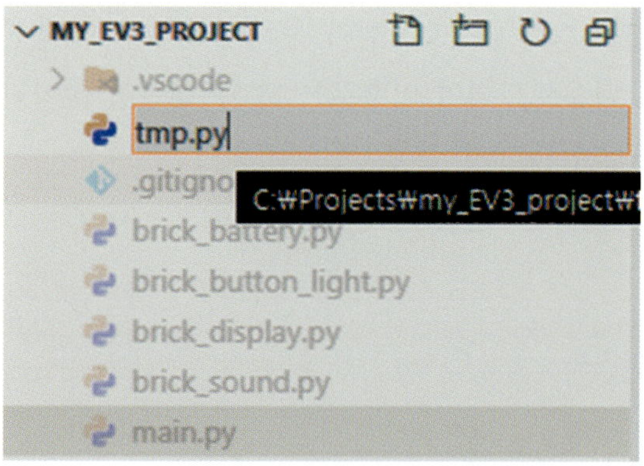

그림 9-21 확장자가 py인 파일명 입력

파일 생성이 끝났다면 pybricks 패키지와 해당 클래스를 호출하는 코드를 무조건 넣어주어야 한다. 이는 "그림 9-14 EV3 MicroPython V2"의 1-8 줄을 의미하며 EV3 브릭 기능을 이용할 것에 대비하여 1-16 줄을 복사해 놓고 시작하도록 한다.

원하는 파일을 다 만들었다면 Ctrl+S 혹은 Visual Studio Code의 상단 메뉴에서 파일 → 저장을 눌러서 저장한다.

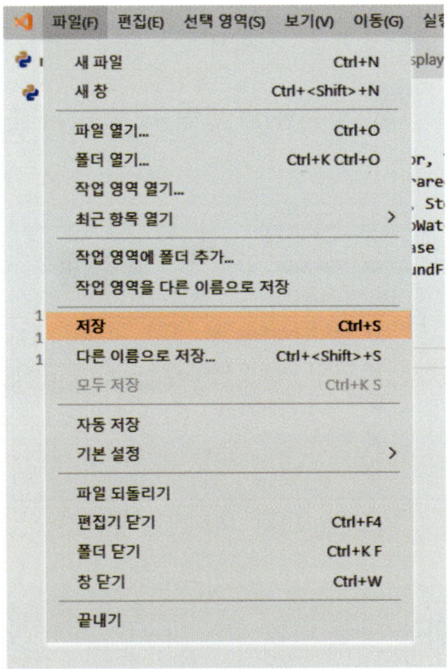

그림 9-22 파일 저장

다시 Ctrl+F5 로써 EV로 프로그램 다운로드함과 동시에 실행을 시켜 본다. 이때 현재 프로젝트의 모든 파일들이 EV3로 다운로드되며 이후로는 PC와 연결이 끊어지더라도 EV3 브릭의 File Browser에서 특정 파일을 선택하여 실행시킬 수 있다.

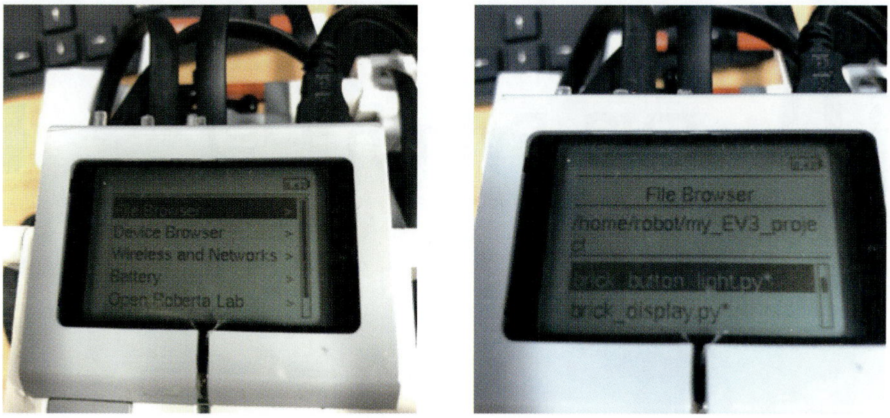

그림 9-23 EV3 브릭에서 프로그램 실행

CHAPTER

10 EV3-Python 브릭

파이썬으로 움직이는 EV3 로봇

EV3에는 컴퓨터나 로봇의 두뇌에 해당하는 프로그래머블 브릭(P-Brick)이 있다.

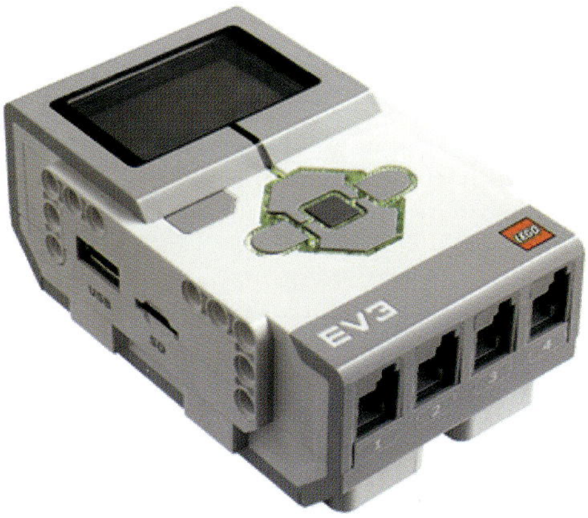

그림 10-1

P-브릭은 300MHz의 ARM9 프로세서, 64M 메모리를 가지고 있으며, 위의 그림처럼 위쪽에 여러 그래프와 센서 정보를 보여주는 178×128의 해상도를 가지는 LCD 디스플레이 창이 있다. 또한 각각 4개씩의 입력과 출력 포트도 가지고 있다. LCD 창 바로 아래에 있는 버튼 1개, 그리고 상, 하, 좌, 우 버튼과 선택 버튼 5개가 배치되어 있고, 옆면에 USB 포트와 SD 카드 연결 소켓이 있다. 방향과 선택을 위한 5개의 버튼 주변에는 여러 가지 색깔의 빛을 내는 라이트가 장착되어 있다.

또한 내부에는 고음질 스피커를 내장하고 있고, USB 및 Wi-Fi, Bluetooth dongle을 이용해 컴퓨터와 통신 가능하며, 2200mAh 리튬이온 충전식 배터리도 가지고 있다.

이 장에서는 P-브릭의 버튼, 라이트, 디스플레이, 스피커의 제어와 사용법 그리고 배터리 상태를 알 수 있는 방법에 대하여 알아본다.

10.1 버튼

목표 Button class를 이용하여 EV3 brick의 버튼을 제어한다.

아래는 EV3 brick의 왼쪽 버튼이 눌리면 Visual Studio Code의 터미널에서 "왼쪽 버튼이 눌렸습니다"를 띄운 후 프로그램을 종료하는 코드이다.

실습 10-1 10_1_button1.py 왼쪽 버튼 인식

```
#!/usr/bin/env pybricks-micropython
from pybricks.hubs import EV3Brick
from pybricks.ev3devices import (Motor, TouchSensor, ColorSensor,
                                 InfraredSensor, UltrasonicSensor,
                                 GyroSensor)
from pybricks.parameters import Port, Stop, Direction, Button, Color
from pybricks.tools import wait, StopWatch, DataLog
from pybricks.robotics import DriveBase
from pybricks.media.ev3dev import SoundFile, ImageFile

ev3 = EV3Brick()

# EV3 brick의 왼쪽 버튼이 눌리면 프로그램을 종료함
while True:
        if Button.LEFT in ev3.buttons.pressed():
                print("왼쪽 버튼이 눌렸습니다.")
                break
```

02-09 pybricks 패키지에 포함된 모듈과 클래스들을 선언하는 코드.
여기서 라인 15에서 사용되는 Button 클래스는 라인 6에 있는 것을 확인할 수 있다.

13-17 프로그램이 실행되었을 때 EV3의 왼쪽 버튼이 눌리면 Visual Studio Code 터미널에 "왼쪽 버튼이 눌렸습니다"라는 문자열을 보내고 프로그램을 종료시키는 코드.
반복문인 while의 조건을 True로 하여 무한 루프를 돌게 함.

15-17 조건문(분기문)인 if문의 조건이 충족되었을 때 문자열을 출력한 뒤 break 명령을 주어 무한 루프를 도는 while 명령어를 종료시킴
Button 클래스의 파라미터인 LEFT를 사용.

Button 클래스의 파라미터는 아래와 같다.

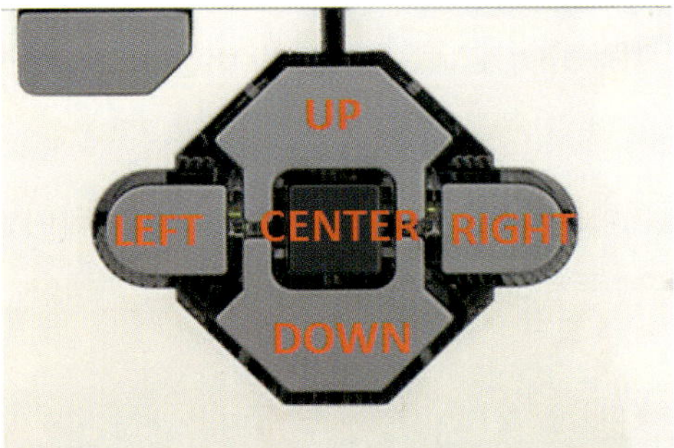

그림 10-2 Button 클래스의 파라미터

그리고 15라인을 보면 in 연산자 뒤에 pressed() 메소드가 사용된 것을 볼 수 있다. pressed() 메소드는 현재 눌려있는 버튼을 확인하는 메소드이다. 반환으로는 눌렸던 버튼의 리스트를 반환하고 이는 Button 클래스의 객체들을 원소로 가지는 리스트이다.

pressed() 메소드는 누르고 있는 버튼을 계속 반환하기 때문에 사람이 한 번 눌렀을지라도 프로그램에서는 여러 번 눌린 것으로 인식한다. 그래서 해당 메소드를 사용할 때에는 이 점을 유의하여야 한다.

10.2 라이트

목표 EV3Brick.light 클래스의 메소드를 사용한다.

EV3Brick.light 클래스의 메소드를 사용한다.

그림 10-3 EV3 브릭의 라이트

방금 EV3의 Button 클래스와 pressed() 메소드를 사용하는 방법을 배웠다. 이번에는 위에서 배웠던 코드를 활용하여 EV3Brick.light 클래스와 그에 사용되는 메소드들을 사용하는 법을 배울 것이다.

아래의 코드는 버튼에 따라서 EV3의 라이트를 제어하는 코드이다.

실습 10-2 10_2_light1.py 버튼에 따라서 EV3의 라이트 제어

```
#!/usr/bin/env pybricks-micropython
from pybricks.hubs import EV3Brick
from pybricks.ev3devices import (Motor, TouchSensor, ColorSensor,
     InfraredSensor, UltrasonicSensor, GyroSensor)
from pybricks.parameters import Port, Stop, Direction, Button, Color
```

```
6   from pybricks.tools import wait, StopWatch, DataLog
7   from pybricks.robotics import DriveBase
8   from pybricks.media.ev3dev import SoundFile, ImageFile
9
10  ev3 = EV3Brick()
11
12  # 누르는 버튼에 따라 brick의 라이트를 제어
13  while True:
14      # 위쪽 버튼을 누르면 초록색 LED를 킴
15      if Button.UP in ev3.buttons.pressed():
16          ev3.light.on(Color.GREEN)
17
18      # 오른쪽 버튼을 누르면 주황색 LED를 켬
19      if Button.RIGHT in ev3.buttons.pressed():
20          ev3.light.on(Color.ORANGE)
21
22      # 왼쪽 버튼을 누르면 빨강색 LED를 켬
23      if Button.LEFT in ev3.buttons.pressed():
24          ev3.light.on(Color.RED)
25
26      # 아래쪽 버튼을 누르면 주황색 LED를 끔.
27      if Button.DOWN in ev3.buttons.pressed():
28          ev3.light.off()
29
30      # 가운데 버튼을 누르면 프로그램을 종료함
31      if Button.CENTER in ev3.buttons.pressed():
32          break
```

RIGHT 버튼이 눌리면 주황색을 켠다.

off( ) 메소드는 EV3의 라이트를 끄는 메소드다.

CENTER 버튼이 눌리면 반복문을 종료.

02–08	패키지와 그에 해당하는 모듈, 클래스를 선언
10	EV3Brick 클래스의 객체를 선언
13	while의 조건을 True로 해서 무한 반복을 하는 코드를 생성
15	if 문은 UP 버튼이 눌리면 조건이 참
16	on() 메소드를 통해서 ev3의 라이트를 지정한 색으로 켬 on() 메소드의 파라미터로서 Color 클래스의 GREEN을 줌 Color 클래스는 line 5에서 import되었고 parameter 모듈에 속해 있음 Color 클래스의 속성으로는 GREEN, ORANGE, RED 등이 있음
19–20	RIGHT 버튼이 눌리면 주황색 LED를 켬
23–24	LEFT 버튼을 누르면 빨간색 LED를 켬
28	off() 메소드로써 EV3의 라이트를 끔
31–32	CENTER 버튼이 눌리면 while 루프를 종료

10.3 스피커

목표 EV3Brick.speaker 클래스의 메소드를 사용한다.

pybrick v2에서는 TTS(Text To Speech) 기능을 지원한다. 여기서 TTS란 문자를 사람의 목소리로 변환하는 것을 말한다. 우리 주변에서 TTS를 사용한 프로그램들을 볼 수 있는데 대표적으로 갤럭시의 빅스비나 아마존의 인공지능 스피커 알렉사 등이다.

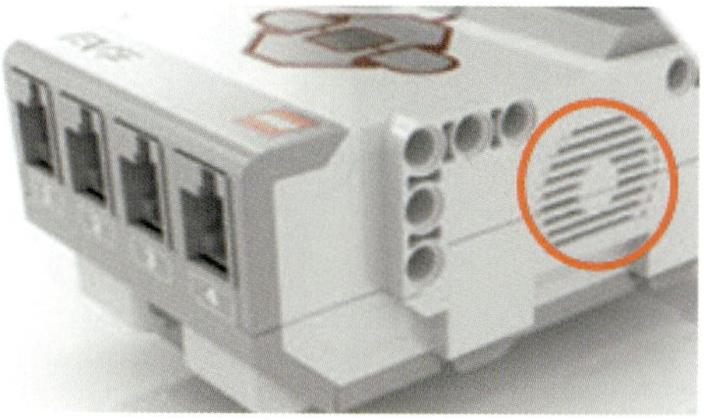

그림 10-4 EV3 브릭의 스피커

아래의 코드는 ev3.speaker 클래스에서 사용되는 메소드를 활용하여 만든 코드이다. TTS 기능뿐만 아니라 음악을 연주하는 코드가 포함돼 있다.

실습 10-3 10_3_speaker1.py TTS와 음악 연주

```
#!/usr/bin/env pybricks-micropython
from pybricks.hubs import EV3Brick
from pybricks.ev3devices import (Motor, TouchSensor, ColorSensor,
                                 InfraredSensor, UltrasonicSensor,
                                 GyroSensor)
from pybricks.parameters import Port, Stop, Direction, Button, Color
from pybricks.tools import wait, StopWatch, DataLog
from pybricks.robotics import DriveBase
from pybricks.media.ev3dev import SoundFile, ImageFile

ev3 = EV3Brick()

```

```
13 ev3.speaker.beep()
14 # TTS(Text To Speech, 한국어 및 영어 지원)
15 ev3.speaker.say("음악 연주를 시작합니다.")
16 # list에 있는 음계 순서대로 연주함
17 ev3.speaker.play_notes(['F2/4','D2/4','C2/4','D2/4','F2/4','F2/4','F2/4'])
```

13 beep() 메소드: EV3로 beep 소리 내기.
입력 기본값(입력하지 않았을 때 사용되는 값) : beep(1000,500)
1000은 주파수(Hz), 500은 시간(ms)를 의미.

15 say() 메소드: TTS 메소드.
문자열 타입을 입력해야 올바르게 작동함.

17 play_notes() 메소드: 음계를 연주.
문자열을 요소로 가지는 리스트 타입을 입력.
문자열 구성= '{음정}{옥타브}/{길이}'

10.4 스크린

목표 EV3Brick.screen 클래스의 메소드를 사용한다.

이전까지는 print() 함수를 이용하여 EV3의 스크린이 아닌 Visual Studio Code의 터미널에 문자열을 출력시켰다. 하지만 ev3.screen 모듈 내의 동일한 이름의 print() 메소드를 이용해서 EV3의 스크린에 문자열을 출력시킬 수 있다.

그림 10-5 EV3 브릭의 스크린

아래는 EV3 스크린에 문자열을 1000ms 동안 출력하는 코드이다.

실습 10-4 10_4_screen_print.py 콘솔 형식의 출력

```
#!/usr/bin/env pybricks-micropython
from pybricks.hubs import EV3Brick
from pybricks.ev3devices import (Motor, TouchSensor, ColorSensor,
                                 InfraredSensor, UltrasonicSensor,
                                 GyroSensor)
from pybricks.parameters import Port, Stop, Direction, Button, Color
from pybricks.tools import wait, StopWatch, DataLog
from pybricks.robotics import DriveBase
from pybricks.media.ev3dev import SoundFile, ImageFile

ev3 = EV3Brick()

ev3.screen.print("Hello EV3!")
wait(1000)
```

- ev3.screen.print("Hello EV3!"): EV3 스크린에 "Hello EV3!"를 출력. 인자로는 문자열을 줘야 함.
- wait(1000): 지정된 milli second 만큼 임시 정지. 출력 내용 확인을 위해 필수.

위의 코드에서는 문자열을 자신이 원하는 위치에 출력시킬 수 없었다. 아래는 draw_text() 메소드를 이용하여 EV3 스크린에서 자신이 원하는 위치에 문자열을 출력시킬 수 있는 코드이다.

실습 10-5 10_5_screen_draw_text.py 위치 지정 텍스트 출력

```
1  #!/usr/bin/env pybricks-micropython
2  from pybricks.hubs import EV3Brick
3  from pybricks.ev3devices import (Motor, TouchSensor, ColorSensor,
4                                   InfraredSensor, UltrasonicSensor,
5                                   GyroSensor)
6  from pybricks.parameters import Port, Stop, Direction, Button, Color
7  from pybricks.tools import wait, StopWatch, DataLog
8  from pybricks.robotics import DriveBase
9  from pybricks.media.ev3dev import SoundFile, ImageFile
10
11 ev3 = EV3Brick()
12
13 # brick screen에 띄울 text와 위치 지정
14 # 0 <= xValue <= 177 , 0 <= yValue <= 127
15 xValue = 50
16 yValue = 60
17 text = "Hello World!"
18
19 while True:
20     ev3.screen.draw_text(xValue, yValue, text)
21     if Button.CENTER in ev3.buttons.pressed():
22         break
```

draw_text 호출 시 사용할 (x,y) 위치와 텍스트 내용을 변수에 할당.

20 draw_text() 메소드를 이용해서 원하는 위치에 문자열을 출력시켰다.
첫 번째 입력은 x 좌표 값, 두 번째 입력은 y 좌표 값, 세 번째 입력은 출력시킬 문자열을 입력해야 한다.
x 좌표값: 0~177 사이의 정수, y 좌표값: 0~127 사이의 정수.
범위를 초과하거나 형식에 맞지 않는 입력을 하면 스크린에 제대로 출력이 되지 않을 수 있으니 주의하여야 한다.

MicroPython v2에서는 스크린에 출력시킨 문자열의 폰트를 지정할 수 있다. 아래의 코드는 Font 클래스를 이용해 스크린에 출력하는 폰트를 변경하는 코드이다.

실습 10-6 10_6_screen_set_font.py 폰트 지정 텍스트 출력

```
#!/usr/bin/env pybricks-micropython
from pybricks.hubs import EV3Brick
from pybricks.ev3devices import (Motor, TouchSensor, ColorSensor,
                                 InfraredSensor, UltrasonicSensor,
                                 GyroSensor)
from pybricks.parameters import Port, Stop, Direction, Button, Color
from pybricks.tools import wait, StopWatch, DataLog
from pybricks.robotics import DriveBase
from pybricks.media.ev3dev import SoundFile, ImageFile
# Font class 호출
from pybricks.media.ev3dev import Font

ev3 = EV3Brick()

# Font class의 객체를 선언
myFont = Font(size=48, bold = True)

# screen에 띄울 text에 myFont의 설정값을 적용함
ev3.screen.set_font(myFont)
ev3.screen.print("Hello World!")
wait(1000)
```

> Font 클래스 import하고
> Font 클래스 객체로서 myFont를 할당.
> size 48, 볼드체인 Font 클래스의 객체.

> Font 클래스 객체를 인자로 주며
> set_font 호출하여 폰트 적용.

MicroPython v2를 이용하여 스크린에 자신이 원하는 도형을 그릴 수 있다. 아래는 draw_line(), draw_box(), draw_circle() 메소드와 clear() 메소드를 이용해 EV3 스크린에 자신이 원하는 도형을 그리고 지우는 코드이다.

실습 10-7 10_7_screen_draw_figure.py 도형 출력

```
#!/usr/bin/env pybricks-micropython
from pybricks.hubs import EV3Brick
from pybricks.ev3devices import (Motor, TouchSensor, ColorSensor,
                                 InfraredSensor, UltrasonicSensor,
                                 GyroSensor)
from pybricks.parameters import Port, Stop, Direction, Button, Color
from pybricks.tools import wait, StopWatch, DataLog
from pybricks.robotics import DriveBase
```

```
 9  from pybricks.media.ev3dev import SoundFile, ImageFile
10
11  ev3 = EV3Brick()
12
13  # screen에 도형 그리기
14  # draw_line(첫 번째 점의 x값, 첫 번째 점의 y값, 두 번째 점의 x값, 두 번째 점의
15  y값)
16  ev3.screen.draw_line(30, 30, 30, 100)          ← 직선 그리기
17  wait(1000)
18  # screen에 요소 지우기
19  ev3.screen.clear()          ← EV3 스크린 전부 지우기
20
21  # draw_box(첫 번째 점의 x값, 첫 번째 점의 y값, 두 번째 점의 x값, 두 번째 점의
22  y값)
23  ev3.screen.draw_box(50, 30, 90, 60)          ← 직사각형 그리기
24  wait(1000)
25  ev3.screen.clear()
26
27  # draw_circle(원 중심의 x값, 원 중심의 y값, 원의 반지름, 원 채우기 속성)
28  ev3.screen.draw_circle(0, 0, 120, fill = True)          ← 원 그리기
29  wait(1000)
30  ev3.screen.clear()
```

16 draw_line() : 직선을 그리는 메소드.
인자: 시작점 x 좌표, y 좌표,
끝점 x 좌표, y 좌표
x값과 y값의 범위는 draw_text() 메소드에서 다뤘던 대로 x는 0~177, y는 0~127이다.

23 draw_box() : 직사각형을 그리는 메소드.
인자: 직사각형의 왼쪽 위 점의 x 좌표, y 좌표,
오른쪽 아래 점의 x 좌표, y 좌표.

28 draw_circle() : 원을 그리는 메소드
인자: 원 줌심의 x 좌표, y좌표,
원의 반지름, 원 채우기 속성

EV3 브릭 입장에서의 입력인 버튼과 출력인 라이트, 스피커를 활용한 프로그램을 만들어 보자. 5개의 버튼(LEFT, RIGHT, UP, DOWN, CENTER)을 누를 때마다 다음과 같이 반응하도록 한다. 처음 누른 버튼일 때는 초록색 라이트를 켜고 짧은 beep음을 2회 울린다. 이미 누른 버튼을 다시 눌렀을 때는 빨간색 라이트를 켜고 1초간 긴 beep음을 울린 후 프로그램을 종료시킨다. 이미 눌린 버튼들을 보관하는 set 자료형을 활용하자.

실습 10-8 10_8_button_speaker_light.py 버튼 입력에 소리와 라이트로써 반응하기

```
#!/usr/bin/env pybricks-micropython
from pybricks.hubs import EV3Brick
from pybricks.ev3devices import (Motor, TouchSensor, ColorSensor,
                                 InfraredSensor, UltrasonicSensor,
                                 GyroSensor)
from pybricks.parameters import Port, Stop, Direction, Button, Color
from pybricks.tools import wait, StopWatch, DataLog
from pybricks.robotics import DriveBase
from pybricks.media.ev3dev import SoundFile, ImageFile

ev3 = EV3Brick()

pressed = set()
end = False
while end == False:
    for btn in ev3.buttons.pressed():
        if btn in pressed:
            ev3.light.on(Color.RED)
            ev3.speaker.beep(1000, 2000)
            end = True
            break
        else:
            pressed.add(btn)
            ev3.light.on(Color.GREEN)
            ev3.speaker.beep()
            wait(100)
            ev3.speaker.beep()
```

- pressed = set() → 눌려진 버튼들을 기억할 set 타입 변수 할당
- if btn in pressed: → 눌려졌던 버튼인지 체크
- pressed.add(btn) → 눌려진 버튼을 세트 타입 변수에 등록
- ev3.speaker.beep() / wait(100) / ev3.speaker.beep() → beep 사이에 짧은 wait를 두어 2번 울리도록 유도

10.5 배터리

목표 EV3Brick.battery 클래스의 메소드를 사용한다.

실습 10-8 10_8_battery1.py 배터리 상태 읽기

```
#!/usr/bin/env pybricks-micropython
from pybricks.hubs import EV3Brick
from pybricks.ev3devices import (Motor, TouchSensor, ColorSensor,
                                 InfraredSensor, UltrasonicSensor,
                                 GyroSensor)
from pybricks.parameters import Port, Stop, Direction, Button, Color
from pybricks.tools import wait, StopWatch, DataLog
from pybricks.robotics import DriveBase
from pybricks.media.ev3dev import SoundFile, ImageFile

ev3 = EV3Brick()

# EV3의 전압 값을 volt에 저장(volt <= 7000mV)
volt = ev3.battery.voltage()
# EV3의 전류 값을 crnt에 저장
crnt = ev3.battery.current()

ev3.screen.print(volt,' mV','₩n',crnt,' mA')
wait(1000)
```

EV3의 전압값을 volt 변수에 할당한다. 단위는 mV이고 최대값은 7000이다.

EV3에 흐르는 전류값을 crnt 변수에 할당한다 단위는 mA이다.

volt와 crnt의 값을 EV3 스크린에 띄운다.

정리 요약

(1) 버튼이 눌렸는지 확인할 수 있는 pressed() 메소드는 리스트를 반환한다.
(2) EV3의 라이트를 켜는 메소드는 on() 메소드이고 Color 클래스를 통해서 색을 지정할 수 있다.
(3) beep() 메소드는 기본 입력 값으로서 주파수 1000, 지속 시간 500ms를 갖는다.
(4) draw_text() 메소드를 이용해서 EV3 스크린의 원하는 위치에 문자열을 출력시킬 수 있다.
(5) EV3 스크린에 띄운 문자열의 폰트를 변경하기 위해서는 Font 클래스를 import해야 한다.
(6) EV3 스크린의 x축 최댓값은 177이고 y축 최대값은 127이다.
(7) draw_line()은 직선, draw_box() 은 직사각형, draw_circle()은 원을 그리는 메소드다.

(8) clear() 메소드로 스크린에 있는 글이나 도형을 지울 수 있다.
(9) voltage() 메소드로 EV3의 남은 전압을 확인할 수 있다.
(10) wait()는 호출 시점에서 지정한 ms만큼 유지하는 함수이다.

맞을까? 틀릴까?

EV3Brick 클래스를 호출하지 않고도 Python으로 코딩을 할 수 있다 (○ , ×)

왜냐하면 ______________________________

메소드의 입력 순서는 무조건 지켜야 한다. (○ , ×)

왜냐하면 ______________________________

연습문제 10

(1) EV3 전압이 6V 미만이 되면 경고음과 메시지를 출력하는 프로그램을 작성하시오.

(2) 로봇 디스플레이창에 draw_line() 메소드를 이용하여 별 모양을 그리시오. 단, 별의 5개 꼭지점 좌표를 리스트에 미리 넣고 반복문을 사용하여 5개의 선을 그리도록 한다. draw_line() 함수는 반복문 안에서 1회만 호출하도록 작성하시오.

(3) 원하는 음원을 2소절 이상 연주해 보시오. 계이름으로 먼저 쓰고 각 음정을 표현하는 문자열들을 하나의 리스트로 만들어 사용하도록 한다.

과제 10

(1) 50, 50 위치에 가로 세로 각 50인 정사각형을 그린다. 이후 버튼 입력에 의해 아래와 같이 동작시키자.

> 위, 아래, 왼쪽, 오른쪽 버튼 : 정사각형을 5pixel 만큼 각각의 방향으로 옮겨 그린다.
> 가운데 버튼 : 프로그램을 종료한다.

(힌트) 정사각형의 왼쪽 위 좌표(x, y값)를 변수로 미리 할당해 놓고 버튼 입력받을 때마다 값을 가감한 후 화면을 지우고 다시 그려 준다.

CHAPTER 11

EV3-Python 모터 제어하기

파이썬으로 움직이는 EV3 로봇

11.1 모터 다루기

목표 EV3 모터를 제어하기 위한 클래스와 메소드, 파라미터에 대해 학습한다.

우리가 일상생활에서 볼 수 있는 엘리베이터, 전기자동차 등은 전원을 연결하기만 하면 움직인다. 이것은 전부 모터가 있어서 가능한 것이다. 모터는 전기에너지를 운동에너지로 바꿔주는 역할을 한다. EV3의 움직임도 모터를 통해서 이뤄진다. 이번 장에서는 모터를 통해서 EV3 Python으로 EV3를 움직이게 하는 법을 학습한다.

EV3에는 두 종류의 모터가 있다. 라지 모터와 미디엄 모터이다. 라지 모터는 EV3의 바퀴를 움직이게 하는 역할을 하고 미디엄 모터는 EV3의 팔을 움직이게 하는 모터이다. 서로 다른 특성을 가진 두 모터를 움직이게 하여 EV3가 원하는 동작을 할 수 있다.

그림 11-1 EV3의 라지모터와 미디엄 모터

라지 모터	**미디움 모터**
- 160~170 RPM - 기동 토크 : 20Ncm - 스톨 토크 : 40Ncm → 느리지만 강력함	- 240~250 RPM - 기동 토크 : 8Ncm - 스톨 토크 : 40Ncm → 빠르지만 약함

이제 모터의 종류를 알았으니 모터를 EV3 Python으로 제어하기 위한 클래스, 메소드, 파라미터 등에 대해서 알아보자.

다음은 모터 클래스이다.

class Motor(port, direction=Direction.CLOCKWISE, gears=None)	
모터 클래스	
객체 선언 예	LEFT_MOTOR = Motor(Port.C)
parameters	port (Port) : 모터가 연결된 포트를 의미한다. direction(Direction) : 양의 속도 방향을 의미한다. (Default : Direction.CLOCKWISE, Default란 입력하지 않았을 때 입력되는 값을 말한다.) gears(list) : 모터에 연결된 기어의 목록 (Default : None)

모터 클래스의 메서드들은 아래와 같다.

dc(duty)	
모터의 듀티 사이클을 설정한다.	
Returns	duty(percentage: %) - 듀티 사이클(-100.0~100)

angle()	
모터의 회전 각도를 가져온다.	
Returns	모터 각도
Return type	angle(deg)

reset_angle(angle)	
모터의 누적 회전 각도를 재설정한다.	
Parameter	angle(angle: deg) : 이 값에 맞춰 각도를 재설정한다.

speed()	
모터의 속도(각속도)를 가져온다.	
Returns	모터 속도
Return type	rotational speed(deg/s)

stop(stop_type=Stop.COAST)	
모터를 정지한다.	
Parameter	stop_type(Stop): 부드러운 정지, 제동 또는 위치 유지 (Default: Stop.COAST)

run(speed)	
모터가 일정한 속도(각속도)로 작동하게 한다. 모터가 요청된 속도까지 가속되고 속도가 일정하게 유지되도록 듀티 사이클이 자동으로 조정되며, 설령 약간의 부하가 걸리더라도 마찬가지이다. 이 동작은 모터에 새로운 명령을 내리거나 프로그램이 중지할 때까지 백그라운드에서 계속된다.	
Parameter	speed(rotational speed: deg/s) : 모터의 속도

run_time(speed, time, stop_type=Stop.COAST, wait=True)	
모터를 일정한 속도(각속도)로 지정된 길이의 시간 동안 작동시킨다. 모터가 요청된 속도까지 가속되고 속도가 일정하게 유지되도록 듀티 사이클이 자동으로 조정되며, 설령 약간의 부하가 걸리더라도 마찬가지이다. 또한 모터가 지정된 시간이 지나자마자 멈추도록 감속을 시작한다.	
Parameter	- speed(rotational speed: deg/s): 모터의 속도 - time(time: ms): 작동 시간의 길이 - stop_type(Stop): 부드러운 정지, 제동 또는 멈춘 후의 위치 유지 - wait(bool): 작동이 완료되기를 기다렸다가 프로그램의 나머지 부분을 속행한다. (Default: True). 이는 프로그램이 지정된 time 동안 대기한다는 것을 의미한다.

run_angle(speed, rotation_angle, stop_type=STOP.COAST, wait=True)	
모터를 지정된 각도만큼 일정한 속도(각속도)로 작동시킨다. 모터가 요청된 속도까지 가속되고 속도가 일정하게 유지되도록 듀티 사이클이 자동으로 조정되며, 설령 약간의 부하가 걸리더라도 마찬가지이다. 또한 모터가 지정된 각도를 지나자마자 멈추도록 감속을 시작한다.	
Parameter	- speed(rotational speed: deg/s): 모터의 속도 - rotation_angle(angle: deg): 모터가 회전해야 하는 각도 - stop_type(Stop): 부드러운 정지, 제동 또는 멈춘 후의 위치 유지 - wait(bool): 작동이 완료되기를 기다렸다가 프로그램의 나머지 부분을 속행한다 (Default: True). 이는 모터가 요청된 각도를 정확히 이동할 때까지 프로그램이 대기한다는 것을 의미한다.

run_target(speed, target_angle, stop_type=Stop.COAST, wait=True)	
모터를 일정한 속도(각속도)로 지정된 목표 각도를 향해 작동시킨다. 모터가 요청된 속도까지 가속되고 속도가 일정하게 유지되도록 듀티 사이클이 자동으로 조정되며, 설령 약간의 부하가 걸리더라도 마찬가지이다. 또한 모터가 지정된 목표 각도에서 정확히 멈추도록 감속을 시작한다. 회전 방향은 목표 각도에 따라 자동으로 선택된다.	
Parameter	- speed(rotational speed: deg/s): 모터의 절대 속도. 방향은 목표 각도에 따라 자동으로 선택된다. 속도는 양으로 지정하나 음으로 지정하나 차이가 없다. - target_angle(angle: deg): 현재의 각도와 관계없이, 모터가 회전해야 하는 목표 각도 - stop_type(Stop): 부드러운 정지, 제동 또는 멈춘 후의 위치 유지(Default: Stop.COAST). - wait(bool): 작동이 완료되기를 기다렸다가 프로그램의 나머지 부분을 속행한다(Default: True). 이는 모터가 목표 각도에 도달할 때까지 프로그램이 대기한다는 것을 의미한다.

11.2 EV3 모터 활용 실습

목표 EV3 Python을 이용하여 EV3 모터를 움직여본다.

모터에서 사용되는 각종 클래스와 파라미터, 메소드에 대해 알아보았다. 이제는 그 클래스, 파라미터, 메소드를 이용해서 EV3의 모터를 움직이는 코드를 짜고 실행시켜 본다.

그림 11-2 파워값과 회전 방향

모터의 출력은 양과 음의 방향으로 선택할 수 있다. 양의 방향은 위의 이미지를 기준으로 했을 때 시계방향(ClockWise, CW), 음의 방향은 반시계방향(Counter ClockWise, CCW)이다. 혹시 원하는 방향과 반대로 간다면 입력을 반대로 했는지 확인해야 한다. 파워 입력은 -1000(후진)부터 1000(전진)까지 숫자를 넣을 수 있다.

아래는 EV3가 2초간 전진하도록 하는 코드이다.

실습 11-1 11_1_forward.py (2초간 전진)

```
1  #!/usr/bin/env pybricks-micropython
2  from pybricks.hubs import EV3Brick
3  from pybricks.ev3devices import (Motor, TouchSensor, ColorSensor,
4                                   InfraredSensor,      UltrasonicSensor,
5  GyroSensor)
6  from pybricks.parameters import Port, Stop, Direction, Button, Color
7  from pybricks.tools import wait, StopWatch, DataLog
8  from pybricks.robotics import DriveBase
9  from pybricks.media.ev3dev import SoundFile, ImageFile
10
11 RIGHT_MOTOR = Motor(Port.B)
12 LEFT_MOTOR = Motor(Port.C)
13
14 RIGHT_MOTOR.run(500)
15 LEFT_MOTOR.run(500)
16 wait(2000)
```

Motor 클래스 객체로서, 양쪽 바퀴에 해당되는 변수를 각각 할당.

2000 밀리초 동안 14-15의 동작을 유지. 이 문장이 없으면 곧바로 프로그램이 종료되어 run() 동작을 확인할 수 없음.

11-12 Motor 클래스의 객체 할당 시 입력으로는 Port 클래스의 B, C 파라미터를 이용했다. 이것이 의미하는 것은 RIGHT_MOTOR는 포트 B에 연결되어 있고 LEFT_MOTOR는 포트 C에 연결되어 있다는 것이다. 모터가 연결되어 있는 포트는 EV3 마다 달라서 프로그램 실행 전에 반드시 확인해 주어야 한다.

14-15 RIGHT_MOTOR와 LEFT_MOTOR에 대해 run() 메소드를 이용하였다. 입력으로는 양쪽 바퀴에 똑같이 500을 주어 직진하게 하였다.

위의 코드를 보면 이전과 달리 EV3Brick 클래스의 객체를 선언하는 코드가 없다. 그 이유는 EV3Brick 클래스에 속해 있는 파라미터와 메소드를 사용하지 않기 때문이다.

아래의 코드는 2초 동안 전진했다가 음의 입력을 통해서 제자리로 돌아가게 하는 코드이다.

실습 11-2 11_2_fore_and_back.py (2초 전진 후 2초 후진)

```
#!/usr/bin/env pybricks-micropython
from pybricks.hubs import EV3Brick
from pybricks.ev3devices import (Motor, TouchSensor, ColorSensor,
                                 InfraredSensor, UltrasonicSensor,
                                 GyroSensor)
from pybricks.parameters import Port, Stop, Direction, Button, Color
from pybricks.tools import wait, StopWatch, DataLog
from pybricks.robotics import DriveBase
from pybricks.media.ev3dev import SoundFile, ImageFile

RIGHT_MOTOR = Motor(Port.B)
LEFT_MOTOR=Motor(Port.C)

RIGHT_MOTOR.run(500)
LEFT_MOTOR.run(500)
wait(2000)
RIGHT_MOTOR.run(-500)
LEFT_MOTOR.run(-500)
wait(2000)
```

speed 값으로 양수를 주어 전진시키고 2초 유지

speed 값으로 음수를 주어 후진시키고 2초 유지

이렇게 전진과 후진을 하는 코드를 알아보았다. 다음은 로봇을 회전시키는 방법에 대해서 알아본다.

로봇을 움직이다 보면 때로는 회전이 필요할 때가 있다. EV3를 회전시키는 방법에 대해서 알아본다.

그림 11-3　EV3 Educator의 회전

EV3를 회전시키는 방법에는 크게 3가지 방법이 있다. 첫 번째는 포인트 턴, 두 번째는 스윙 턴, 세 번째는 커브 턴이다.

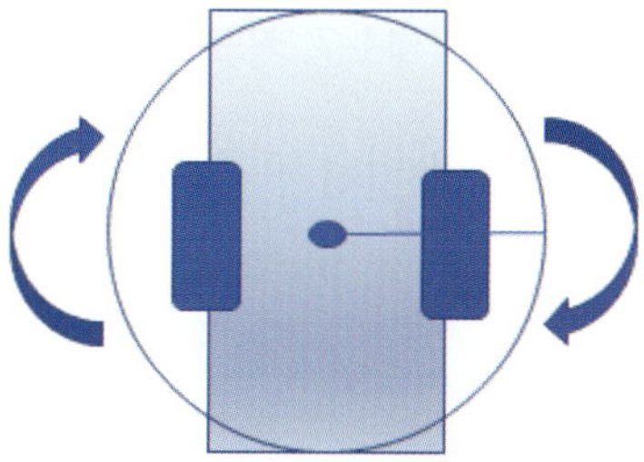

그림 11-4　포인트 턴

첫 번째로 포인트 턴이다. 포인트 턴은 두 바퀴의 회전 방향을 반대로 하여 제자리에서 빠르게 회전시키는 방법이다.

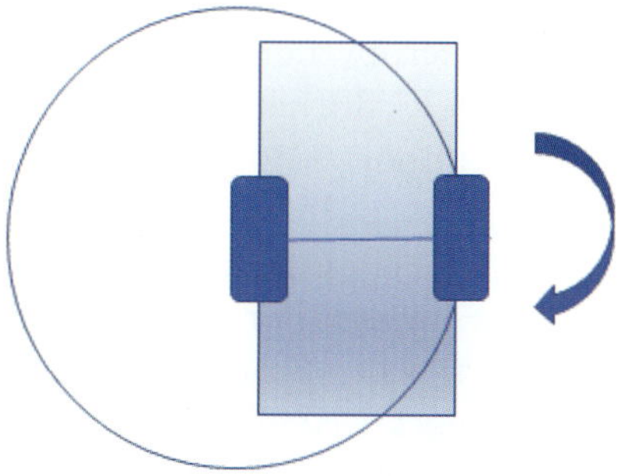

그림 11-5　스윙 턴

두 번째로는 스윙 턴이다. 스윙턴은 한쪽 바퀴를 정지한 상태에서 다른 쪽 바퀴를 구동하여 회전하는 방식이다. 정지한 바퀴를 회전축으로 하여 회전하게 된다.

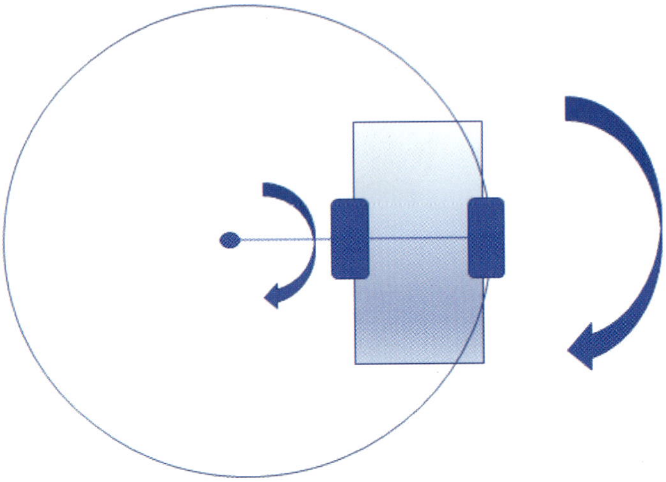

그림 11-7 커브 턴

세 번째는 커브 턴이다. 커브 턴은 두 바퀴의 회전 방향은 같게 한 상태에서 회전 속도를 서로 다르게 해주어 회전하는 방식이다.

포인트 턴, 스윙 턴, 커브 턴으로 갈수록 로봇의 회전 반경이 커지게 된다. EV3를 회전시키는 세 가지 방법에 대해서 알아보았다. 이제 코드를 통해서 더욱 자세하게 알아본다. 아래는 스윙 턴을 하는 코드이다.

실습 11-3 11_3_swingturn.py 스윙턴

```
#!/usr/bin/env pybricks-micropython
from pybricks.hubs import EV3Brick
from pybricks.ev3devices import (Motor, TouchSensor, ColorSensor,
                                 InfraredSensor, UltrasonicSensor,
                                 GyroSensor)
from pybricks.parameters import Port, Stop, Direction, Button, Color
from pybricks.tools import wait, StopWatch, DataLog
from pybricks.robotics import DriveBase
from pybricks.media.ev3dev import SoundFile, ImageFile

```

```
RIGHT_MOTOR = Motor(Port.B)
LEFT_MOTOR=Motor(Port.C)

RIGHT_MOTOR.run(500)
LEFT_MOTOR.run(0)
wait(3000)
```

오른쪽 모터(B포트에 연결된 모터)만 500의 힘으로 3000 밀리초 동안 회전시킨다.
왼쪽 모터를 3000 밀리초 동안 정지한 상태로 유지한다.

아래는 포인트 턴을 하는 코드이다.

실습 11-4 11_4_pointturn.py 포인트턴

```
#!/usr/bin/env pybricks-micropython
from pybricks.hubs import EV3Brick
from pybricks.ev3devices import (Motor, TouchSensor, ColorSensor,
                                 InfraredSensor,       UltrasonicSensor,
GyroSensor)
from pybricks.parameters import Port, Stop, Direction, Button, Color
from pybricks.tools import wait, StopWatch, DataLog
from pybricks.robotics import DriveBase
from pybricks.media.ev3dev import SoundFile, ImageFile

RIGHT_MOTOR = Motor(Port.B)
LEFT_MOTOR=Motor(Port.C)

RIGHT_MOTOR.run(500)
LEFT_MOTOR.run(-500)
wait(3000)
```

위의 스윙 턴을 하는 코드와 대부분 같지만 LEFT_MOTOR.run() 메소드의 입력값만 다르다. RIGHT_MOTOR.run() 메소드 입력으로 사용된 500의 음수 값이다.

아래는 커브턴을 하는 코드이다.

실습 11-5 11_5_curveturn.py 커브턴

```
#!/usr/bin/env pybricks-micropython
from pybricks.hubs import EV3Brick
from pybricks.ev3devices import (Motor, TouchSensor, ColorSensor,
                                 InfraredSensor, UltrasonicSensor,
                                 GyroSensor)
```

```
from pybricks.parameters import Port, Stop, Direction, Button, Color
from pybricks.tools import wait, StopWatch, DataLog
from pybricks.robotics import DriveBase
from pybricks.media.ev3dev import SoundFile, ImageFile

RIGHT_MOTOR = Motor(Port.B)
LEFT_MOTOR=Motor(Port.C)

RIGHT_MOTOR.run(500)
LEFT_MOTOR.run(200)
wait(3000)
```

LEFT_MOTOR.run() 메소드 입력값만 바꾸었다. 양쪽 바퀴를 모두 전진시키되 두 바퀴의 파워를 다르게 하여 회전시킨다.

EV3의 모터에는 엔코더가 내장되어있다. 엔코더란 모터에 내장된 장치로서, 모터의 회전량을 측정해주는 장치이다. 엔코더를 이용하면 모터를 원하는 각도만큼 움직일 수 있어서 정밀한 조작을 할 때 유용하게 사용된다.

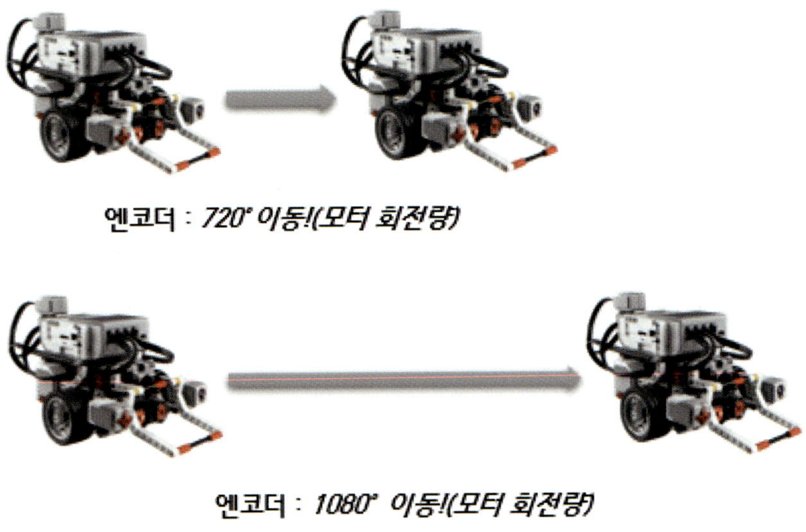

그림 11-7 엔코더

다음은 프로그램 시작점을 기준으로 원하는 각도만큼 바퀴를 회전시켜 로봇을 앞으로 가게 만드는 코드이다.

실습 11-6 11_6_encoder.py 엔코더

```
#!/usr/bin/env pybricks-micropython
from pybricks.hubs import EV3Brick
from pybricks.ev3devices import (Motor, TouchSensor, ColorSensor,
                                 InfraredSensor, UltrasonicSensor,
                                 GyroSensor)
from pybricks.parameters import Port, Stop, Direction, Button, Color
from pybricks.tools import wait, StopWatch, DataLog
from pybricks.robotics import DriveBase
from pybricks.media.ev3dev import SoundFile, ImageFile

RIGHT_MOTOR = Motor(Port.B)
LEFT_MOTOR=Motor(Port.C)

RIGHT_MOTOR.run_angle(500, 500, Stop.COAST, False)
LEFT_MOTOR.run_angle(500, 500, Stop.COAST, False)
wait(2000)
```

> 모터를 500의 속도로 500°만큼 움직인 후 부드럽게 정지하는 코드이다. 앞 문장에서는 마지막 입력을 False로 하여 두 바퀴가 동시에 움직이도록 하였다.

여기서는 이전과는 다르게 run_angle() 메소드를 사용하였다.

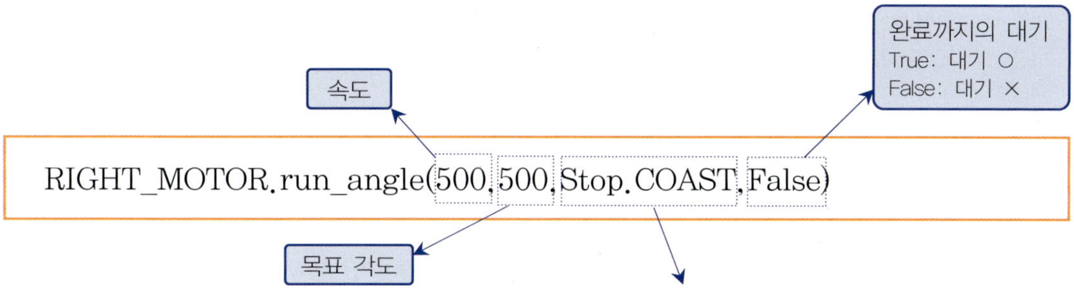

매개변수	저항	물리적 의미
Stop.COAST	낮음	마찰
Stop.BRAKE	중간	마찰 + 모터 토크
Stop.HOLD	높음	마찰 + 정지 순간 각도 유지

그림 11-8 run_angle() 메서드의 사용

run_angle() 메소드의 첫 번째 입력은 속도로서 run() 메소드와 같은 입력을 하면 된다. 두 번째 입력은 목표 각도이다. 세 번째 입력은 Stop 클래스의 파라미터(매개변수)를 이용하여 입력한다. Stop.COAST는 모터를 마찰력만으로 멈추게 된다. Stop.BRAKE는 마찰력과 모터의 힘을 이용하여 정지한다. Stop.HOLD는 정지했을 때 정확한 목표 각도까지 돌아가서 멈추게

된다. 마지막 네 번째 파라미터는 완료까지의 대기 상태를 의미한다. 만약 True로 한다면 해당 코드의 실행을 완료한 뒤에 다음 코드를 실행하게 된다. 그래서 양쪽 바퀴의 모터를 동시에 돌리기 위해서는 앞에 있는 문장에서는 False를, 뒤에 있는 문장에서는 True를 주어야 한다.

아래는 프로그램 시작점을 기준으로 모터를 360°와 720° 위치로 이동시키는 코드이다.

실습 11-7 11_7_encoder_360_720.py 엔코더 360, 720 위치로 이동

```
1  #!/usr/bin/env pybricks-micropython
2  from pybricks.hubs import EV3Brick
3  from pybricks.ev3devices import (Motor, TouchSensor, ColorSensor,
4                                   InfraredSensor, UltrasonicSensor,
5                                   GyroSensor)
6  from pybricks.parameters import Port, Stop, Direction, Button, Color
7  from pybricks.tools import wait, StopWatch, DataLog
8  from pybricks.robotics import DriveBase
9  from pybricks.media.ev3dev import SoundFile, ImageFile
10
11 RIGHT_MOTOR = Motor(Port.B)
12 LEFT_MOTOR=Motor(Port.C)
13
14 RIGHT_MOTOR.run_target(500,360,Stop.COAST,False)
15 LEFT_MOTOR.run_target(500,360,Stop.COAST,True)
16 wait(2000)
17
18 RIGHT_MOTOR.run_target(500,720,Stop.COAST,False)
19 LEFT_MOTOR.run_target(500,720,Stop.COAST,True)
20 wait(2000)
```

14 500의 힘으로 모터를 360도 위치로 이동시키는 코드이다. 정지 방식은 COAST를 사용했다. 15와 동시에 움직이기 위해 run_angle() 메소드의 네 번째 입력을 False로 한 것을 볼 수 있다.

15 14의 기능과 같지만, 동작을 완료한 뒤에 wait() 메소드를 실행시키기 위해 네 번째 파라미터를 True로 했다.

16 2000ms 동안 대기하는 함수이다. 15에서 목표 각도까지의 움직임이 끝났기 때문에 이 때는 움직임 없이 대기하게 된다.

18 500의 힘으로 모터의 각도를 720도 위치로 이동시키는 코드이다. 19의 동작을 동시에 하기 위해 14~15에서 사용된 것처럼 18에서 run_angle() 메소드의 네 번째 입력을 False, 19에서 run_angle() 메소드의 네 번째 입력을 True로 해주었다.

아래는 바퀴를 특정 각도만큼 회전시키는 코드이다.

실습 11-8 11_8_run_until_angle.py 특정 각도만큼 회전

```
1  #!/usr/bin/env pybricks-micropython
2  from pybricks.hubs import EV3Brick
3  from pybricks.ev3devices import (Motor, TouchSensor, ColorSensor,
4                                   InfraredSensor, UltrasonicSensor,
5                                   GyroSensor)
6  from pybricks.parameters import Port, Stop, Direction, Button, Color
7  from pybricks.tools import wait, StopWatch, DataLog
8  from pybricks.robotics import DriveBase
9  from pybricks.media.ev3dev import SoundFile, ImageFile
10
11 RIGHT_MOTOR = Motor(Port.B)
12 LEFT_MOTOR=Motor(Port.C)
13
14 while (RIGHT_MOTOR.angle() + LEFT_MOTOR.angle())/2 < 360:
15     RIGHT_MOTOR.run(300)
16     LEFT_MOTOR.run(300)
17     print(RIGHT_MOTOR.angle())
```

Motor 클래스의 객체인 RIGHT_MOTOR와 LEFT_MOTOR 의 angle() 메소드를 사용했다.

왼쪽과 오른쪽 모터를 똑같이 300의 힘으로 구동한다.

14 angle() 메소드는 모터의 엔코더 값을 읽는 메소드이다.
오른쪽 모터와 왼쪽 모터의 엔코더 값의 평균을 구하여 360보다 작으면 하위의 코드를 반복하는 코드이다. 모터 구동 중 해당 조건을 벗어나면 반복문에서 벗어나며 프로그램을 종료한다.

17 오른쪽 모터의 엔코더 값을 출력한다.

위의 코드를 순서도를 통해서 표현하면 아래 그림과 같은 모습이 된다.

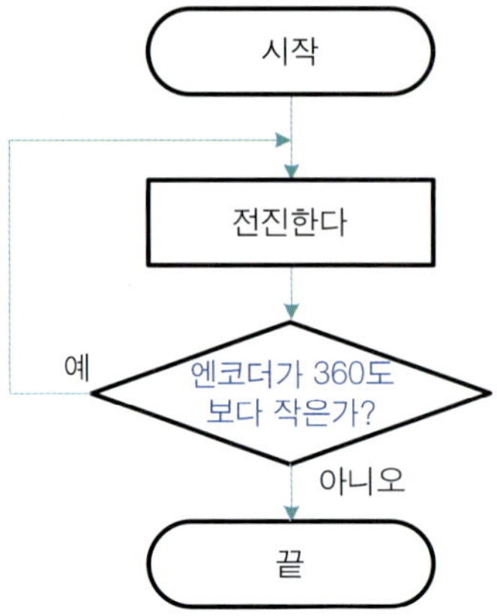

그림 11-9 특정 각도만큼 회전

프로그램을 처음 시작했을 때 반복문의 조건에 충족하면 전진하며 엔코더의 입력 값을 계속 확인한다. 확인 중에 조건을 벗어나게 되면 프로그램을 종료시키는 순서도이다.

지금까지 배운 내용을 토대로 EV3를 원하는 길이만큼 이동시키는 과제를 수행해 보자.

(1) 로봇이 절벽에 최대한 가까이 가서 멈추게 해봅시다.
(2) 로봇이 절벽에 최대한 가까이 가서 멈추게 하기 위한 이동거리는 20cm + 바퀴 반지름으로 한다.

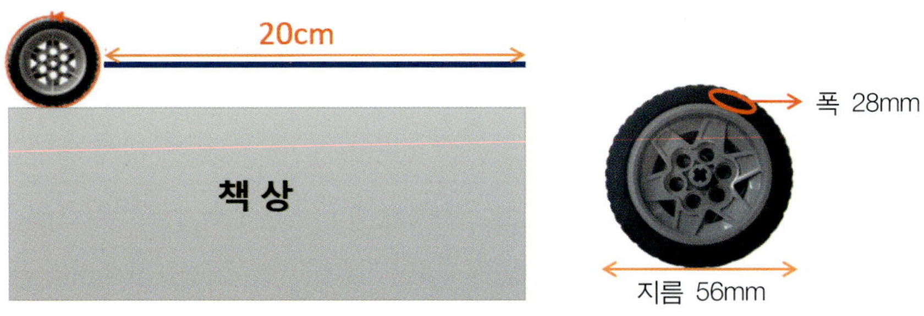

그림 11-10 특정 길이 이동

EV3의 바퀴 지름을 통해 EV3가 갈 거리를 바퀴가 움직여야 할 각도로 환산하여 원하는 거리만큼 이동한다. 바퀴의 지름은 56mm이다. 이때 바퀴가 한 바퀴(360°) 굴러가면 로봇이 이동하는 이론상 거리는 약 17.58cm가 된다. 원하는 거리를 이동하기 위해서는 비례식을 이용하여 쉽게 계산할 수 있다.

- 바퀴가 1바퀴(360°) 굴러갈 때, 로봇이 이동하는 이론상 거리는?
- 원하는 거리 22.8cm 만큼을 이동시키기 위한 회전 각도 Y는?

→ 5.6cm × 3.14 = 17.58cm
→ 360° : 17.58cm = Y° : 22.8cm

Y° = 466.894

그림 11-11 비례식 이용(거리 → 엔코더 각도)

아래는 모터를 해당 거리만큼 이동시키는 코드이다.

실습 11-9 11_9_distance_to_angle.py 거리를 각도로 환산하여 전진

```
#!/usr/bin/env pybricks-micropython
from pybricks.hubs import EV3Brick
from pybricks.ev3devices import (Motor, TouchSensor, ColorSensor,
                                 InfraredSensor, UltrasonicSensor,
                                 GyroSensor)
from pybricks.parameters import Port, Stop, Direction, Button, Color
from pybricks.tools import wait, StopWatch, DataLog
from pybricks.robotics import DriveBase
from pybricks.media.ev3dev import SoundFile, ImageFile

RIGHT_MOTOR = Motor(Port.B)
LEFT_MOTOR=Motor(Port.C)

while (RIGHT_MOTOR.angle() + LEFT_MOTOR.angle())/2 < 466.894:
    RIGHT_MOTOR.run(300)
    LEFT_MOTOR.run(300)
    print(RIGHT_MOTOR.angle())
```

환산식에서 얻은 각도를 사용.

다른 부분은 코드 내용이 같지만 14의 코드를 보면 입력 값이 달라진 것을 볼 수 있다. 이러한 방법 외에도 다양한 방법으로 로봇을 원하는 거리만큼 이동시킬 수 있다.

아래는 EV3 Educator의 로봇 팔을 움직이는 코드이다.

실습 11-10 11_10_move_arm1.py 팔 움직이기

```
#!/usr/bin/env pybricks-micropython
from pybricks.hubs import EV3Brick
from pybricks.ev3devices import (Motor, TouchSensor, ColorSensor,
                                 InfraredSensor, UltrasonicSensor,
                                 GyroSensor)
from pybricks.parameters import Port, Stop, Direction, Button, Color
from pybricks.tools import wait, StopWatch, DataLog
from pybricks.robotics import DriveBase
from pybricks.media.ev3dev import SoundFile, ImageFile

CENTER_MOTOR = Motor(Port.A)

CENTER_MOTOR.run(100)
wait(500)
CENTER_MOTOR.run(-100)
wait(500)
```

CENTER_MOTOR를 팔이 연결된 Port.A 입력을 받는 Motor 클래스의 객체로 선언했다.

100의 힘으로 팔을 들어올렸다가 -100의 힘으로 내린다.

앞의 동작을 500 밀리초 동안 유지한다.

다음의 프로그램을 실행하면 정상적으로 LED가 작동하지 않는다. 왜 작동하지 않는지 고민해 보자.

실습 11-11 11_11_move_arm2.py 팔 각도의 범위

```
#!/usr/bin/env pybricks-micropython
from pybricks.hubs import EV3Brick
from pybricks.ev3devices import (Motor, TouchSensor, ColorSensor,
                                 InfraredSensor, UltrasonicSensor,
                                 GyroSensor)
from pybricks.parameters import Port, Stop, Direction, Button, Color
from pybricks.tools import wait, StopWatch, DataLog
from pybricks.robotics import DriveBase
```

```
9   from pybricks.media.ev3dev import SoundFile, ImageFile
10
11  CENTER_MOTOR = Motor(Port.A)
12
13  ev3 = EV3Brick()
14
15  while CENTER_MOTOR.angle() <= 360:
16      CENTER_MOTOR.run(100)
17
18  ev3.light.on(Color.RED)
19  wait(3000)
20  ev3.light.on(Color.GREEN)
```

모터뿐만이 아니라 EV3의 brick을 제어하기 위해 EV3Brick 클래스의 객체를 선언했다.

while 문을 사용해서 CENTER_MOTOR 값이 360도 이하면 16의 코드를 무한 반복하게 하였다.

18–20 EV3 brick의 라이트를 19의 코드를 통해서 3000ms 동안 빨간 불을 유지한 뒤 초록색 불을 켜는 코드이다.

위의 코드를 실행시키면 오류 없이 프로그램이 작동한다. 하지만 18~20의 코드는 실행되지 않는다. 왜일까?

그 이유는 프로그램이 while문의 무한 루프에 갇혀 다음 줄의 명령을 실행하지 않는 것이다. 이처럼 프로그램에서 while, if문 등의 조건식이 들어가는 명령어를 사용할 때는 항상 그 조건이 적절한 것인지 반복문에서 탈출하는 조건이 적절한 것인지 확인하며 프로그램을 짜야 한다.

바퀴와는 달리 로봇 팔의 각도는 일정 범위 안에서만 움직인다. 프로그램이 시작된 시점의 팔의 각도를 0으로 간주하므로 내린 상태에서 시작하여 최대한 들어 올려도 360도가 되지 않기 때문에 while CENTER_MOTOR.angle() <= 360라는 조건은 항상 참이 되어 반복문에서 빠져나오지 못하는 것이다. 그러므로 팔을 끝까지 들어 올리는 동작은 충분한 파워로써 충분한 시간만큼 run()을 유지하는 방식으로 구현하자.

다음은 임의의 시간 동안 로봇을 전진시키는 코드이다.

실습 11-12 11_12_forward_random.py 임의 시간 전진

```
1  #!/usr/bin/env pybricks-micropython
2  from pybricks.hubs import EV3Brick
3  from pybricks.ev3devices import (Motor, TouchSensor, ColorSensor,
4                                   InfraredSensor, UltrasonicSensor,
5                                   GyroSensor)
6  from pybricks.parameters import Port, Stop, Direction, Button, Color
7  from pybricks.tools import wait, StopWatch, DataLog
8  from pybricks.robotics import DriveBase
9  from pybricks.media.ev3dev import SoundFile, ImageFile
10
11 import time, random
12
13 RIGHT_MOTOR = Motor(Port.B)
14 LEFT_MOTOR=Motor(Port.C)
15
16 millis = int(time.time())
17 random.seed(millis)
18 num = random.randint(0,5000)
19
20 RIGHT_MOTOR.run(500)
21 LEFT_MOTOR.run(500)
22
23 wait(num)
```

- import time, random ← time 모듈을 사용할 예정이기 때문에 time 모듈을 import해 주어야한다.
- random.seed(millis) ← random 함수의 초깃값 지정
- num = random.randint(0,5000) ← 0~5000 사이의 임의의 값을 num에 할당
- RIGHT_MOTOR.run(500), LEFT_MOTOR.run(500) ← 오른쪽과 왼쪽의 모터를 500의 힘으로 작동시킨다.
- wait(num) ← random 시간 동안 위의 동작을 유지

11 time 모듈: time() 함수 사용을 위해 import
random 모듈: seed(), randint() 함수 사용을 위해 import

16 millis에 time() 메소드를 사용하여 random 함수의 초깃값을 지정하였다. random 함수는 초깃값을 기준으로 일정한 패턴을 통해 난수를 생성하기 때문에 상수 등으로 초깃값을 설정하게 되면 random 함수의 출력이 프로그램을 실행할 때마다 일정하게 출력된다. 그래서 time() 메소드를 이용해 현재 시각을 초수로 변환하여 시드(seed)로 설정한다.

17 millis에 저장한 시드 값을 random 함수의 초깃값으로 지정했다.

18 num에 randint() 메소드로 0부터 5000까지의 값 중에서 랜덤한 값을 입력했다.

위 프로그램에서는 한 개의 난수를 사용하였다. 여러 개의 난수를 사용할 때는 seed()를 1회 호출한 후 randint()를 필요한 만큼 반복 호출하여 사용하도록 한다.

다음은 양쪽 모터 전진 후 오른쪽 모터만 3초간 정지하는 코드이다.

실습 11-13 11_13_stop_right_only.py 오른쪽 모터만 정지

```
#!/usr/bin/env pybricks-micropython
from pybricks.hubs import EV3Brick
from pybricks.ev3devices import (Motor, TouchSensor, ColorSensor,
                                 InfraredSensor, UltrasonicSensor,
                                 GyroSensor)
from pybricks.parameters import Port, Stop, Direction, Button, Color
from pybricks.tools import wait, StopWatch, DataLog
from pybricks.robotics import DriveBase
from pybricks.media.ev3dev import SoundFile, ImageFile

RIGHT_MOTOR = Motor(Port.B)
LEFT_MOTOR=Motor(Port.C)

RIGHT_MOTOR.run(150)
LEFT_MOTOR.run(150)
wait(3000)
RIGHT_MOTOR.stop(Stop.COAST)
wait(3000)
```

- 양쪽 모터를 150의 힘으로 움직이며 3000ms 동안 유지.
- 오른쪽 모터만 Stop.COAST 방식으로 정지시키고 3000ms 동안 유지.

stop() 메소드는 Stop 클래스의 COAST, BRAKE, HOLD 파라미터를 입력으로 받는다.

매개변수	저항	물리적 의미
Stop.COAST	낮음	마찰
Stop.BREAK	중간	마찰 + 반대 방향 토크
Stop.HOLD	높음	마찰 + 명령된 각도를 유지하는 토크

다음은 시간 관련 외장 함수의 목록이다.

함수들을 하나씩 호출하여 print()를 사용해서 출력한 다음 어떠한 형식으로 출력하는지 확인해 보자.

함수	내용
time.time()	UTC(협정 세계 표준시)를 실수 형태로 반환하는 함수. 1970년1월1일 0시0분0초를 기준으로 현재까지의 초수를 반환
time.localtime()	time.time()에서 반환된 실수 값을 현재 시각을 표현하는 struct_time 클래스 객체로 반환
time.ctime()	time.localtime()에서 반환된 현재 시각을 문자열로 표현
time.sleep()	주어진 초수 동안 딜레이(delay) 생성

다음은 time 모듈을 이용해 3초간 로봇의 이동을 정지시키는 코드이다.

실습 11-14 11_14_use_time.py 3초 정지

```
#!/usr/bin/env pybricks-micropython
from pybricks.hubs import EV3Brick
from pybricks.ev3devices import (Motor, TouchSensor, ColorSensor,
                                 InfraredSensor, UltrasonicSensor,
                                 GyroSensor)
from pybricks.parameters import Port, Stop, Direction, Button, Color
from pybricks.tools import wait, StopWatch, DataLog
from pybricks.robotics import DriveBase
from pybricks.media.ev3dev import SoundFile, ImageFile

import time

RIGHT_MOTOR = Motor(Port.B)
LEFT_MOTOR=Motor(Port.C)

timer1 = 0
timer2 = 0

timer1 = time.time()

RIGHT_MOTOR.run(500)
LEFT_MOTOR.run(500)

while (timer2 < 3):
    timer2 = time.time() - timer1

print(timer2)
```

- import time ← time 모듈을 import
- timer1 = time.time() ← timer1에 time() 메소드를 이용해서 현재 시각을 할당.
- while 블록 ← 3초 머문 후에 while 블록을 빠져 나옴

16–17 timer1과 timer2를 0으로 초기화했다. Python에서 이 의미는 timer1과 timer2에 int형 0값을 할당한다는 의미다.

24 timer2의 값이 3 미만일 때 while문을 실행시킨다.

25 24의 조건이 충족되었을 때 실행하게 된다. timer2의 값에 (현재시간 – timer1)의 값을 넣어준다. timer1 변수에 저장된 시각과 현재 시각과의 차를 넣어준다. 즉 timer1에 time.time()을 통해 시각을 저장했을 때부터 3초가 지나면 24의 while문을 벗어나게 된다. 컴퓨터의 빠른 처리 속도로 인해 19부터 22까지 코드를 진행하는 시간은 매우 짧으므로 사실상 3초를 **약간 넘는** 시간 동안 24–25의 코드를 수행하게 된다.

27 Visual Studio Code의 터미널에 timer2의 값을 출력한다.

아래는 1초마다 로봇의 속도를 측정하는 프로그램이다.

실습 11-15 11_15_speed_measure.py 1초마다 속도 측정

```
#!/usr/bin/env pybricks-micropython
from pybricks.hubs import EV3Brick
from pybricks.ev3devices import (Motor, TouchSensor, ColorSensor,
                                 InfraredSensor, UltrasonicSensor,
                                 GyroSensor)
from pybricks.parameters import Port, Stop, Direction, Button, Color
from pybricks.tools import wait, StopWatch, DataLog
from pybricks.robotics import DriveBase
from pybricks.media.ev3dev import SoundFile, ImageFile

import time

RIGHT_MOTOR = Motor(Port.B)

timer1 = 0
timer2 = 0

while True:
    timer1 = time.time()
    RIGHT_MOTOR.reset_angle(0)
    RIGHT_MOTOR.run(300)

    while (timer2 < 1):
        timer2 = time.time() - timer1
```

timer1에 time.time() 함수를 이용해서 현재시각 입력.

1초간 머무름

```
25
26         speed = ((RIGHT_MOTOR.angle()/360)*17.58)/1
27
28         print("speed is %f cm/s" % speed)
29
30         timer2 = 0
```

23에서의 조건 체크에 대비하여 값을 clear.

18 무한 반복을 하는 코드이다. 아래에도 다른 탈출 조건이 없으므로 프로그램을 강제 종료하거나 다른 탈출 조건을 넣지 않으면 프로그램이 종료되지 않는다.

20 while 반복문 안에 이 문장을 넣어 1초마다 reset_angle() 메소드를 이용해서 모터에 내장된 엔코더 값을 초기화한다.

21 RIGHT_MOTOR를 300의 힘으로 작동시킨다.

23 timer2의 값이 1 미만일 때 작동하는 while문이다. 16에서 timer2를 0으로 초기화한 뒤 다른 요소 대입이 없었기 때문에 timer2의 값은 그대로 0이다. 그래서 해당 반복문이 실행된다. 그리고 자세히 보면 들여쓰기가 되어 있는 것을 볼 수 있다. 이것은 18의 반복문 안에 해당 반복문이 있다는 것이다. Python에서는 들여쓰기를 통해 코드 블록을 구분하기 때문에 주의해야 한다.

24 시간을 측정하는 코드이다. 1초가 지나면 23의 반복문을 벗어나게 된다.

26 모터의 속도 값을 저장하는 코드다. angle() 메소드를 이용해서 모터가 움직인 각도를 측정하고 이 값을 360으로 나눈 뒤 17.58(모터가 한 바퀴 돌았을 때 이동하는 거리)을 곱해 로봇이 이동한 거리를 구한다. 그 후 1로 나누어 EV3가 1초 동안 움직인 거리(속도)를 speed에 저장한다.

28 모터의 속도(cm/s)를 출력하는 코드이다.

30 timer2를 0으로 다시 초기화하는 코드다. 0으로 초기화해 줘야 23의 반복문이 다시 작동한다.

if, while, for문을 통해 다양한 제어해보기

지금까지 단순히 모터를 작동시키는 내용만을 다뤘다. 이제는 Python의 다양한 제어문(if, while, for문)을 EV3-Python에 접목하여 사용하고, 상황에 따라 알맞은 모터 제어와 함수를 이용한 프로그래밍을 한다.

아래는 if문과 랜덤 함수를 이용한 조건 전진이다. random 함수를 이용하여 난수 값을 만들고 난수 값이 25보다 크면 1초간 전진한다.

실습 11-16 11_16_forward_by_random.py 난수값에 따라 전진

```
#!/usr/bin/env pybricks-micropython
from pybricks.hubs import EV3Brick
from pybricks.ev3devices import (Motor, TouchSensor, ColorSensor,
                                 InfraredSensor, UltrasonicSensor,
                                 GyroSensor)
from pybricks.parameters import Port, Stop, Direction, Button, Color
from pybricks.tools import wait, StopWatch, DataLog
from pybricks.robotics import DriveBase
from pybricks.media.ev3dev import SoundFile, ImageFile
import time, random

RIGHT_MOTOR = Motor(Port.B)
LEFT_MOTOR=Motor(Port.C)

```

```
millis = int(time.time())
random.seed(millis)
num = random.randint(0,50)

print(num)

if num > 25:
    RIGHT_MOTOR.run(500)
    LEFT_MOTOR.run(500)
    wait(1000)
```

time 함수를 이용하여 현재 시각을 millis 변수에 대입

random 함수의 초깃값 지정

num에 0부터 50 사이의 수 중 하나의 값을 랜덤으로 저장

Visual Studio 콘솔에 출력

모터를 500의 힘으로 작동시키면서 1000ms 동안 유지.

다음의 코드도 if문과 랜덤 함수를 이용한 조건부 모터 구동이다. 0부터 50까지의 난수를 발생시킨 다음에 난수 값이 40 이상이면 전진, 40미만 20이상이면 후진, 20미만이면 포인트 턴을 하는 코드이다.

실습 11-17 11_17_move_by_random.py 난수값에 따라 전진/후진/포인트턴

```
#!/usr/bin/env pybricks-micropython
from pybricks.hubs import EV3Brick
from pybricks.ev3devices import (Motor, TouchSensor, ColorSensor,
                                 InfraredSensor, UltrasonicSensor,
                                 GyroSensor)
from pybricks.parameters import Port, Stop, Direction, Button, Color
from pybricks.tools import wait, StopWatch, DataLog
from pybricks.robotics import DriveBase
from pybricks.media.ev3dev import SoundFile, ImageFile

import time, random

RIGHT_MOTOR = Motor(Port.B)
LEFT_MOTOR=Motor(Port.C)

millis = int(time.time())
random.seed(millis)
num = random.randint(0,50)

print(num)

```

난수의 초깃값을 현재 시간으로 지정 후 0부터 50 사이의 수 중 랜덤한 수 하나를 num에 저장.

```
22 if num >= 40:
23     RIGHT_MOTOR.run(500)
24     LEFT_MOTOR.run(500)
25     wait(1000)
26
27 elif num >= 20:
28     RIGHT_MOTOR.run(-500)
29     LEFT_MOTOR.run(-500)
30     wait(1000)
31
32 else:
33     RIGHT_MOTOR.run(500)
34     LEFT_MOTOR.run(-500)
35     wait(1000)
```

16~18에서 생성한 난수의 값이 40 이상일 때 조건을 충족하는 if 문

20 이상 40 미만일 때 조건을 달성

num<20일 때 작동하는 조건문

23-25 22의 조건이 달성되면 모터를 500의 힘으로 1000ms 동안 전진시킨다.

27 elif 문을 사용해서 22의 조건이 달성되지 않았을 때 num의 값이 20 이상이면 조건을 충족한다. 즉, 20 이상 40 미만일 때 조건을 달성한다. 만일 if문으로 한다면 22의 조건과 중복되므로 많은 조건문을 사용할 때는 이 관계에 유의한다.

28-30 27의 조건을 달성하면 작동한다. 모터를 -500의 힘으로 1000ms 동안 이동시킨다. 여기서 입력을 음수로 했기 때문에 23~25에서 전진을 했다면 해당 코드에서는 로봇이 후진한다.

32 num이 22와 27의 조건문에 해당되지 않을 때 조건을 달성한다. 즉, num<20일 때 작동하는 조건문과 같다고 볼 수 있다.

33-35 32의 조건을 달성하면 실행하는 코드다. 오른쪽 모터는 500 왼쪽 모터는 -500의 힘으로 이동하므로 포인트 턴을 하게 되고 이 동작을 1000ms 동안 유지한다.

사용자 정의 함수와 랜덤 함수, 조건문을 이용하여 다음과 같이 프로그램해 보자.
왼쪽 버튼을 누르면 1~3 사이의 임의의 수를, 가운데 버튼을 누르면 4~6 사이의 임의의 수를, 오른쪽 버튼을 누르면 7~9 사이의 임의의 수를 n에 할당한 후 n*90도 만큼 양쪽 바퀴를 전진시키며 짧은 beep음을 n회 내도록 한다. 이런 동작을 ESC 버튼을 누를 때까지 반복하도록 하자.

요구한 횟수의 beep음을 내는 사용자 정의 함수 Beeps를 만들어 프로그램의 논리를 간단하고 명확하게 만들도록 한다. 또한 바퀴가 움직이고 beep음이 울리는 것은 동시에 수행되도록 작성하자.

실습 11-18 11_18_beep_count.py 버튼에 따라 전진하며 beep음 내기

```
#!/usr/bin/env pybricks-micropython
from pybricks.hubs import EV3Brick
from pybricks.ev3devices import (Motor, TouchSensor, ColorSensor,
                                 InfraredSensor, UltrasonicSensor, GyroSensor)
from pybricks.parameters import Port, Stop, Direction, Button, Color
from pybricks.tools import wait, StopWatch, DataLog
from pybricks.robotics import DriveBase
from pybricks.media.ev3dev import SoundFile, ImageFile

import time, random

ev3 = EV3Brick()
LEFT_MOTOR=Motor(Port.A)
RIGHT_MOTOR = Motor(Port.B)

def Beeps(count):
    for i in range(count):
        ev3.speaker.beep()
        wait(200)

millis = int(time.time())
random.seed(millis)

while True:
    pressed = ev3.buttons.pressed()
    num = 0
    if Button.LEFT in pressed:
        num = random.randint(1, 3)
    elif Button.CENTER in pressed:
        num = random.randint(4, 6)
    elif Button.RIGHT in pressed:
        num = random.randint(7, 9)

    if num != 0:
        print(num)
        angle = num * 90
        LEFT_MOTOR.run_angle(500, angle, Stop.BRAKE, False)
        RIGHT_MOTOR.run_angle(500, angle, Stop.BRAKE, False)
        Beeps(num)
```

random 함수 초기화를 1회 수행 (→ millis = int(time.time()) / random.seed(millis))

반복적으로 난수 생성 (→ num = random.randint(...))

16 주어진 횟수의 beep음을 내는 사용자 정의 함수. 횟수를 받아들여야 하므로 인자를 1개 받는다.

18–19 짧은 beep음과 잠시 쉬기를 반복하여 beep의 횟수를 정확히 셀 수 있게 작성한다.

24 무한 반복으로 작성하면 ESC 버튼 눌렀을 때 프로그램이 종료된다.

25 ev3.buttons.pressed() 리스트를 반복적으로 검사하게 되므로 pressed 변수에 할당해 놓고 사용한다.

26 매번 num을 clear해 줘야 Beeps 함수를 호출할 필요가 없을 때는 호출하지 않고 지나갈 수 있다.

27–32 눌린 버튼에 따라 영역을 달리한 난수를 생성한다.

34 num이 0이 아닐 때만 전진시키며 Beeps 호출하여 소리를 내 준다.

다음은 while문을 이용한 모터 제어 코드이다. 로봇이 어떠한 동작을 할지 예상해본다.

실습 11-19 11_19_run_example.py 달리기 예제

```
#!/usr/bin/env pybricks-micropython
from pybricks.hubs import EV3Brick
from pybricks.ev3devices import (Motor, TouchSensor, ColorSensor,
                                 InfraredSensor, UltrasonicSensor,
                                 GyroSensor)
from pybricks.parameters import Port, Stop, Direction, Button, Color
from pybricks.tools import wait, StopWatch, DataLog
from pybricks.robotics import DriveBase
from pybricks.media.ev3dev import SoundFile, ImageFile

import time
import random

RIGHT_MOTOR = Motor(Port.B)
LEFT_MOTOR=Motor(Port.C)

i = 0

while (i < 10):
    print("number of repetitions : %d" %i)
    RIGHT_MOTOR.run(500)
    LEFT_MOTOR.run(500)
    wait(100)
    i += 1
```

i를 0으로 초기화

i값이 10 미만인 동안 실행되는 반복문

i의 값을 출력. %d : decimal의 준말

100ms 동안 모터를 500의 힘으로 전진

19의 조건을 달성하면 while문 안에서 코드가 실행된다. 24에서 i에 1을 더했을 때 10이 되면 19의 조건을 벗어나게 되면서 while문을 나오게 된다. 그랬을 때 EV3는 100ms 동안 전진을 10번 반복하므로 1초 동안 모터가 500의 힘으로 전진한다는 것을 알 수 있다.

다음은 for문을 이용한 로봇 제어다. 로봇이 어떤 동작을 할지 예상해 보자.

실습 11-20 11_20_for_example.py for문 예제

```
1  #!/usr/bin/env pybricks-micropython
2  from pybricks.hubs import EV3Brick
3  from pybricks.ev3devices import (Motor, TouchSensor, ColorSensor,
4                                   InfraredSensor, UltrasonicSensor,
5                                   GyroSensor)
6  from pybricks.parameters import Port, Stop, Direction, Button, Color
7  from pybricks.tools import wait, StopWatch, DataLog
8  from pybricks.robotics import DriveBase
9  from pybricks.media.ev3dev import SoundFile, ImageFile
10
11 import time
12 import random
13
14 RIGHT_MOTOR = Motor(Port.B)
15 LEFT_MOTOR=Motor(Port.C)
16
17 speed = [300, 600, 900]
18
19 for i in speed:
20     RIGHT_MOTOR.run(i)
21     LEFT_MOTOR.run(i)
22     wait(2000)
```

speed를 list로 선언.
list의 0번째는 300, 1번째는 600, 2번째는 900이 할당되어 있다.

19 speed list의 요소를 반복하는 for문이다. 여기서 i의 값은 for문의 0번째 값부터 마지막 값이 순서대로 할당된다.

20–22 모터를 i만큼의 힘으로 2000ms 동안 작동시킨다. 여기서 i는 speed list의 순서대로 300, 600, 900이 순서대로 된다.

다음으로는 Python 함수를 이용해서 전진, 후진하는 프로그램을 작성해 보자.

실습 11-21 11_21_fore_back_with_function.py 함수 이용한 전/후진

```
1  #!/usr/bin/env pybricks-micropython
2  from pybricks.hubs import EV3Brick
3  from pybricks.ev3devices import (Motor, TouchSensor, ColorSensor,
4                                   InfraredSensor, UltrasonicSensor,
5                                   GyroSensor)
6  from pybricks.parameters import Port, Stop, Direction, Button, Color
7  from pybricks.tools import wait, StopWatch, DataLog
8  from pybricks.robotics import DriveBase
9  from pybricks.media.ev3dev import SoundFile, ImageFile
10
11 RIGHT_MOTOR = Motor(Port.B)
12 LEFT_MOTOR=Motor(Port.C)
13
14 def move():
15     RIGHT_MOTOR.run(300)
16     LEFT_MOTOR.run(300)
17     wait(2000)
18
19 def reverse():
20     RIGHT_MOTOR.run(-300)
21     LEFT_MOTOR.run(-300)
22     wait(2000)
23
24 move()
25 reverse()
```

move라는 이름을 가진 함수를 선언. 함수의 인자는 없다.

reverse() 함수를 선언. move() 함수와 마찬가지로 인자와 반환값은 없다.

15-17 EV3를 2000ms 동안 300의 힘으로 전진시키는 코드이다. move() 함수에는 return 값이 없는 것을 볼 수 있다.

20-22 EV3를 2000ms 동안 -300의 힘으로 후진시키는 코드이다.

24 move() 함수를 호출한다. 함수의 동작에 따라 EV3는 2초간 전진한다.

25 reverse() 함수를 호출한다. EV3는 2초간 후진한다.

다음으로는 인자를 받는 함수를 이용하여 EV3를 제어해 보자.

실습 11-22 11_22_function_with_argument.py 인자 있는 함수 이용

```python
#!/usr/bin/env pybricks-micropython
from pybricks.hubs import EV3Brick
from pybricks.ev3devices import (Motor, TouchSensor, ColorSensor,
                                 InfraredSensor, UltrasonicSensor,
                                 GyroSensor)
from pybricks.parameters import Port, Stop, Direction, Button, Color
from pybricks.tools import wait, StopWatch, DataLog
from pybricks.robotics import DriveBase
from pybricks.media.ev3dev import SoundFile, ImageFile

RIGHT_MOTOR = Motor(Port.B)
LEFT_MOTOR=Motor(Port.C)

def move(speed, time):
    RIGHT_MOTOR.run(speed)
    LEFT_MOTOR.run(speed)
    wait(time)

move(300,2000)
move(-300,2000)
```

move라는 이름을 가진 함수를 선언.
함수 인자: speed, time
– speed 만큼의 힘으로
– time 시간 동안 EV3를 이동시킴.

함수 호출에 의해 300의 힘으로 2000ms 동안 전진. -300의 힘으로 2000ms 동안 후진.

정리 요약

(1) EV3 에듀케이터의 모터에는 바퀴를 움직이는 라지 모터와 팔을 움직이는 미디움 모터가 있다.

(2) 라지 모터와 미디움 모터는 같은 함수를 사용하지만 팔의 움직임은 바퀴와 달리 일정 각도 안에서만 가능하다.

(3) 모터를 움직이는 함수들의 인자로는 파워(속도), 바퀴가 움직일 각도, 멈추는 방법, 운행 마칠 때까지 기다림 여부가 있다.

(4) 비례식을 이용하여 움직일 거리를 바퀴의 각도로 바꿔서 정확한 거리를 달리고 멈추게 할 수 있다.

(5) random 모듈의 random 생성 함수는 한번 seed를 넣어 준 후에 필요한 만큼 난수를 생성하여 사용한다

(6) time 모듈의 time() 함수를 이용하여 일정 시간 기다리기가 가능하다.

(7) 비슷한 기능의 작업을 처리할 때 인자를 받아들이는 함수를 활용하면 논리 구조도 명확해지고 코드 재사용도 가능해진다.

맞을까? 틀릴까?

EV3 Educator의 바퀴와 달리 팔은 움직이는 각도에 제한이 있다.(○, ×)

왜냐하면 ____

전진과 후진은 다른 동작이므로 하나의 함수로써 구현할 수 없다. (○ , ×)

왜냐하면 ____

연습문제 11

(1) 우회전하며 계속 돌고 있을때 브릭 버튼 중 가운데 버튼을 누르면 "참 잘했어요!"를 외치고 멈추는 로봇 프로그래밍을 하시오.

과제 11

(1) 미디엄 모터를 이용하여 20cm 전방의 큐브릭을 갖고 제자리로 돌아오는 프로그램을 작성하시오. 이 때 아래 함수들을 작성하여 활용한다.

① 팔을 끝까지 드는 함수 arm_up()
② 팔을 끝까지 내리는 함수 arm_down()
③ cm 값을 받아 전진하는 함수 go_foreward(cm)
④ cm 값을 받아 후진하는 함수 go_backward(cm)

(2) 위 예제에서 ①, ②번을 하나의 함수로 만드시오.

arm_updown(bUp)

(3) 위 예제에서 ③, ④번을 하나의 함수로 만드시오.

go_foreback(bFore, cm)

CHAPTER

12 EV3-Python 터치 센서

파이썬으로 움직이는 EV3 로봇

12.1 터치 센서 다루기

목표 EV3 터치 센서에 대해 학습한다.

터치, 접촉의 조건을 통해서 EV3를 제어해야 할 상황이 생긴다. 그럴 때 EV3 터치 센서를 사용하여 EV3를 제어할 수 있다.

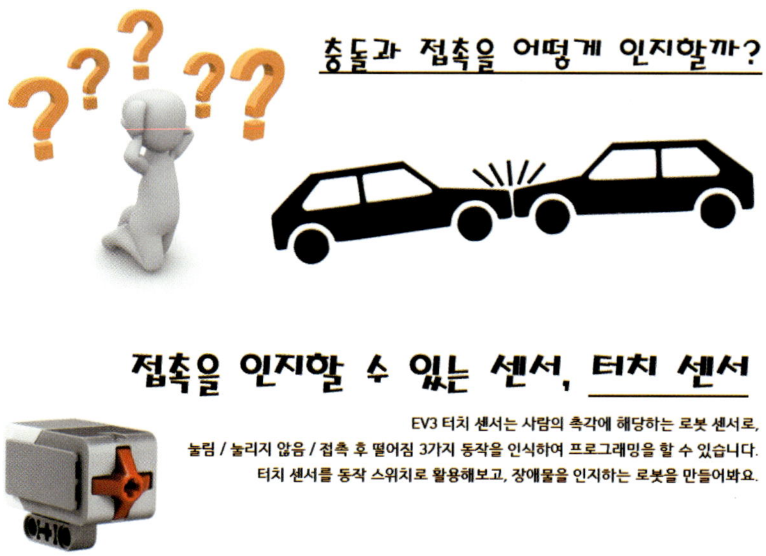

그림 12-1 터치 센서

EV3의 터치센서는 빨간 버튼을 통해서 입력을 받는 센서이다. 빨간 버튼이 눌릴 때와 눌리지 않을 때를 인지할 수 있다. 이 입력 신호를 갖고 접촉이 발생하는 상황에 대해 프로그래밍을 할 수 있다. 그리고 이 기능을 활용해서 버튼의 기능을 수행할 수도 있다.

다음은 센서 입력에 따른 출력값이다.

센서의 상태	입력되는 센서 값	센서 값의 변화
누름	1(True)	1(True) 유지
놓음	0(False)	0(False) 유지
눌렀다가 놓음	변화함	1→0 변화
놓았다가 누름	변화함	0→1 변화

EV3 터치센서는 버튼을 누르고 있을 때 1(True)을 출력한다. 반대로 버튼이 눌리지 않은 상태에서는 0(False)을 출력한다. 센서를 눌렀다가 놓으면 1에서 0으로 변화하고 놓은 상태에서 센서 버튼을 누르게 되면 출력 값이 0부터 1로 변화한다.

다음은 터치 센서 클래스이다.

class TouchSensor(Port)	
컬러 센서 클래스	
객체 선언 예	TouchValue = TouchSensor(Port.S1)
parameters	port (Port) : 센서가 연결된 포트를 의미한다.

터치 센서 클래스의 메서드들은 아래와 같다.

pressed()	
센서가 눌러졌는지 확인한다.	
Returns	True(센서가 눌러진 경우), False(눌러지지 않은 경우)
Return type	bool

12.2 터치 센서 활용하기

목표 EV3 터치 센서와 EV3 Python을 통해서 EV3를 제어해본다.

다음은 터치 센서를 누르면 로봇이 1초간 전진하는 프로그램이다.

실습 12-1 12_1_touch.py 터치 시 1초 전진

```
1  #!/usr/bin/env pybricks-micropython
2  from pybricks.hubs import EV3Brick
3  from pybricks.ev3devices import (Motor, TouchSensor, ColorSensor,
4                                   InfraredSensor, UltrasonicSensor,
5                                   GyroSensor)
6  from pybricks.parameters import Port, Stop, Direction, Button, Color
7  from pybricks.tools import wait, StopWatch, DataLog
8  from pybricks.robotics import DriveBase
9  from pybricks.media.ev3dev import SoundFile, ImageFile
10
11 TouchValue = TouchSensor(Port.S1)
12 RIGHT_MOTOR = Motor(Port.B)
13 LEFT_MOTOR=Motor(Port.C)
14
15 while (TouchValue.pressed() == False):
16     print("False")
17
18 RIGHT_MOTOR.run(300)
19 LEFT_MOTOR.run(300)
20 wait(1000)
```

S1포트에 연결된 터치 센서를 객체화

True, False를 반환

EV3를 1초간 전진시킴

11 TouchValue를 TouchSensor() 클래스의 객체로 선언했다. TouchSensor() 클래스의 입력은 Port 클래스의 S1 파라미터이다. 간단하게 말하자면 TouchValue는 S1 포트에 연결된 터치 센서를 의미한다.

15-16 TouchSensor() 클래스의 pressed() 메소드를 이용해서 버튼이 눌린 상태인지(True) 눌리지 않은 상태(False)인지 확인한다. pressed() 메소드는 버튼이 눌리지 않은 상태면 False를 출력하고 눌린 상태면 True를 출력한다. 해당 코드는 터치 센서가 눌리지 않은 동안 while 구문 안에 머무르도록 하고 있다.

결론적으로 이 프로그램은 터치 센서를 누르면 EV3를 1초간 이동시키게 된다.

그림 12-2 터치 시 1초 전진

다음은 EV3가 주행하던 중에 벽에 닿으면 로봇을 정지시키는 프로그램이다.

실습 12-2 12_2_touch_and_stop.py 터치 시 정지

```
#!/usr/bin/env pybricks-micropython
from pybricks.hubs import EV3Brick
from pybricks.ev3devices import (Motor, TouchSensor, ColorSensor,
                                 InfraredSensor, UltrasonicSensor,
                                 GyroSensor)
from pybricks.parameters import Port, Stop, Direction, Button, Color
from pybricks.tools import wait, StopWatch, DataLog
from pybricks.robotics import DriveBase
from pybricks.media.ev3dev import SoundFile, ImageFile

TouchValue = TouchSensor(Port.S1)
RIGHT_MOTOR = Motor(Port.B)
LEFT_MOTOR=Motor(Port.C)

RIGHT_MOTOR.run(300)
LEFT_MOTOR.run(300)
while (TouchValue.pressed() == False): { }
RIGHT_MOTOR.run(0)
LEFT_MOTOR.run(0)
```

터치센서가 눌리지 않은 동안 잡고 있음

15–16 모터를 300의 힘으로 전진시킨다.

17 while문에 조건만 있고 명령문을 따로 설정하지 않아서 버튼이 False 상태이면 위의 코드를 계속 유지하고 있게 된다. 그러다가 버튼이 눌리면(True가 되면) 다음 코드를 실행한다.

18–19 EV3를 정지시킨다.

다음은 EV3의 터치 센서를 누를 때마다 전진과 정지를 반복하는 프로그램이다. 해당 프로그램은 다음과 같은 순서도를 갖고 있다.

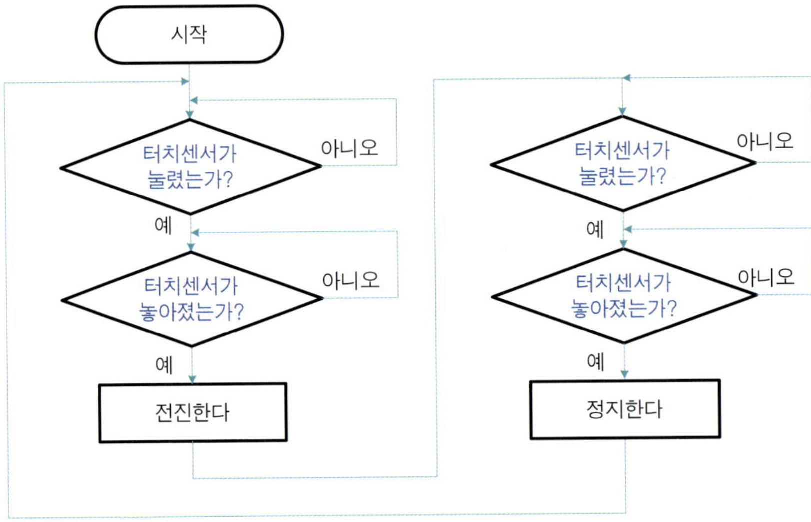

그림 12-3 전진과 정지 반복 순서도

실습 12-3 12_3_go_and_stop.py 터치 시 전진/정지

```
#!/usr/bin/env pybricks-micropython
from pybricks.hubs import EV3Brick
from pybricks.ev3devices import (Motor, TouchSensor, ColorSensor,
                                 InfraredSensor, UltrasonicSensor,
                                 GyroSensor)
from pybricks.parameters import Port, Stop, Direction, Button, Color
from pybricks.tools import wait, StopWatch, DataLog
from pybricks.robotics import DriveBase
from pybricks.media.ev3dev import SoundFile, ImageFile

TouchValue = TouchSensor(Port.S1)
```

```
12 RIGHT_MOTOR = Motor(Port.B)
13 LEFT_MOTOR=Motor(Port.C)
14
15 while True:
16     while (TouchValue.pressed() == 0): { }
17     while (TouchValue.pressed() == 1): { }
18     RIGHT_MOTOR.run(300)
19     LEFT_MOTOR.run(300)
20     while (TouchValue.pressed() == 0): { }
21     while (TouchValue.pressed() == 1): { }
22     RIGHT_MOTOR.run(0)
23     LEFT_MOTOR.run(0)
```

무한 반복

마우스 클릭과 같은 동작이 일어날 때까지 잡고 있음

16-17 20-21 pressed()가 0인 동안 while문에서 기다리다가 1이 되면(눌림) 다시 pressed()가 1인 동안 while문에서 기다리다가 0이 되면(놓음) 다음으로 진행한다. 즉 마우스의 클릭과 동일한 동작이 터치 센서에 일어날 때까지 잡고 있는 부분이다.

18-19 EV3를 300의 힘으로 전진시킨다.

22-23 EV3를 정지시킨다.

다음은 터치센서를 누르면 brick의 색을 빨간색으로 변경하고 누르지 않으면 초록색으로 변경하는 프로그램이다.

실습 12-4 12_4_touch_to_color.py 터치상태의 색깔 표현

```
#!/usr/bin/env pybricks-micropython
from pybricks.hubs import EV3Brick
from pybricks.ev3devices import (Motor, TouchSensor, ColorSensor,
                                 InfraredSensor, UltrasonicSensor,
                                 GyroSensor)
from pybricks.parameters import Port, Stop, Direction, Button, Color
from pybricks.tools import wait, StopWatch, DataLog
from pybricks.robotics import DriveBase
from pybricks.media.ev3dev import SoundFile, ImageFile

TouchValue = TouchSensor(Port.S1)
ev3 = EV3Brick()

```

brick의 기능을 사용하기 때문에 EV3Brick() 클래스의 객체를 선언

```
while True:
    if TouchValue.pressed() == 1:
        ev3.light.on(Color.RED)
    else:
        ev3.light.on(Color.GREEN)
```

무한 반복

터치센서가 눌렸을 때 brick의 라이트를 빨간색으로, 눌리지 않았을 때 라이트를 초록색으로

그림 12-4 터치 신호등

다음은 터치 센서를 누르면 브릭 버튼의 색을 빨간색으로 한 뒤 정지하고 누르지 않으면 브릭 버튼의 색을 초록색으로 하고 전진하는 프로그램이다.

실습 12-5 12_5_touch_to_traffic_light.py 터치상태를 신호등으로 표현

```
#!/usr/bin/env pybricks-micropython
from pybricks.hubs import EV3Brick
from pybricks.ev3devices import (Motor, TouchSensor, ColorSensor,
                                 InfraredSensor, UltrasonicSensor,
                                 GyroSensor)
from pybricks.parameters import Port, Stop, Direction, Button, Color
from pybricks.tools import wait, StopWatch, DataLog
from pybricks.robotics import DriveBase
from pybricks.media.ev3dev import SoundFile, ImageFile

TouchValue = TouchSensor(Port.S1)
RIGHT_MOTOR = Motor(Port.B)
LEFT_MOTOR=Motor(Port.C)
ev3 = EV3Brick()

while True:
```

```
if (TouchValue.pressed() == 0):
    ev3.light.on(Color.GREEN)
    RIGHT_MOTOR.run(300)
    LEFT_MOTOR.run(300)
if (TouchValue.pressed() == 1):
    ev3.light.on(Color.RED)
    RIGHT_MOTOR.run(0)
    LEFT_MOTOR.run(0)
```

터치센서가 떨어졌을 때(False, 0) EV3 라이트를 초록색으로 켜고 ev3를 300의 힘으로 전진.

터치센서가 붙었을 때(True, 1) EV3 라이트를 빨간색으로 켜고 ev3를 정지.

정리 요약

(1) EV3의 터치센서는 빨간 버튼이 눌린 상태인지 눌리지 않은 상태인지를 인지할 수 있다.

(2) EV3 터치센서는 버튼을 누르고 있을 때 1(True)을 출력하고 버튼이 눌리지 않은 상태에서는 0(False)을 출력한다.

(3) while문을 이용하여 버튼이 눌릴 때까지, 떨어질 때까지 또는 눌렸다가 떨어질 때까지 대기하도록 할 수 있다.

맞을까? 틀릴까?

터치 센서는 손으로 터치한 지점을 인지할 수 있다. (○ , ×)

왜냐하면 ____________________

터치 센서를 이용하여 로봇이 전진하다가 또는 후진하다가 벽에 부딪혔는지 감지할 수 있다. (○ , ×)

왜냐하면 ____________________

연습문제 12

(1) 멈춰 있을 때 터치 센서가 눌리거나 위쪽 버튼이 눌리면 전진하기 시작하고, 달리고 있을 때 터치 센서가 눌리거나 가운데 버튼이 눌리면 멈춰 서도록 프로그램 하시오.

과제 12

(1) 터치센서가 눌려진 동안은 지금까지 터치가 눌린 횟수를 화면 중앙에 보이도록 하고, 떼어진 동안은 반지름이 30인 원이 보이도록 프로그램 하시오. 단, 처음에 화면 중앙에 보이던 원은 터치할 때마다 10 pixel 씩 위쪽으로 위치를 옮기도록 한다.

CHAPTER 13

EV3-Python 자이로 센서

13.1 자이로 센서 다루기

목표 EV3 자이로 센서에 대해 학습한다.

EV3 모터를 이용해 회전하다 보면 원하는 것과 다르게 정확히 제어되지 않는 것을 알 수 있다. 모터의 정밀한 회전각을 통해서 제어할 수도 있지만, 센서를 통해서 회전하는 정도를 측정하여 원하는 각도만큼 회전시킬 수 있다.

그림 13-1 정확한 회전에 사용되는 자이로 센서

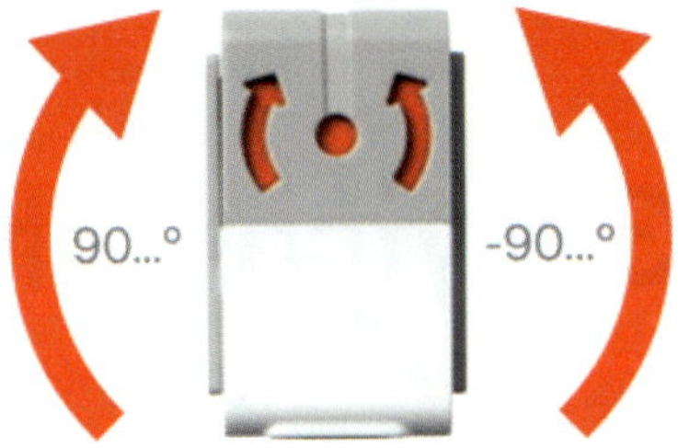

그림 13-2 자이로 센서의 값

자이로 센서는 단일 축에서 회전 동작을 감지하는 디지털 센서이다. 센서의 케이스에 나온 화살표 방향으로 자이로 센서를 회전하면, 센서가 초당 각도로 회전 속도를 감지할 수 있다. 센서는 초당 440°의 최대 회전 속도를 측정할 수 있고, 정확도는 90° 회전 시 ±3°이다. 자이로 센서는 프로그램이 실행된 후 자동 초기화가 되지 않기 때문에 프로그램을 실행 전 포트를 뺐다가 다시 끼거나 reset_angle(0)을 호출하여 값을 초기화시켜 주어야 한다.

다음은 자이로 센서 클래스이다.

class GyroSensor(port, direction=Direction.CLOCKWISE)	
자이로 센서 클래스	
객체 선언 예	GyroValue = GyroSensor(Port.S2,direction = Direction.CLOCKWISE)
parameters	port (Port) : 센서가 연결된 포트를 의미한다. direction(Direction) : 센서 상단의 빨간색 점을 바라보는 위치를 기준으로 양의 회전 방향(Default : Direction.CLOCKWISE)

자이로 센서 클래스의 메서드들은 아래와 같다.

speed()	
센서의 속도(각 속도)를 가져온다.	
Returns	센서 각 속도
Return type	회전 속도 : deg/s

angle()	
센서의 누적 각도를 가져온다.	
Returns	회전 각도
Return type	angle(deg)

reset_angle(angle)	
센서의 회전 각도를 원하는 값으로 설정한다.	
Parameters	angle(deg) : 각도를 초기화해야 하는 값


```
GyroValve = GyroSensor(Port.S2,direction = Direction.CLOCKWISE)
```

회전 방향 매개변수
- CLOCKWISE : 시계방향 = *default*
- COUNTERCLOCKWISE : 반 시계방향

그림 13-3 자이로 센서 객체의 생성과 사용

13.2 자이로 센서 활용하기

목표 EV3 자이로 센서를 실습한다.

다음은 0.5초 간격으로 EV3 회전각을 측정하는 코드이다.

실습 13-1 13_1_angle.py 자이로 회전값 읽기

```
1  #!/usr/bin/env pybricks-micropython
2  from pybricks.hubs import EV3Brick
3  from pybricks.ev3devices import (Motor, TouchSensor, ColorSensor,
4                                   InfraredSensor, UltrasonicSensor,
5                                   GyroSensor)
6  from pybricks.parameters import Port, Stop, Direction, Button, Color
7  from pybricks.tools import wait, StopWatch, DataLog
8  from pybricks.robotics import DriveBase
9  from pybricks.media.ev3dev import SoundFile, ImageFile
10
11 GyroValue = GyroSensor(Port.S2,direction = Direction.CLOCKWISE)
12 while True:
13     print(GyroValue.angle())
14     wait(500)
```

11 GyroSensor 클래스의 객체로 GyroValue를 선언한다. GyroValue는 S2에 연결된 자이로 센서다.

12–14 500ms마다 EV3의 회전각 측정을 무한 반복한다. 13에서 angle() 메소드를 이용해 EV3 회전각을 측정하고 print() 함수를 이용해서 Visual Studio Code 출력창에 출력한다.

다음은 제자리에서 360° 회전 후 멈추는 코드이다.

실습 13-2 13_2_rotation_360.py 360도 회전

```
#!/usr/bin/env pybricks-micropython
from pybricks.hubs import EV3Brick
from pybricks.ev3devices import (Motor, TouchSensor, ColorSensor,
                                 InfraredSensor, UltrasonicSensor,
                                 GyroSensor)
from pybricks.parameters import Port, Stop, Direction, Button, Color
from pybricks.tools import wait, StopWatch, DataLog
from pybricks.robotics import DriveBase
from pybricks.media.ev3dev import SoundFile, ImageFile

GyroValue = GyroSensor(Port.S2,direction = Direction.CLOCKWISE)
```

자이로 센서 클래스의 객체를 선언

```
12 RIGHT_MOTOR = Motor(Port.B)
13 LEFT_MOTOR = Motor(Port.C)
14
15 while (GyroValue.angle() <= 360):
16     RIGHT_MOTOR.run(-300)
17     LEFT_MOTOR.run(300)
```

모터 클래스의 객체를 선언

angle() 메소드의 값이 360° 이하인 동안 16~17의 run()동작을 계속한다.

다음은 장애물에 의해 로봇이 방해를 받더라도 무조건 앞으로 나아가는 코드이다.

실습 13-3 13_3_forward_only.py 무조건 전진

```
1  #!/usr/bin/env pybricks-micropython
2  from pybricks.hubs import EV3Brick
3  from pybricks.ev3devices import (Motor, TouchSensor, ColorSensor,
4                                   InfraredSensor, UltrasonicSensor,
5                                   GyroSensor)
6  from pybricks.parameters import Port, Stop, Direction, Button, Color
7  from pybricks.tools import wait, StopWatch, DataLog
8  from pybricks.robotics import DriveBase
9  from pybricks.media.ev3dev import SoundFile, ImageFile
10
11 GyroValue = GyroSensor(Port.S2,direction = Direction.CLOCKWISE)
12 RIGHT_MOTOR = Motor(Port.B)
13 LEFT_MOTOR = Motor(Port.C)
14
15 while True:
16     LEFT_MOTOR.run(300 - GyroValue.angle())
17     RIGHT_MOTOR.run(300)
```

11-13 센서, 모터 클래스의 객체를 선언한다.

16 왼쪽 모터의 출력을 EV3의 회전각과 연계한다. 로봇이 직진하던 중 장애물에 의해 몸체가 회전하게 되면 회전 각에 따라 왼쪽 모터 출력을 변화시켜 장애물을 피한 뒤 다시 직진하게 된다.

EV3가 프로그램 시작할 때의 방향에서 오른쪽으로 회전했다면 GyroValue.angle() 값이 양수가 되고 LEFT_MOTOR는 더 약한 출력을 내게 되어 왼쪽으로 회전하게 만든다. 반대로 EV3가 왼쪽으로 회전했다면 GyroValue.angle() 값이 음수가 되고 LEFT_MOTOR는 더 큰 출력을 내게 되어 오른쪽으로 회전하게 만든다.

다음은 실습 13-3의 프로그램을 보정하여 더 정확한 주행을 하는 코드이다.

실습 13-4 13_4_forward_only2.py 무조건 전진2

```
#!/usr/bin/env pybricks-micropython
from pybricks.hubs import EV3Brick
from pybricks.ev3devices import (Motor, TouchSensor, ColorSensor,
                                 InfraredSensor, UltrasonicSensor,
                                 GyroSensor)
from pybricks.parameters import Port, Stop, Direction, Button, Color
from pybricks.tools import wait, StopWatch, DataLog
from pybricks.robotics import DriveBase
from pybricks.media.ev3dev import SoundFile, ImageFile

GyroValue = GyroSensor(Port.S2,direction = Direction.CLOCKWISE)
RIGHT_MOTOR = Motor(Port.B)
LEFT_MOTOR = Motor(Port.C)

while True:
    angle = GyroValue.angle()
    if (angle > 70):
        angle = 70
    if (angle < -70):
        angle = -70
    LEFT_MOTOR.run(300 - angle)
    RIGHT_MOTOR.run(300)
```

부드러운 회전을 위해 회전각을 70° 이하, -70° 이상으로 보정.

다음은 프로그램 시작할 때 자이로 센서의 값이 0이 아니더라도 올바른 결과를 얻을 수 있도록 보완한 코드이다.

실습 13-5 13_5_forward_only2.py 무조건 전진2

```
#!/usr/bin/env pybricks-micropython
from pybricks.hubs import EV3Brick
from pybricks.ev3devices import (Motor, TouchSensor, ColorSensor,
                                 InfraredSensor, UltrasonicSensor,
                                 GyroSensor)
from pybricks.parameters import Port, Stop, Direction, Button, Color
```

```python
from pybricks.tools import wait, StopWatch, DataLog
from pybricks.robotics import DriveBase
from pybricks.media.ev3dev import SoundFile, ImageFile


GyroValue = GyroSensor(Port.S2,direction = Direction.CLOCKWISE)
RIGHT_MOTOR = Motor(Port.B)
LEFT_MOTOR = Motor(Port.C)

FV = GyroValue.angle()

while True:
    angle = GyroValue.angle() - FV
    if (angle > 70):
        angle = 70
    if (angle) < -70):
        angle = -70

    LEFT_MOTOR.run(300 - angle)
    RIGHT_MOTOR.run(300)
```

초기의 EV3 회전각을 변수 FV에 저장

angle에 현재의 EV3 회전각과 초기 회전각의 차를 저장

다음은 실시간으로 각속도를 측정하는 코드이다.

실습 13-6 13_6_angular_velocity.py 각속도 측정

```python
#!/usr/bin/env pybricks-micropython
from pybricks.hubs import EV3Brick
from pybricks.ev3devices import (Motor, TouchSensor, ColorSensor,
                                 InfraredSensor, UltrasonicSensor,
                                 GyroSensor)
from pybricks.parameters import Port, Stop, Direction, Button, Color
from pybricks.tools import wait, StopWatch, DataLog
from pybricks.robotics import DriveBase
from pybricks.media.ev3dev import SoundFile, ImageFile

GyroValue = GyroSensor(Port.S2,direction = Direction.CLOCKWISE)

while True:
    print(GyroValue.speed())
    wait(500)
```

각속도를 측정하여 출력

다음은 각속도를 모터의 출력에 대입하는 코드이다. 각속도가 커질수록 모터의 출력도 높여 준다.

실습 13-7 13_7_gyro_to_motor.py 각속도를 모터 파워에 반영

```
#!/usr/bin/env pybricks-micropython
from pybricks.hubs import EV3Brick
from pybricks.ev3devices import (Motor, TouchSensor, ColorSensor,
                                 InfraredSensor, UltrasonicSensor,
                                 GyroSensor)
from pybricks.parameters import Port, Stop, Direction, Button, Color
from pybricks.tools import wait, StopWatch, DataLog
from pybricks.robotics import DriveBase
from pybricks.media.ev3dev import SoundFile, ImageFile

GyroValue = GyroSensor(Port.S2,direction = Direction.CLOCKWISE)
RIGHT_MOTOR = Motor(Port.B)
LEFT_MOTOR = Motor(Port.C)

while True:
    GyroRate = GyroValue.speed()

    print(GyroRate)

    if (GyroRate > 100):
        GyroRate = 100
    elif (GyroRate < - 100):
        GyroRate = -100

    RIGHT_MOTOR.run(GyroRate)
    LEFT_MOTOR.run(GyroRate)
```

- GyroRate = GyroValue.speed() ← 자이로 센서의 각속도 값 저장
- print(GyroRate) ← 자이로 센서의 각속도 값 출력
- if/elif 블록 ← 자이로 센서값이 100 초과 -100 미만일 때 값을 보정
- RIGHT_MOTOR.run / LEFT_MOTOR.run ← 보정한 값으로써 모터 출력주기

이렇게 자이로 센서를 활용해 다양한 움직임을 하는 코드에 대해서 알아보았다. 하지만 좀 더 정밀한 움직임을 갖기 위해서는 수학적인 연산이 필요하다. 간단한 사칙연산이 아닌 삼각함수, 제곱근 등의 수학 연산을 해야할 때는 어떻게 할까?

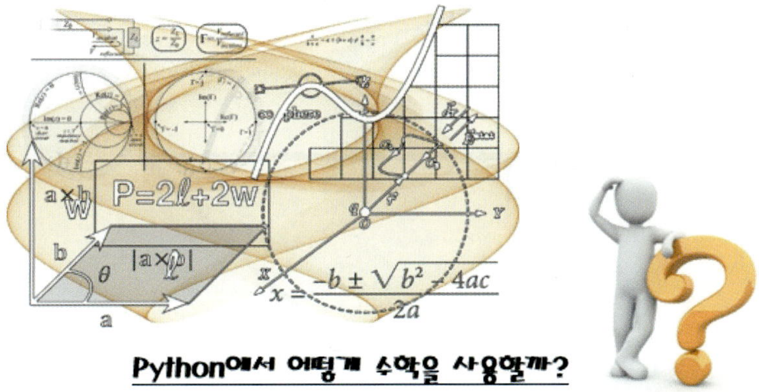

그림 13-4 Python에서의 수학적인 계산

Python의 외장모듈 math를 사용하면 다양한 수학 함수들을 활용하여 수학 계산을 할 수 있다. 외장함수를 사용하기 위해서는 import를 통해 함수를 호출해 줘야 한다.
math 모듈의 함수들은 아래와 같다.

함수	설명
fabs(x)	실수 x의 절대값을 반환
ceil(x)	x를 가까운 정수까지 올림 한 뒤 반환한다.
floor(x)	x를 가까운 정수까지 버림 한 뒤 반환한다.
log(x)	자연로그(naturallogarithm) x의 값을 반환한다.
sqrt(x)	x의 제곱근을 반환한다.
sin(x)	x의 사인(sin) 값을 반환한다. x는 라디안으로 나타낸다.
cos(x)	x의 코사인(cos) 값을 반환한다. x는 라디안으로 나타낸다.
tan(x)	x의 탄젠트(tan) 값을 반환한다. x는 라디안으로 나타낸다.
degrees(x)	각 x를 라디안(radians)에서 각도(degrees)으로 바꾼다.
radians(x)	각도 x를 라디안(radians)으로 바꾼다.

이제 math 함수와 EV3의 센서와 모터를 활용한다. 다음은 밑변과 높이가 25cm로 같은 이등변 삼각형이다.

삼각함수를 이용하여 도착 지점에 정확히 정지

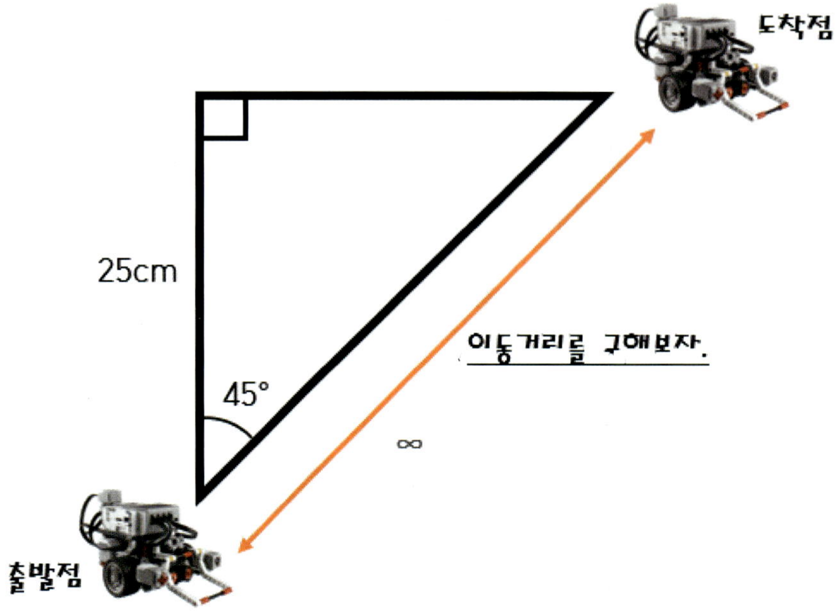

▌참고하기

	0	$\frac{\pi}{6}$	$\frac{\pi}{4}$	$\frac{\pi}{3}$	$\frac{\pi}{2}$
	0°	30°	45°	60°	90°
$\sin\theta$	0	$\frac{1}{2}$	$\frac{\sqrt{2}}{2}$	$\frac{\sqrt{3}}{2}$	1
$\cos\theta$	1	$\frac{\sqrt{3}}{2}$	$\frac{\sqrt{2}}{2}$	$\frac{1}{2}$	0
$\tan\theta$	0	$\frac{1}{\sqrt{3}}$	1	$\sqrt{3}$	∞

그림 13-5 삼각함수

math 함수를 이용해서 이 삼각형의 형상을 따라서 한 바퀴 도는 코드를 작성해보자.

실습 13-8 13_8_triangle.py 삼각형 운행

```
1  #!/usr/bin/env pybricks-micropython
2  from pybricks.hubs import EV3Brick
3  from pybricks.ev3devices import (Motor, TouchSensor, ColorSensor,
4                                   InfraredSensor, UltrasonicSensor,
5                                   GyroSensor)
6  from pybricks.parameters import Port, Stop, Direction, Button, Color
7  from pybricks.tools import wait, StopWatch, DataLog
8  from pybricks.robotics import DriveBase
9  from pybricks.media.ev3dev import SoundFile, ImageFile
10 
11 import math
12 
13 GyroValue = GyroSensor(Port.S2,direction = Direction.CLOCKWISE)
14 RIGHT_MOTOR = Motor(Port.B)
15 LEFT_MOTOR = Motor(Port.C)
16 GyroValue.reset_angle(0)
17 FV = GyroValue.angle()
18 
19 while (GyroValue.angle() <= 45 + FV):
20     LEFT_MOTOR.run(300)
21     RIGHT_MOTOR.run(-300)
22 
23 RIGHT_MOTOR.run(0)
24 LEFT_MOTOR.run(0)
25 
26 distance = 25 / math.cos(math.radians(45))
27 print(distance)
28 wait(2000)
29 
30 deg = (360*distance)/17.58
31 
32 RIGHT_MOTOR.run_angle(500,deg,Stop.COAST, False)
33 LEFT_MOTOR.run_angle(500,deg,Stop.COAST, True)
```

- 11행: 삼각함수 사용하기 위해 math 모듈을 import
- 26행: distance에 변이 25cm인 이등변 삼각형의 대각선 길이를 저장
- 30행: 거리를 각도 값으로 변환

13–15 자이로 센서와 모터 클래스의 객체를 선언한다.

17 FV 변수에 EV3 초기 각도를 저장한다.

19–21 자이로 센서의 값이 초기 각도 값(FV) + 45° 이하일 때 시계방향으로 회전한다. 즉 45° 우회전을 한다.

23–24　EV3를 정지시킨다.
26　distance에 변이 25cm인 이등변 삼각형의 대각선 길이를 저장한다.
27　distance를 출력한다.
28　2000ms 동안 대기한다.
30　26에서 구한 거리를 각도 값으로 변환한다.
32–33　500의 힘으로 30에서 구한 각도만큼 이동한다.

정리 요약

(1) 자이로 센서는 단일 축에서 회전 동작을 감지할 수 있으므로 현재의 회전 각도와 회전 각속도를 알 수 있다.
(2) 자이로 센서를 이용하여 정밀한 회전이 가능하다
(3) 자이로 센서의 값은 자동으로 초기화되지 않기 때문에 수동으로 초기화해 줘야 한다.
(4) 센서값을 모터 파워에 반영할 때는 값의 보정을 사용한다.
(5) math 모듈의 삼각 함수를 이용하여 회전할 각도를 계산할 수 있다.

맞을까? 틀릴까?

삼각함수는 Python에 내장되어 있으므로 제한없이 사용할 수 있다. (○ , ×)

왜냐하면 ______________________________

자이로 센서를 이용하여 회전 각도 외에 각속도로 알아낼 수 있다.(○ , ×)

왜냐하면 ______________________________

연습문제 13

(1) 50cm직진 → 좌회전 → 56.5cm 직진 → 좌회전 → 18cm 직진 → 좌회전 → 56.5cm 직진하는 프로그램을 작성하시오. 단, 회전할 때는 자이로 센서를 사용한다. 이 프로그램에서는, 거리는 다르지만 "직진"하는 동작이 반복되고 또한 여러 차례 좌회전이 필요하다. 이 때 필요한 함수를 구상하여 활용하시오.

과제 13

(1) 자이로 센서를 이용하여, 장애물에 의해 로봇이 방해를 받더라도 앞으로 나아가는 코드를 작성했을 때 자이로 센서 각도가 작아지면 (예: −45° ~45° 사이이지만 0° 는 아닐 때) 보정되는 양이 작아서 정확한 각도를 잡기까지 시간이 오래 걸린다. 이를 보완해서 좀 더 빠르게 직진 방향을 잡도록 하시오.

CHAPTER 14

EV3-Python 초음파 센서

파이썬으로 움직이는 EV3 로봇

14.1 초음파 센서 다루기

목표 EV3 초음파 센서에 대해 학습한다.

자동차는 주차를 할 때 뒤에 있는 장애물을 인지하여 소리를 낸다. 어떤 방법으로 장애물을 인지할까?

EV3 초음파 센서는 음파를 생성하여 장애물로부터 반사되는 음파를 읽어 거리를 측정할 수 있다. 물체까지의 거리는 인치(inch)나 센티미터(cm)로 출력할 수 있다. 이를 통해 벽면에서 특정 거리에 이르면 로봇이 멈추도록 프로그래밍할 수 있다.

EV3 초음파 센서의 인식 범위는 3~250cm(정확도 ±1cm)이다. 최대 거리를 벗어나게 되면 출력으로 250만을 출력하게 된다. 그리고 초음파 센서는 음파 반사를 통해 거리를 측정하므로 표면이 직물로 되어 있거나 둥근 물체는 감지하기 어렵다. 또한 너무 작은 물체도 제대로 감지가 안될 수 있다.

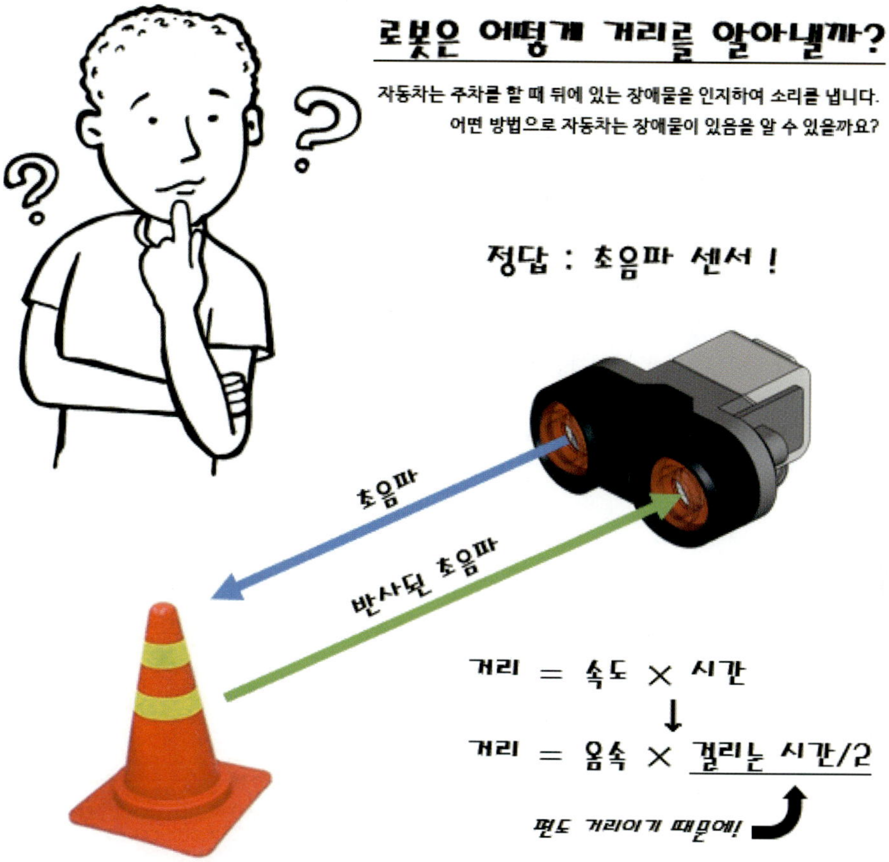

그림 14-1 초음파를 이용한 거리 측정

다음은 초음파 센서 클래스이다.

class UltrasonicSensor(port)	
초음파 센서 클래스	
객체 선언 예	ULTRA = UltrasonicSensor(Port.S4)
parameters	port (Port) : 센서가 연결된 포트를 의미한다.

초음파 센서 클래스의 메서드들은 아래와 같다.

distance(silent = False)	
초음파를 사용하여 센서와 물체 사이의 거리를 측정한다.	
Returns	거리(밀리미터)
Return type	distance : mm

presence()	
초음파를 감지하여 다른 초음파 센서가 있는지 확인힌디. 다른 초음파 센서가 무음 모드에서 작동하는 경우, 해당 센서가 측정을 하는 동안에만 그 존재를 감지할 수 있다.	
Returns	초음파 센서가 감지된 경우 True, 그렇지 않은 경우 False
Return type	bool

14.2 초음파 센서 활용하기

목표 EV3 초음파 센서를 활용한다.

다음은 0.5초 간격으로 물체까지의 거리를 mm 단위로 출력하는 코드이다.

실습 14-1 14_1_get_distance.py mm 단위로 실시간 거리재기

```
#!/usr/bin/env pybricks-micropython
from pybricks.hubs import EV3Brick
from pybricks.ev3devices import (Motor, TouchSensor, ColorSensor,
                                 InfraredSensor,      UltrasonicSensor,
GyroSensor)
from pybricks.parameters import Port, Stop, Direction, Button, Color
from pybricks.tools import wait, StopWatch, DataLog
from pybricks.robotics import DriveBase
from pybricks.media.ev3dev import SoundFile, ImageFile
```

```
ULTRA = UltrasonicSensor(Port.S4)

while True:
    print("distance : %d mm" % ULTRA.distance())
    wait(500)
```

S4에 연결된 UltrasonicSensor 클래스의 객체를 선언

초음파 센서에서 측정되는 거리를 받아오기

다음은 초음파 센서의 값을 활용하여 EV3의 움직임을 제어하는 코드이다.

실습 14-2 14_2_ultrasonic_to_motor.py 초음파 값에 따라 모터 제어

```
#!/usr/bin/env pybricks-micropython
from pybricks.hubs import EV3Brick
from pybricks.ev3devices import (Motor, TouchSensor, ColorSensor,
                                 InfraredSensor, UltrasonicSensor,
                                 GyroSensor)
from pybricks.parameters import Port, Stop, Direction, Button, Color
from pybricks.tools import wait, StopWatch, DataLog
from pybricks.robotics import DriveBase
from pybricks.media.ev3dev import SoundFile, ImageFile

ULTRA = UltrasonicSensor(Port.S4)
RIGHT_MOTOR = Motor(Port.B)
LEFT_MOTOR = Motor(Port.C)

while True:
    if (ULTRA.distance() < 100):
        RIGHT_MOTOR.run(0)
        LEFT_MOTOR.run(0)
    else:
        RIGHT_MOTOR.run(500)
        LEFT_MOTOR.run(500)
```

EV3 동작 제어에 필요한 초음파 센서, 모터 클래스의 객체를 선언

distnace() 메소드를 이용해서 초음파 센서의 측정 값이 100mm 미만일 때 EV3가 정지하도록 함.

▌더 알아보기

초음파센서의 음파는 그림과 같이 Corn 형태의 파형을 띄기 때문에 옆 또는 위, 아래에 있는 장애물도 인식합니다.

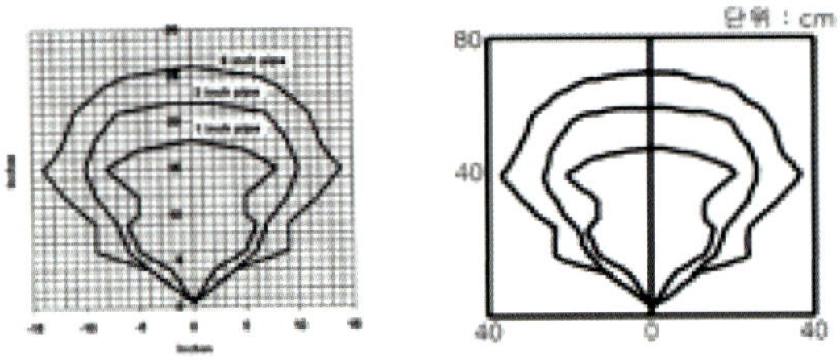

그림 14-2 초음파의 인식 범위

다음은 EV3가 앞 물체와 일정한 거리를 유지하며 움직이는 코드이다.

실습 14-3 14_3_contant_distance.py 일정 거리 유지

```
#!/usr/bin/env pybricks-micropython
from pybricks.hubs import EV3Brick
from pybricks.ev3devices import (Motor, TouchSensor, ColorSensor,
                                 InfraredSensor, UltrasonicSensor,
                                 GyroSensor)
from pybricks.parameters import Port, Stop, Direction, Button, Color
from pybricks.tools import wait, StopWatch, DataLog
from pybricks.robotics import DriveBase
from pybricks.media.ev3dev import SoundFile, ImageFile

ULTRA = UltrasonicSensor(Port.S4)
RIGHT_MOTOR = Motor(Port.B)
LEFT_MOTOR = Motor(Port.C)

while True:
    if (ULTRA.distance() > 310):
        RIGHT_MOTOR.run(300)
        LEFT_MOTOR.run(300)
    elif (ULTRA.distance() < 290):
        RIGHT_MOTOR.run(-300)
        LEFT_MOTOR.run(-300)
```

EV3와 앞의 장애물 사이의 거리가 310 이상일 때 전진

EV3와 앞의 장애물 사이의 거리가 290 미만일 때 후진

```
else:
    RIGHT_MOTOR.run(0)
    LEFT_MOTOR.run(0)
```

EV3와 앞의 장애물 사이의 거리가 290~310일 때 정지

정리 요약

(1) EV3 초음파 센서는 음파를 생성하고 장애물로부터 반사되는 음파를 읽어 거리를 측정할 수 있다.

(2) 초음파 센서의 인식 범위는 3~250cm(정확도 ±1cm)이다.

(3) 초음파 센서의 인식 범위는 Corn 모양으로 넓은 편이지만 표면이 불규칙한 모양이거나 부드러운 재질일 때는 인식이 제대로 되지 않을 수 있다.

맞을까? 틀릴까?

초음파 센서를 사용하면 강의실의 한쪽 끝에서 다른 쪽 끝까지의 거리를 정확하게 잴 수 있다. (○ , ×)

왜냐하면 ____________________

초음파 센서를 테스트할 때 손바닥을 대서 초음파를 반사해 주면 정확한 거리를 알아낼 수 있다. (○ , ×)

왜냐하면 ____________________

연습문제 14

(1) 초음파센서를 이용하여 30cm 이내에 물체가 없으면 초록, 있으면 빨강색 브릭등이 켜지게 프로그램 하시오. 또한 브릭 디스플레이창에 측정되는 물체와의 거리도 디스플레이 하시오.

과제 14

(1) 전진하다가 10cm 이내에 장애물을 발견하면 beep음을 내고 90도에서 180도 사이의 임의 각도만큼 우회전하도록 하시오. 장애물을 위 방법으로 피한 후에는 다시 전진하도록 하고 회전에는 자이로 센서를 활용한다.

CHAPTER

15 EV3-Python 컬러 센서

파이썬으로 움직이는 EV3 로봇

15.1 컬러 센서 다루기

목표 EV3 컬러 센서에 대해 학습한다.

이전 단원에서 초음파 센서를 이용, 로봇과 장애물 사이의 거리를 측정하는 법에 대해서 배웠다. 이번 단원에서는 컬러 센서로 색과 빛을 인지하고 이를 활용하여 EV3를 제어하는 법을 배워본다.

EV3 컬러 센서는 센서 전면부의 렌즈를 통해 감지되는 빛의 강도나 색상을 감지하는 디지털 센서이다. EV의 컬러 센서는 컬러 모드, 반사광 강도 모드, 주변 광 강도 모드를 지원하여 다양한 상황에 맞춰 프로그램을 할 수 있도록 돕는다.

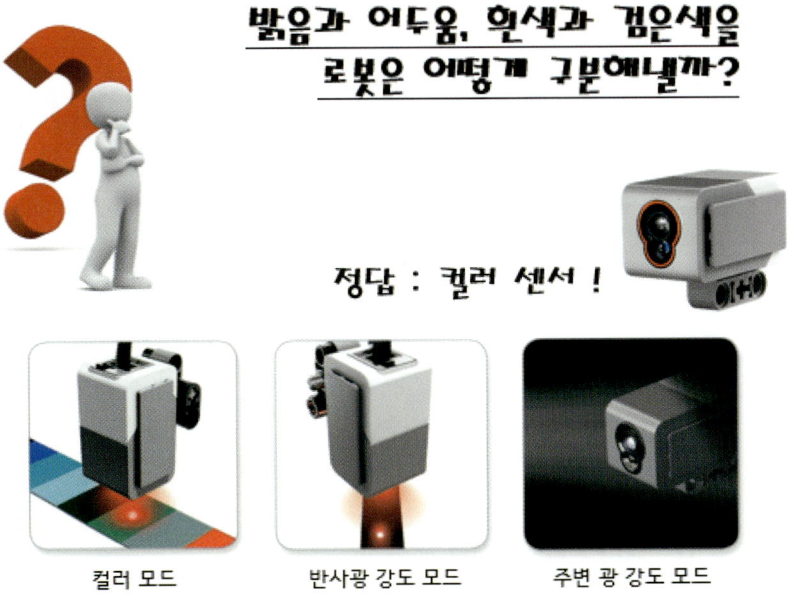

그림 15-1 컬러 센서의 3가지 모드

(1) 컬러 모드

컬러 모드는 검정, 파랑, 초록, 노랑, 빨강, 흰색, 갈색의 일곱 가지 컬러와 '색상 없음'을 인지한다. 이는 EV3가 물체의 색, 공 또는 브릭을 구분하거나 감지한 색의 이름을 말하거나, 특정 색에서 EV3가 멈추도록 프로그램할 수 있다.

(2) 반사광 강도 모드

반사광 강도 모드는 빨강 램프에서 반사되는 빛의 강도를 측정한다. 이 모드는 0(어두움)부터 100(밝음)까지의 척도를 가지며, 센서에 검정 선이 감지되거나 흰색 선을 따라가도록 프로그램할 수 있다.

(3) 주변광 강도 모드

주변 광 강도 모드는 햇빛이나 플래시 광선 등의 환경에서 창으로 들어오는 빛의 세기를 측정한다. 반사광 강도 모드와 동일하게 0(어두움)부터 100(밝음)의 척도를 사용하며, 아침에 해가 뜰 때 알람을 울리거나 빛이 꺼지면 동작을 멈추는 등의 프로그램을 할 수 있다.

다음은 컬러센서 클래스이다.

class ColorSensor(port)	
컬러 센서 클래스	
객체 선언 예	Color = ColorSensor(Port.S3)
parameters	port (Port) : 센서가 연결된 포트를 의미한다.

컬러 센서 클래스의 메서드들은 아래와 같다.

color()	
표면의 색상을 측정	
Returns	Color.BLACK, Color.BLUE, Color.GREEN, Color.YELLOW, Color.RED, Color.WHITE, Color.BROWN or None
Return type	Color 또는 None(색상이 탐지되지 않은 경우)

ambient()	
주변광 조도를 측정	
Returns	0(어두움)에서 100(밝음)까지의 주변광 조도
Return type	percentage: %

reflection()	
적색광을 사용하여 표면의 반사도를 측정	
Returns	0(반사 없음)에서 100(높은 반사)까지의 반사도
Return type	percentage: %

rgb()	
적색, 녹색 및 청색 빛을 사용하여 표면의 반사도를 측정	
Returns	적색, 녹색 및 청색 빛의 반사도를 의미, 범위는 각기 0.0(반사 없음)부터 100.0(높은 반사)까지
Return type	red, green, blue 3색의 튜플. percentages.

바닥의 명암(액티브 모드)	주변광(인액티브 모드)	센서 측정값의 변화
검정	칠흙 같은 어둠	0으로 접근
진회색	어둠	↑
회색	약간 어두움	↓
흰색	밝음	100으로 접근

최적의 정확도를 위해, 컬러 모드 및 반사광 강도 모드에서 센서는 시험 중인 표면에 가깝지만 닿지 않도록 직각을 유지해야 한다.

15.2 컬러 센서 활용하기

목표 EV3 컬러 센서를 실습한다.

다음은 반사광 강도 모드를 이용한 코드이다. 발광 다이오드에서 발생하는 붉은 빛이 면에 반사되어 돌아오는 양을 측정하는 방식으로 작동한다. 양에 따라 0(어두움)에서 100(밝음)으로 센서 데이터가 출력이 된다.

실습 15-1 15_1_reflection.py 반사광 읽기

```
#!/usr/bin/env pybricks-micropython
from pybricks.hubs import EV3Brick
from pybricks.ev3devices import (Motor, TouchSensor, ColorSensor,
                                 InfraredSensor, UltrasonicSensor, GyroSensor)
from pybricks.parameters import Port, Stop, Direction, Button, Color
from pybricks.tools import wait, StopWatch, DataLog
from pybricks.robotics import DriveBase
from pybricks.media.ev3dev import SoundFile, ImageFile

RIGHT_MOTOR = Motor(Port.B)
LEFT_MOTOR = Motor(Port.C)

Color = ColorSensor(Port.S3)

while True:
    print(Color.reflection())
    wait(500)
```

ColorSensor() 클래스의 객체를 선언

reflection() 메소드를 이용하여 컬러 센서에서 감지한 반사광 강도를 출력.

다음은 컬러센서 반사광 값을 통해 바닥이 검정이면 정지하는 코드이다.

실습 15-2 15_2_stop_at_black.py 검은 선에서 정지

```
#!/usr/bin/env pybricks-micropython
from pybricks.hubs import EV3Brick
from pybricks.ev3devices import (Motor, TouchSensor, ColorSensor,
                                 InfraredSensor, UltrasonicSensor, GyroSensor)
from pybricks.parameters import Port, Stop, Direction, Button, Color
from pybricks.tools import wait, StopWatch, DataLog
from pybricks.robotics import DriveBase
from pybricks.media.ev3dev import SoundFile, ImageFile

Color = ColorSensor(Port.S3)
RIGHT_MOTOR = Motor(Port.B)
LEFT_MOTOR = Motor(Port.C)

THRESHOLD = 10

```

```
16  RIGHT_MOTOR.run(300)
17  LEFT_MOTOR.run(300)
18  while(Color.reflection() > THRESHOLD): { }
```

로봇이 300의 힘으로 전진하다가 반사광 강도 10 이하가 되면 프로그램을 종료.

16–18 로봇이 300의 힘으로 전진하다가 반사광 강도 10 이하일 경우 프로그램을 종료시킨다. 여기서 18의 코드를 통해 위의 조건 달성까지 동작을 유지하는 코드를 만들 수 있다.

▌더 알아보기 Threshold

어두운 영역과 밝은 영역을 어떻게 구분할 것인가?

Threshold는 어떤 현상을 일으키는 경계 값(=임계치, 문턱값, 역치)으로 일반적으로 다음과 같이 구할 수 있다.

Threshold=(흰색에서 읽어들인 값 + 검정색에서 읽어들인 값)/2

그림 15-2 Threshhold

다음은 두 번째 검정 선을 만나면 정지하는 동작을 수행하는 코드이다.

실습 15-3 15_2_stop_at_second_black.py 두 번째 검은 선에서 정지

```
#!/usr/bin/env pybricks-micropython
from pybricks.hubs import EV3Brick
from pybricks.ev3devices import (Motor, TouchSensor, ColorSensor,
                                 InfraredSensor, UltrasonicSensor,
                                 GyroSensor)
from pybricks.parameters import Port, Stop, Direction, Button, Color
from pybricks.tools import wait, StopWatch, DataLog
from pybricks.robotics import DriveBase
from pybricks.media.ev3dev import SoundFile, ImageFile

Color = ColorSensor(Port.S3)
RIGHT_MOTOR = Motor(Port.B)
LEFT_MOTOR = Motor(Port.C)

THRESHOLD = 10
```

```
16  count = 0
17
18  while True:
19      RIGHT_MOTOR.run(300)
20      LEFT_MOTOR.run(300)
21
22      if (Color.reflection() <= THRESHOLD):
23          count += 1
24          if(count>=2):
25              break
26          wait(1000)
27  RIGHT_MOTOR.run(0)
28  LEFT_MOTOR.run(0)
```

15 어둡고 밝은 영역을 구분하는 기준 값

16 두 번째 검정 선을 인지하기 위한 변수

22 컬러 센서의 측정값이 경계 값(TRESHOLD)보다 낮으면 count 변수에 1을 더한다.

24–25 22의 조건을 충족한 상태에서 count 변수가 2 이상이 되면 반복문에서 탈출하고 프로그램을 종료한다.

26 검은 선 위를 지나는 동안 count 변수에 1을 더하는 작업이 여러 차례 수행하지 않도록 1000밀리초 동안 wait해 준다.

다음은 센서 값에 따라 로봇의 속도를 변화시키는 코드이다.

실습 15-4 15_4_light_to_motor.py 반사광 값을 모터 출력에 반영

```
#!/usr/bin/env pybricks-micropython
from pybricks.hubs import EV3Brick
from pybricks.ev3devices import (Motor, TouchSensor, ColorSensor,
                                 InfraredSensor, UltrasonicSensor,
                                 GyroSensor)
from pybricks.parameters import Port, Stop, Direction, Button, Color
from pybricks.tools import wait, StopWatch, DataLog
from pybricks.robotics import DriveBase
from pybricks.media.ev3dev import SoundFile, ImageFile

Color = ColorSensor(Port.S3)
```

```
12  RIGHT_MOTOR = Motor(Port.B)
13  LEFT_MOTOR = Motor(Port.C)
14
15  THRESHOLD = 10
16
17  while True:
18      light_value = Color.reflection()
19      RIGHT_MOTOR.run(light_value*10)
20      LEFT_MOTOR.run(light_value*10)
```

18　　컬러 센서에서 측정하는 값을 light_value 변수에 저장한다.

19-20　센서에서 받아오는 값이 모터 출력값에 비해 작기 때문에 실제 눈에 보이는 주행을 위해 센서 값에 10을 곱해준 값으로 로봇을 주행한다.

다음은 주행하면서 측정된 검정선의 수를 세는 코드이다. 첫 번째 검정 선에서는 "하나", 두 번째 검정선에서는 "둘" 식으로 우리 말로 검정 선의 개수를 말하도록 한다. 이런 방식으로 "아흔 아홉"까지 셀 수 있도록 프로그램 해 보자.

실습 15-5　15_5_count_black.py 검정선의 수 세기

```
#!/usr/bin/env pybricks-micropython
from pybricks.hubs import EV3Brick
from pybricks.ev3devices import (Motor, TouchSensor, ColorSensor,
                                 InfraredSensor, UltrasonicSensor, GyroSensor)
from pybricks.parameters import Port, Stop, Direction, Button, Color
from pybricks.tools import wait, StopWatch, DataLog
from pybricks.robotics import DriveBase
from pybricks.media.ev3dev import SoundFile, ImageFile

ev3 = EV3Brick()

Color = ColorSensor(Port.S1)
LEFT_MOTOR = Motor(Port.A)
RIGHT_MOTOR = Motor(Port.B)

THRESHOLD = 30
count = 0
```

컬러 센서 1개와 양쪽 바퀴를 제어할 모터 2개를 객체화

```
18  _1digits = ['', '하나', '둘', '셋', '넷', '다섯', '여섯', '일곱', '여덟', '아홉']
19  _10digits = ['','열', '스물', '서른', '마흔', '쉰', '예순', '일흔', '여든', '아흔']
20
21  RIGHT_MOTOR.run(300)
22  LEFT_MOTOR.run(300)
23
24  while True:
25      if (Color.reflection() <= THRESHOLD):
26          count += 1
27          _1digit = count % 10
28          _10digit = count // 10
29          ev3.speaker.say(_10digits[_10digit]+_1digits[_1digit])
30
31          wait(1000)
```

1의 자리 숫자와 10의 자리 숫자에서 사용할 우리말의 리스트를 각각 유지.

현재까지의 검정선의 개수 표현

17 검정 선의 개수 카운트할 변수. 초기값을 0으로.

18 1의 자리 숫자에 해당되는 우리말을 유지하는 리스트. count % 10 한 결과를 인덱스로 사용할 수 있게 유지. count가 1일 때는 [1]번째 문자열인 '하나'를 사용, count가 2일 때는 [2]번째 문자열인 '둘'을 사용.... 10의 배수인 숫자에서는 '영', '스물' 등 10의 자리만 부르고 1의 자리는 부르지 않으므로 [0] 번째 원소는 빈 문자열.

19 10의 자리 숫자에 해당되는 우리말을 유지하는 리스트. count // 10 한 결과를 인덱스로 사용할 수 있게 유지. count가 10 미만일 때는 1의 자리에 대해서만 말하면 되므로 [0]번째는 빈 문자열, count가 10~19일 때는 [1]번째 내용인 '열'을 사용....

21-22 검정선 감지와 상관없이 계속 직진할 것이므로 while문 들어가기 전에 1회만 수행.

24 무한 반목 구분 사용. ESC버튼 눌러서 프로그램 중지시킬 수 있음.

25 검정선을 감지함.

26 검정선의 개수 증가.

27 _1digits 리스트의 인덱스 값 구하기

28 _10digits 리스트의 인덱스 값 구하기

29 10의 자리에 해당되는 우리말과 1의 자리에 해당되는 우리말을 붙여서 하나의 문자열로 만들어 say()함수 호출.

31 하나의 검정선을 지나면서 여러번 카운트하지 않도록 하기 위해서 1000ms 동안 감지하기를 멈춤

다음은 EV3가 오른쪽에 있는 검정색 선을 따라 라인 트레이싱(line tracing)을 하는 코드이다. 라인 트레이싱을 위해서는 컬러센서의 값을 활용해 EV3를 제어해야 한다.

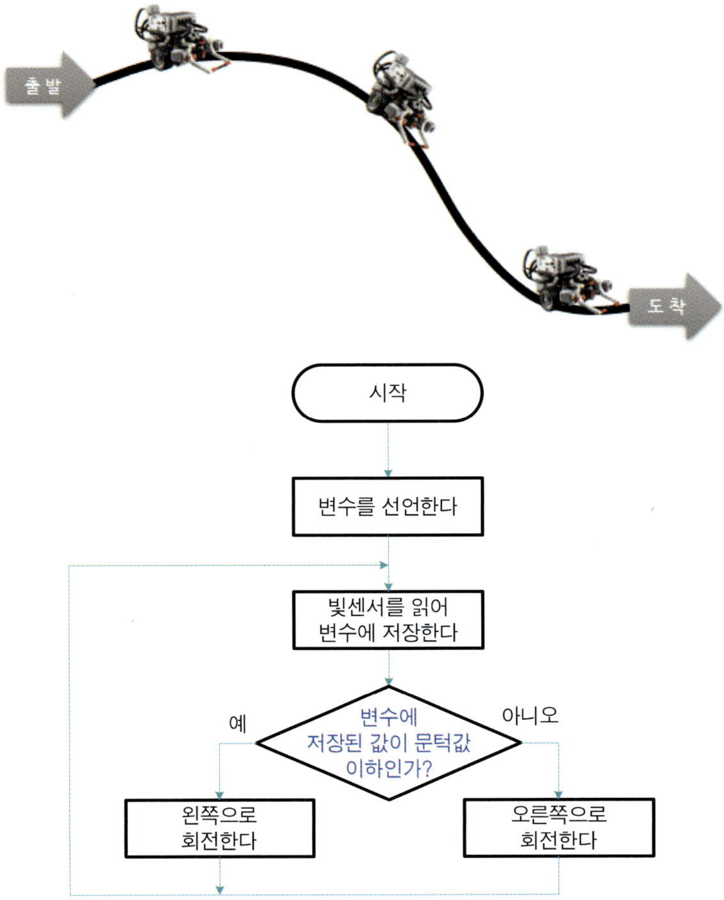

그림 15-3 Linetracing

실습 15-6 15_6_linetracing.py 검정선 따라가기

```
#!/usr/bin/env pybricks-micropython
from pybricks.hubs import EV3Brick
from pybricks.ev3devices import (Motor, TouchSensor, ColorSensor,
                                 InfraredSensor, UltrasonicSensor,
                                 GyroSensor)
from pybricks.parameters import Port, Stop, Direction, Button, Color
from pybricks.tools import wait, StopWatch, DataLog
from pybricks.robotics import DriveBase
from pybricks.media.ev3dev import SoundFile, ImageFile
```

```
10
11 Color = ColorSensor(Port.S3)
12 RIGHT_MOTOR = Motor(Port.B)
13 LEFT_MOTOR = Motor(Port.C)
14
15 THRESHOLD = 10
16 light_value = 0
17
18 while True:
19     light_value = Color.reflection()
20     if (light_value > THRESHOLD):
21         RIGHT_MOTOR.run(0)
22         LEFT_MOTOR.run(300)
23     elif (light_value < THRESHOLD):
24         RIGHT_MOTOR.run(300)
25         LEFT_MOTOR.run(0)
```

오른편의 검정선을 따라가는 것이므로 검은색일 때는 왼쪽으로, 흰색일 때는 오른쪽으로 방향을 틀어 선을 따라 가도록 함.

19	light_value에 컬러센서 측정 값을 저장한다.
20~22	컬러센서 측정 값이 기준치보다 높을 때 시계방향으로 회전한다.
23~25	컬러센서 측정 값이 기준치보다 낮을 때 반시계 방향으로 회전한다.

이러한 방식의 라인 트레이싱은 로봇이 좌우로 계속 움직이면서 부자연스러운 움직임을 갖는다. 다음 코드는 비례제어를 이용해 부드럽게 라인 트레이싱을 하는 코드이다.

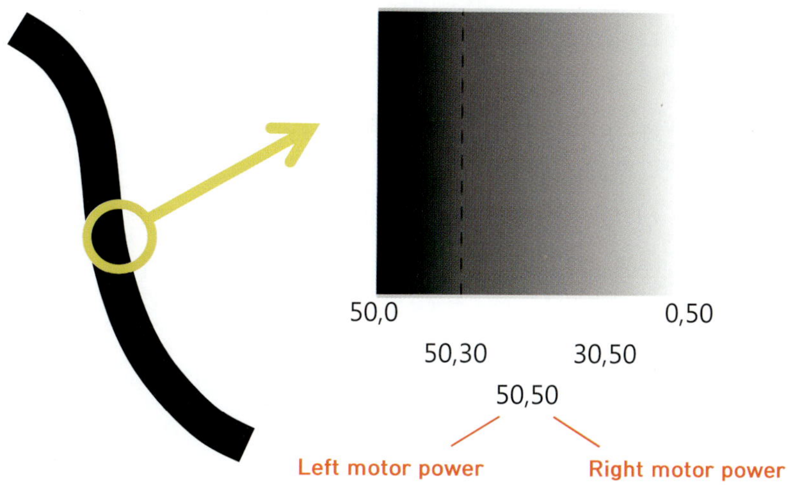

그림 15-4 Propotional Linetracing

실습 15-7 15_7_propotional_linetracing.py 비례제어 검정선 따라가기

```
1  #!/usr/bin/env pybricks-micropython
2  from pybricks.hubs import EV3Brick
3  from pybricks.ev3devices import (Motor, TouchSensor, ColorSensor,
4                                   InfraredSensor, UltrasonicSensor,
5                                   GyroSensor)
6  from pybricks.parameters import Port, Stop, Direction, Button, Color
7  from pybricks.tools import wait, StopWatch, DataLog
8  from pybricks.robotics import DriveBase
9  from pybricks.media.ev3dev import SoundFile, ImageFile
10
11 Color = ColorSensor(Port.S3)
12 RIGHT_MOTOR = Motor(Port.B)
13 LEFT_MOTOR = Motor(Port.C)
14
15 THRESHOLD = 10
16 C_V = 300
17 Gain = 0.7
18
19 while True:
20     light_value = Color.reflection()
21     LEFT_MOTOR.run(C_V+(light_value-THRESHOLD) * Gain)
22     RIGHT_MOTOR.run(C_V-(light_value-THRESHOLD) * Gain)
```

> 오른편의 검정선을 따라가는 것이므로 light_value가 클 때는 왼쪽 바퀴는 빠르게, 오른쪽 바퀴는 느리게 달려서 오른쪽으로 가도록 한다.
> 반대로 light_value가 작을 때는 왼쪽 바퀴는 느리게, 오른쪽 바퀴는 빠르게 달려서 왼쪽으로 가도록 한다.

15–17 비례제어를 위한 변수 값을 저장한다.

20 컬러 센서의 측정 값을 저장한다.

21–22 센서에서 측정한 값을 활용한 값으로 모터 출력을 설정한다. 오른쪽에 검은 선이 있으므로 어두워지면 왼쪽으로, 밝아지면 오른쪽으로 회전한다.

다음은 터치 센서를 한 번 누르면 흰색 밝기 입력, 다시 한번 누르면 검은색 밝기 입력 후 문턱 값(TRESHOLD)을 추출, 다시 한번 누르면 문턱 값을 이용하여 라인 트레이싱을 하는 코드이다.

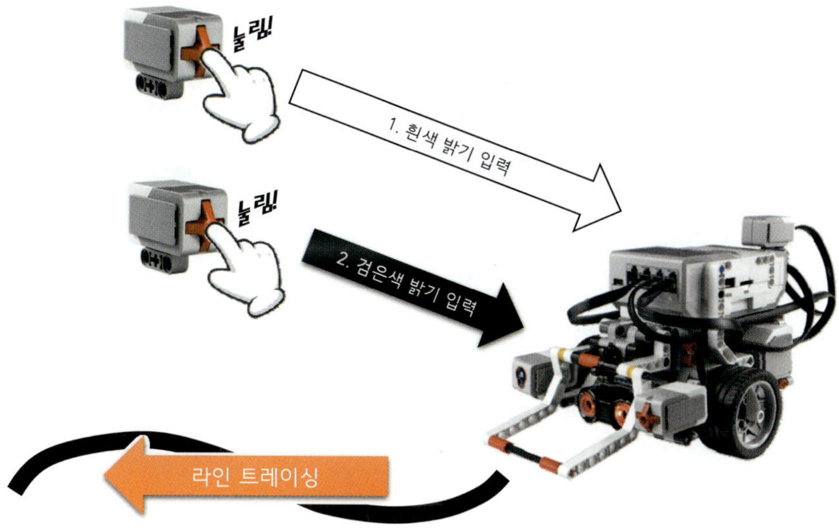

그림 15-5 터치로써 밝기 감지

실습 15-8 15_8_threshhold_by_touch.py 터치센서 이용하여 Threshhold값 읽기

```
#!/usr/bin/env pybricks-micropython
from pybricks.hubs import EV3Brick
from pybricks.ev3devices import (Motor, TouchSensor, ColorSensor,
                                 InfraredSensor, UltrasonicSensor, GyroSensor)
from pybricks.parameters import Port, Stop, Direction, Button, Color
from pybricks.tools import wait, StopWatch, DataLog
from pybricks.robotics import DriveBase
from pybricks.media.ev3dev import SoundFile, ImageFile

RIGHT_MOTOR = Motor(Port.B)
LEFT_MOTOR = Motor(Port.C)

Color = ColorSensor(Port.S3)
Touch = TouchSensor(Port.S1)

while(Touch.pressed() == 0): { }
while(Touch.pressed() == 1): { }
bright = Color.reflection()
print(bright)
while(Touch.pressed() == 0): { }
while(Touch.pressed() == 1): { }
```

터치 센서를 눌렀다 떼면 통과되는 코드

```
22 dark = Color.reflection()
23 print(dark)
24 threshold = (bright + dark)/2
25 while(Touch.pressed() == 0): { }
26 while(Touch.pressed() == 1): { }
27 while True:
28     light_value = Color.reflection()
29     if (light_value > threshold):
30         RIGHT_MOTOR.run(0)
31         LEFT_MOTOR.run(300)
32     else:
33         RIGHT_MOTOR.run(300)
34         LEFT_MOTOR.run(0)
```

터치 센서를 눌렀다 떼면 통과되는 코드

16–17	터치센서가 눌렸다 떨어지면 통과되는 코드이다.
18–19	밝았을 때의 값을 저장하고 출력한다.
20–21	터치센서가 눌렸다 떨어지면 통과되는 코드이다.
22–23	어두울 때의 값을 저장하고 출력한다.
24	밝을 때의 값과 어두울 때의 값의 평균으로 threshold 값을 설정한다.
29	현재 컬러센서의 값을 저장한다.
29–34	측정 값이 treshold 값보다 높으면 시계 방향으로 회전을 하고, 낮으면 반시계 방향으로 회전한다.

다음은 라인 트레이싱을 하는 중 로봇이 벽에 닿으면(터치센서가 눌리면) 주행 시간을 출력하는 코드이다.

실습 15-9 15_9_linetracing_stop_by_touch.py 터치되면 멈추는 라인트레이싱

```
#!/usr/bin/env pybricks-micropython
from pybricks.hubs import EV3Brick
from pybricks.ev3devices import (Motor, TouchSensor, ColorSensor,
                                 InfraredSensor, UltrasonicSensor, GyroSensor)
from pybricks.parameters import Port, Stop, Direction, Button, Color
from pybricks.tools import wait, StopWatch, DataLog
from pybricks.robotics import DriveBase
from pybricks.media.ev3dev import SoundFile, ImageFile
```

```
9   import time
10
11  RIGHT_MOTOR = Motor(Port.B)
12  LEFT_MOTOR = Motor(Port.C)
13
14  Color = ColorSensor(Port.S3)
15  Touch = TouchSensor(Port.S1)
16
17  ev3 = EV3Brick()
18
19  start = time.time() # 시작시간 기록
20
21  while(Touch.pressed() == 0):
22      if (Color.ambient() > 10):
23          RIGHT_MOTOR.run(500)
24          LEFT_MOTOR.run(0)
25      else:
26          RIGHT_MOTOR.run(0)
27          LEFT_MOTOR.run(500)
28  RIGHT_MOTOR.run(0)
29  LEFT_MOTOR.run(0)
30
31  end = time.time() - start # 현재시간에서 시작시간을 빼 경과시간 저장
32  ev3.screen.draw_text(end)
```

시간을 재고 싶은 영역이 시작하는 곳에서 시각을 재서 변수에 저장해 놓고 영역이 끝나는 곳에서 다시 시각을 재서 차이를 구한다.

9	time 모듈을 import 한다.
19	프로그램이 시작하는 시간을 저장한다.
21–29	EV3가 검은 선을 따라 라인 트레이싱을 한다. 버튼이 눌리면 동작을 정지한다.
31	로봇이 정지했을 때의 시간에서 프로그램 시작 시간을 뺀다.
32	ev3 display에 주행 시간을 출력한다.

이번에는 컬러 센서 2개를 이용하여 문턱값 설정 후 라인 트레이싱 하다가 앞에 가로지른 검은 선을 만나면 멈추도록 해 보자. 이 때는 검은 선이 2개의 컬러 센서 사이에 오도록 하고 운행한다. 두 컬러 센서가 선의 두께에 비해 너무 멀리 떨어져 있을 경우에는 로봇이 심하게 좌우로 흔들려서 컬러 센서를 2개 이용하는 의미가 적어지게 된다. 반대로 두 컬러 센서가 너무 가까운 경우에는 동시에 검은 선을 인식하여 오동작할 가능성이 있다. 그러므로 간격을 적절히 조정하여 유연하고 빠르게 라인 트레이싱 하도록 만들어 보자.

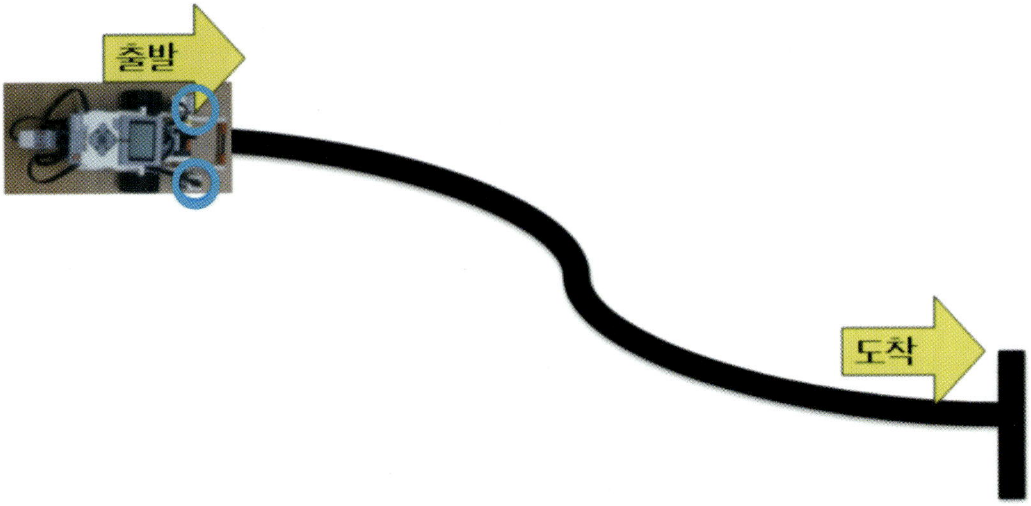

그림 15-6 2센서 라인 트레이싱

실습 15-10 15_10_two_sensor_linetracing.py 2센서 라인트레이싱

```
#!/usr/bin/env pybricks-micropython
from pybricks.hubs import EV3Brick
from pybricks.ev3devices import (Motor, TouchSensor, ColorSensor,
                                 InfraredSensor, UltrasonicSensor, GyroSensor)
from pybricks.parameters import Port, Stop, Direction, Button, Color
from pybricks.tools import wait, StopWatch, DataLog
from pybricks.robotics import DriveBase
from pybricks.media.ev3dev import SoundFile, ImageFile
import time

LEFT_COLOR = ColorSensor(Port.S1)
RIGHT_COLOR = ColorSensor(Port.S3)
LEFT_MOTOR = Motor(Port.B)
RIGHT_MOTOR = Motor(Port.C)

THRESHHOLD = 30
while True:
    left_value = LEFT_COLOR.reflection()
    rlight_value = RIGHT_COLOR.reflection()
```

2개의 컬러센서에서 각각 반사광을 읽음.

```
20      if left_value > THRESHHOLD:
21          if rlight_value > THRESHHOLD:
22              LEFT_MOTOR.run(300)
23              RIGHT_MOTOR.run(300)
24          else:
25              LEFT_MOTOR.run(300)
26              RIGHT_MOTOR.run(0)
27      else:
28          if rlight_value > THRESHHOLD:
29              LEFT_MOTOR.run(0)
30              RIGHT_MOTOR.run(300)
31          else:
32              LEFT_MOTOR.run(0)
33              RIGHT_MOTOR.run(0)
34              break
35  brick.sound.beep()
36  wait(2000)
```

2개의 컬러센서 감지 값에 따른 동작

20–21 왼쪽과 오른쪽이 모두 흰색.

22–23 검은 선이 정확히 2개의 컬러 센서 사이에 있는 것이므로 직진한다.

24 왼쪽은 흰색, 오른쪽은 검은색.

25–26 왼편으로 치우쳐서 오른쪽 센서가 검은 선을 감지한 것이므로 우회전 한다.

27–28 왼쪽은 검은색, 오른쪽은 흰색.

29–30 오른편으로 치우쳐서 왼쪽 센서가 검은 선을 감지한 것이므로 좌회전 한다.

31 왼쪽은 검은색, 오른쪽도 검은색.

32–34 도착 지점을 감지했으므로 프로그램 종료되도록 바퀴를 멈추고 break 한다.

지금까지 reflection() 메소드를 이용해 컬러 센서로 반사광을 측정했지만 컬러 센서는 반사광 뿐만 아니라 색을 검출할 수도 있다. color() 메소드를 이용해서 검정부터 갈색까지 총 7가지의 색 검출이 가능하다. 다음은 1초에 한번 색을 검출하는 코드이다.

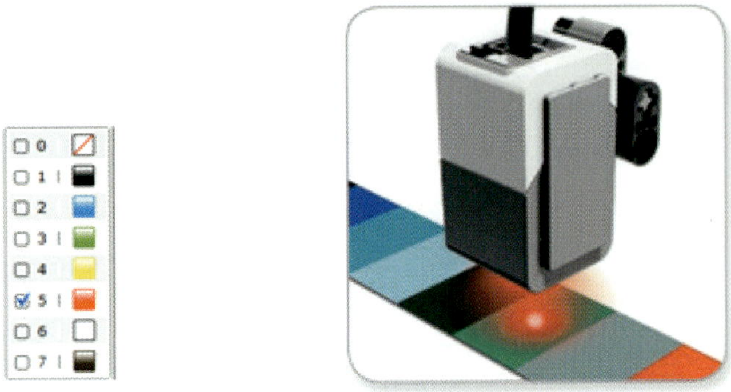

그림 15-7 색깔 감지

실습 15-11 15_11_color.py 색깔 감지

```
#!/usr/bin/env pybricks-micropython
from pybricks.hubs import EV3Brick
from pybricks.ev3devices import (Motor, TouchSensor, ColorSensor,
                                 InfraredSensor, UltrasonicSensor,
                                 GyroSensor)
from pybricks.parameters import Port, Stop, Direction, Button, Color
from pybricks.tools import wait, StopWatch, DataLog
from pybricks.robotics import DriveBase
from pybricks.media.ev3dev import SoundFile, ImageFile
Color = ColorSensor(Port.S3)

while True:
    print(Color.color())
    wait(1000)
```

ColorSensor() 클래스의 color() 메소드를 사용하여 1초에 한번 씩 검출한 색을 출력.

다음은 컬러 센서 검출 값에 따른 EV3 제어 코드이다. 빨간색 검출 시 brick 라이트를 빨간색으로, 녹색 검출 시 녹색으로, 그 외의 값 검출 시 brick 라이트를 끈다.

* pybrick v2로 업데이트되면서 기존 색상의 입력과 출력이 숫자에서 Color 클래스의 파라미터로 변환되었다. 파라미터로는 BLACK, BLUE, GREEN, YELLOW, RED, WHITE. BROWN 등이 있다.

실습 15-12 15_12_color_to_light.py 색깔을 라이트로 표시

```
1  #!/usr/bin/env pybricks-micropython
2  from pybricks.hubs import EV3Brick
3  from pybricks.ev3devices import (Motor, TouchSensor, ColorSensor,
4                                   InfraredSensor, UltrasonicSensor, GyroSensor)
5  from pybricks.parameters import Port, Stop, Direction, Button, Color
6  from pybricks.tools import wait, StopWatch, DataLog
7  from pybricks.robotics import DriveBase
8  from pybricks.media.ev3dev import SoundFile, ImageFile
9
10 ColorValue = ColorSensor(Port.S3)
11
12 ev3 = EV3Brick()
13
14 while True:
15     color = ColorValue.color()
16     if color == Color.RED:
17         ev3.light.on(Color.RED)
18         wait(1000)
19         print("RED")
20     elif color == Color.GREEN:
21         ev3.light.on(Color.GREEN)
22         wait(1000)
23         print("GREEN")
24     else:
25         ev3.light.off()
26         wait(100)
```

- 15: 컬러 센서에서 인지한 색을 저장
- 16–19: 컬러 센서에서 빨간색을 인지하면 ev3 light에 빨간 불
- 20–23: 컬러 센서에서 초록색을 인지하면 ev3 light에 초록 불
- 24–26: 16, 20 조건에 해당되지 않는 값이 인지되면 불을 끈다

다음 코드는 컬러 센서에 인식되는 값을 Visual Studio Code 터미널에 띄우는 코드이다.

실습 15-13 15_13_color_to_terminal.py 색깔을 터미널로 출력

```
#!/usr/bin/env pybricks-micropython
from pybricks.hubs import EV3Brick
from pybricks.ev3devices import (Motor, TouchSensor, ColorSensor,
                                 InfraredSensor, UltrasonicSensor, GyroSensor)
from pybricks.parameters import Port, Stop, Direction, Button, Color
from pybricks.tools import wait, StopWatch, DataLog
```

```
from pybricks.robotics import DriveBase
from pybricks.media.ev3dev import SoundFile, ImageFile

ColorValue = ColorSensor(Port.S3)

while True:
    color = ColorValue.color()
    if color == Color.RED:
        print("RED")
        wait(500)
    elif color == Color.BLUE:
        print("BLUE")
        wait(500)
    elif color == Color.GREEN:
        print("GREEN")
        wait(500)
    elif color == Color.YELLOW:
        print("YELLOW")
        wait(500)
    elif color == Color.RED:
        print("RED")
        wait(500)
    elif color == Color.WHITE:
        print("WHITE")
        wait(500)
    elif color == Color.BROWN:
        print("BROWN")
        wait(500)
```

컬러 센서에서 인지한 색을 저장

각 색에 해당되는 값이 검출되면 해당 색을 출력하고 500 밀리초 동안 대기

다음은 rgb() 함수를 이용해서 색의 RGB 값을 얻는 코드이다.

실습 15-14 15_14_rgb_read.py RGB값 읽기

```
#!/usr/bin/env pybricks-micropython
from pybricks.hubs import EV3Brick
from pybricks.ev3devices import (Motor, TouchSensor, ColorSensor,
                                 InfraredSensor, UltrasonicSensor, GyroSensor)
from pybricks.parameters import Port, Stop, Direction, Button, Color
from pybricks.tools import wait, StopWatch, DataLog
```

```python
from pybricks.robotics import DriveBase
from pybricks.media.ev3dev import SoundFile, ImageFile

ColorValue = ColorSensor(Port.S3)

while True:
    RGB = ColorValue.rgb()
    print(RGB)
    wait(500)
```

컬러 센서에서 읽을 RGB값을 변수에 저장. 값은 (r, g, b) 형태의 튜플로 나온다.

정리 요약

(1) EV3의 컬러 센서를 이용하여 빛의 강도나 색상을 감지할 수 있다.

(2) 컬러 센서에는 컬러 모드, 반사광 강도 모드, 주변광 강도 모드가 있다.

(3) ColorSensor 클래스의 color(), rgb()를 이용하여 컬러를 감지, reflection()을 이용하여 반사광 감지, ambient()를 이용하여 주변광 감지를 할 수 있다.

(4) 반사광의 threshhold 값을 이용하여 검은 선의 개수를 세거나 검은 선 따라 주행하기를 할 수 있다.

(5) 검은 선 따라 주행 시에 비례제어를 통하여 보다 부드럽고 빠르게 주행할 수 있다.

맞을까? 틀릴까?

EV3 컬러 센서는 바퀴보다 높은 위치에 조립해야 정확한 감도를 유지할 수 있다. (○ , ×)

왜냐하면____________________________

EV3 컬러 센서에서 RGB값을 읽으면 red, green, blue 3개 값의 튜플로써 RGB값이 표현된다. (○ , ×)

왜냐하면____________________________

연습문제 15

(1) "두 번째 검정 선을 만나면 정지하는 동작을 수행하는 코드"에서는 하나의 검정 선을 지날 때 여러 번 카운트되지 않도록 검정선을 인식한 후 1초를 쉬었다. 그러나 선이 두꺼워서 지나는 데 시간이 더 걸린다면 역시 2번 이상 카운트 하게 된다. 선의 두께가 일정치 않더라도 안전하게 카운트 할 수 있게 수정하시오.

과제 15

(1) 컬러센서 2개를 사용하여 왼편에 있는 검은 선을 따라 라인 트레이싱하다가 파란선을 만나면 정지하는 프로그램을 작성하시오.

[힌트] 컬러센서 2개 중 1개는 반사광 모드로, 다른 1개는 컬러 모드로 사용하자.

부 록

A. Visual Studio Code 설치 및 사용법
B. 연습문제 정답

A Visual Studio Code 설치 및 사용법

파이썬을 사용하기 위해서는 당연히 파이썬을 설치해야 한다. 하지만 파이썬에서 제공하는 기본 개발환경은 사용이 불편하므로 Visual Studio Code를 설치하여 개발 환경으로 사용한다. Visual Studio Code는 통합 개발환경의 일종으로서 단순한 소스 코드 편집은 물론 구문 해석에 따른 텍스트 색 표시, 디버깅 등 개발에 필요한 광범위한 기능을 제공한다.

Visual Studio Code는 확장팩을 설치하여 다양한 프로그래밍 언어를 지원할 수 있다. 그러므로 Python 언어 사용을 위한 확장팩을 설치한 후 Visual Studio Code에서 Python 프로그래밍하도록 한다.

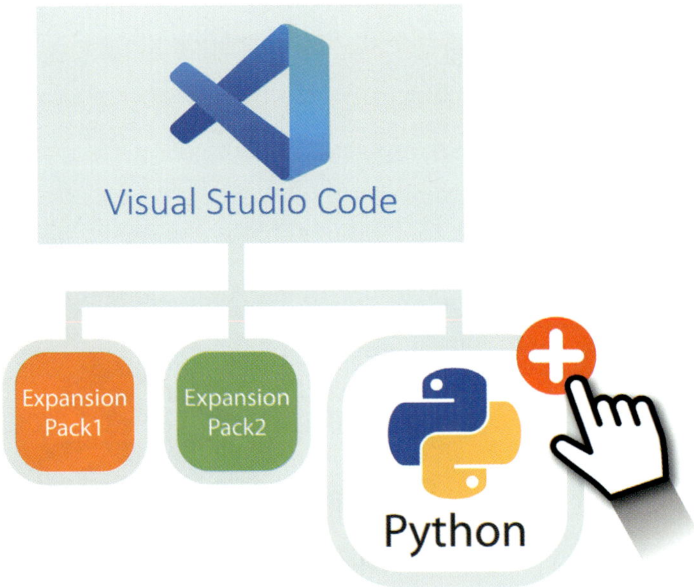

그림 A-1 Python 개발 환경 만들기

A.1 Visual Studio Code 설치 방법

설치하는 프로그램들 각각의 역할과 상관관계를 설명!

① Visual Studio Code 홈페이지(https://code.visualstudio.com)에 들어가 다음과 같이 설치파일을 받는다. 웹페이지에서는 사용 중인 운영체제에 맞는 설치파일을 추천해 주며 아래 예시는 윈도우에서 설치하는 예이다. 설치파일 이름은 "VSCodeUserSetup-x64-1.53.2.exe"와 같은 형식이며 버전 번호는 바뀔 수 있다.

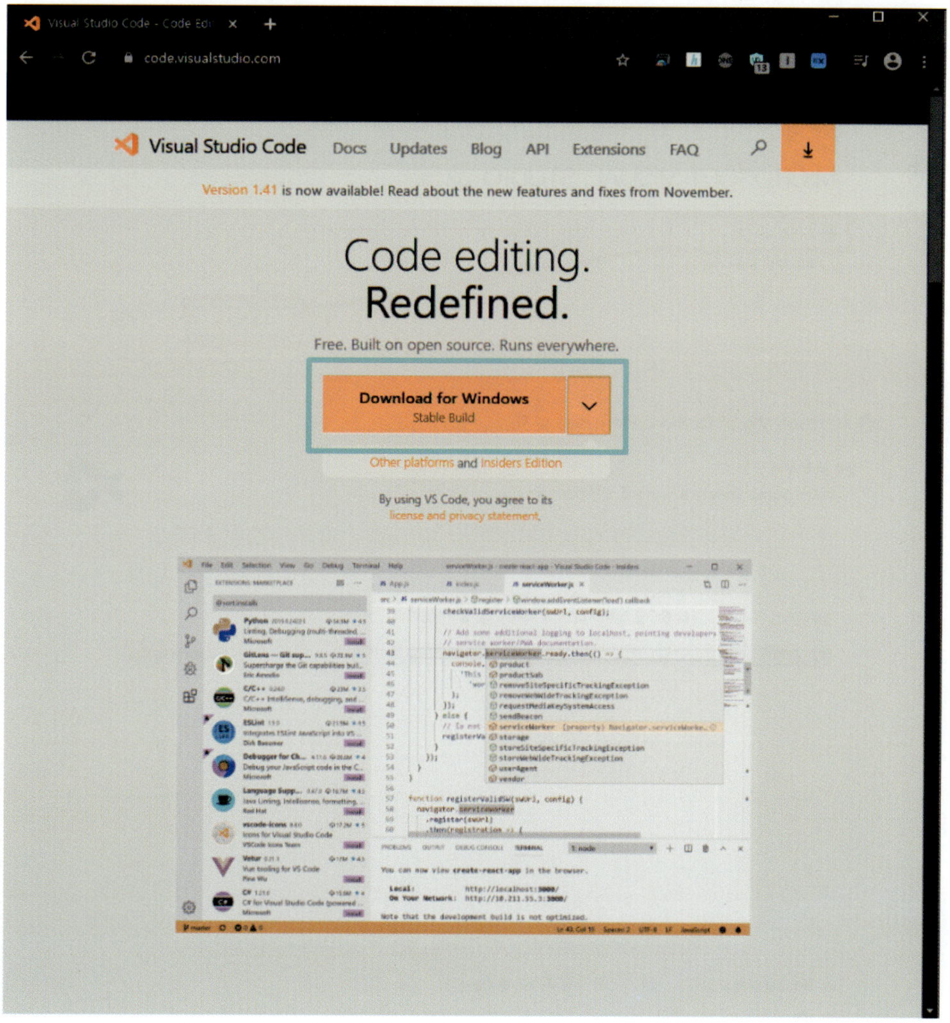

그림 A-2 Visual Studio Code 홈페이지

② Visual Studio Code 홈페이지에서 받은 설치파일을 실행한다. 설치파일을 실행하면 그림 A-3과 같이 설치화면이 나타나며 순서에 따라 Visual Studio Code를 설치할 수 있다.

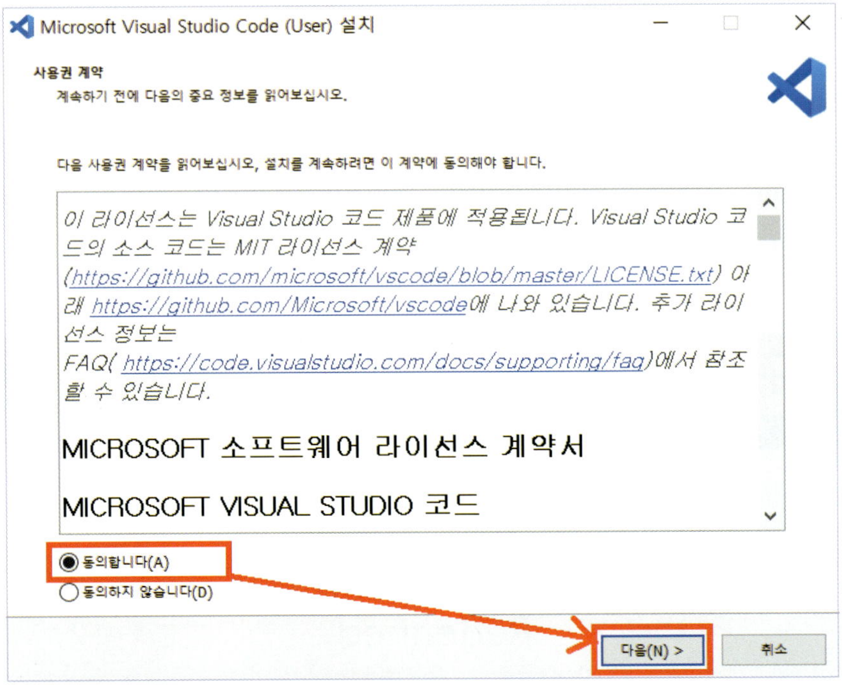

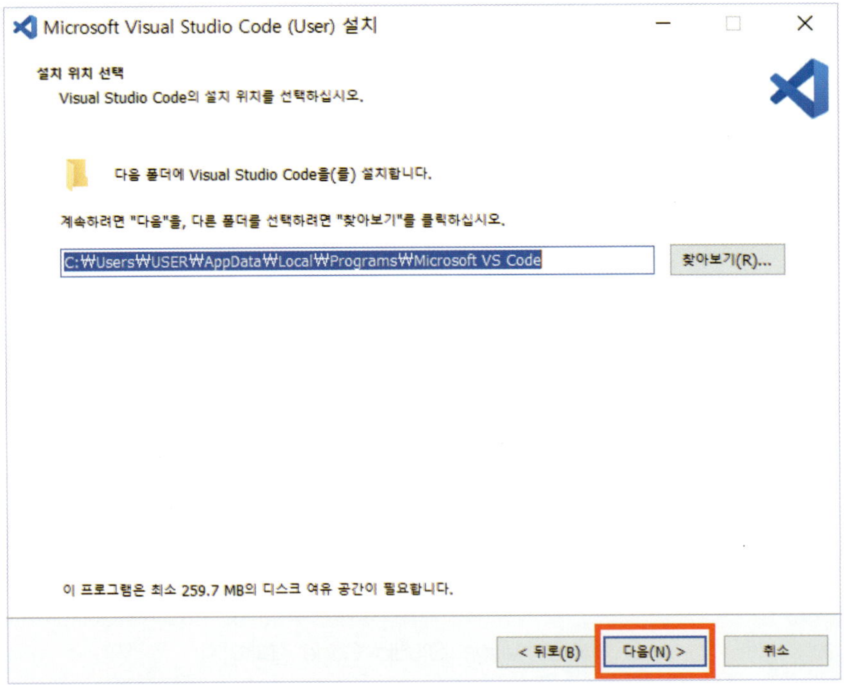

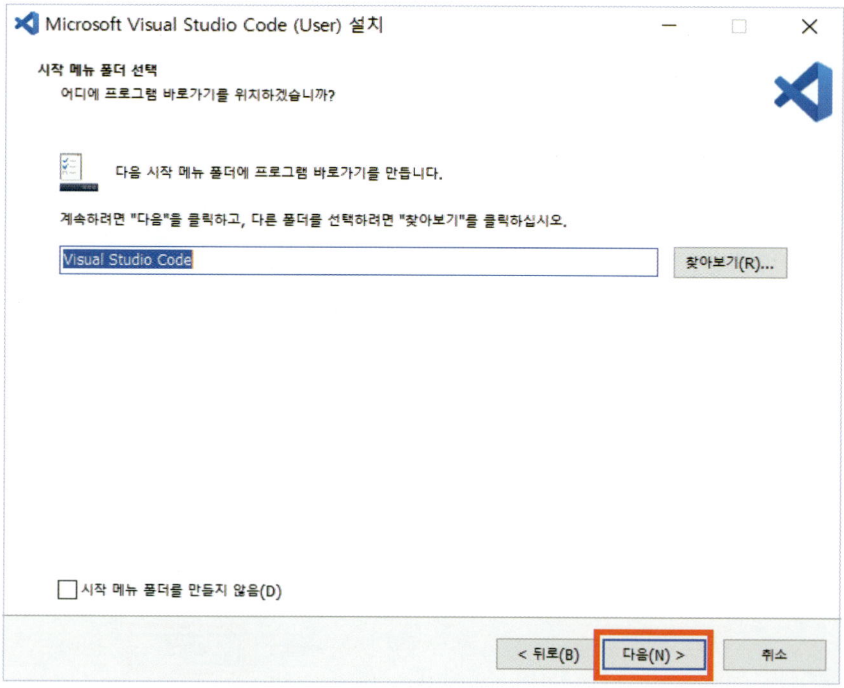
Microsoft Visual Studio Code (User) 설치
시작 메뉴 폴더 선택
어디에 프로그램 바로가기를 위치하겠습니까?
다음 시작 메뉴 폴더에 프로그램 바로가기를 만듭니다.
계속하려면 "다음"을 클릭하고, 다른 폴더를 선택하려면 "찾아보기"를 클릭하십시오.
Visual Studio Code
찾아보기(R)...
시작 메뉴 폴더를 만들지 않음(D)
< 뒤로(B)
다음(N) >
취소

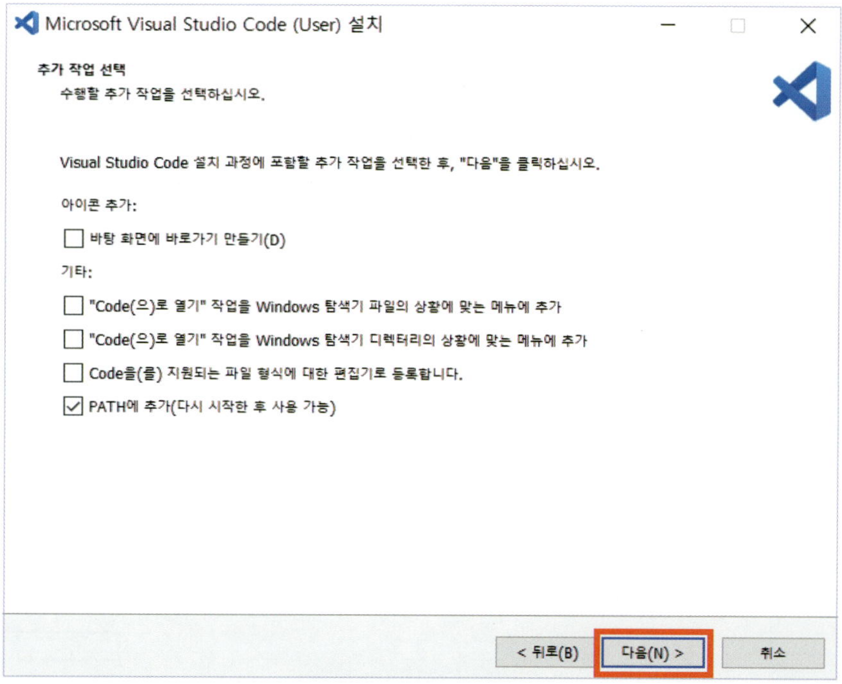
Microsoft Visual Studio Code (User) 설치
추가 작업 선택
수행할 추가 작업을 선택하십시오.
Visual Studio Code 설치 과정에 포함할 추가 작업을 선택한 후, "다음"을 클릭하십시오.
아이콘 추가:
바탕 화면에 바로가기 만들기(D)
기타:
"Code(으)로 열기" 작업을 Windows 탐색기 파일의 상황에 맞는 메뉴에 추가
"Code(으)로 열기" 작업을 Windows 탐색기 디렉터리의 상황에 맞는 메뉴에 추가
Code을(를) 지원되는 파일 형식에 대한 편집기로 등록합니다.
PATH에 추가(다시 시작한 후 사용 가능)
< 뒤로(B)
다음(N) >
취소

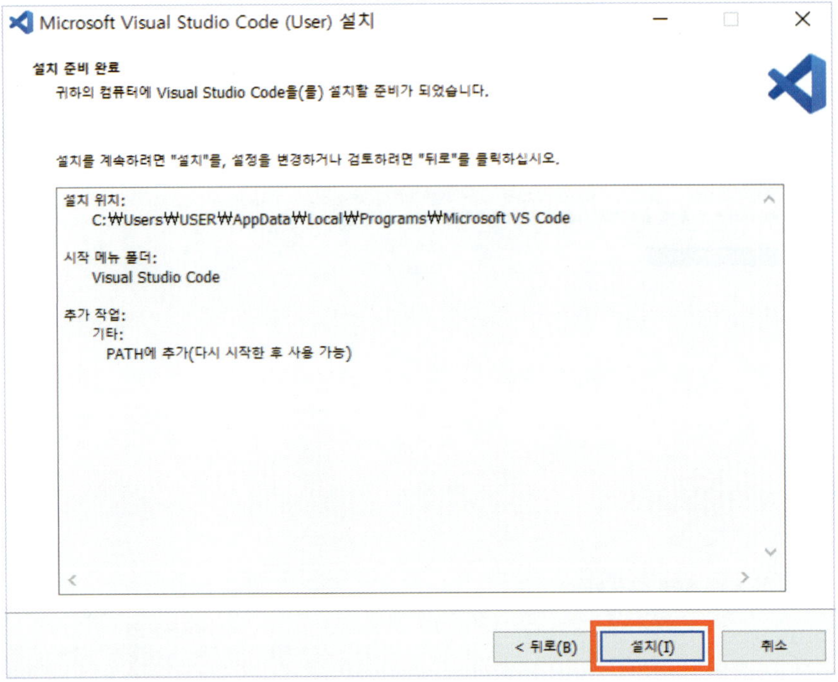
Microsoft Visual Studio Code (User) 설치
설치 준비 완료
귀하의 컴퓨터에 Visual Studio Code을(를) 설치할 준비가 되었습니다.
설치를 계속하려면 "설치"를, 설정을 변경하거나 검토하려면 "뒤로"를 클릭하십시오.
설치 위치:
C:\Users\USER\AppData\Local\Programs\Microsoft VS Code
시작 메뉴 폴더:
Visual Studio Code
추가 작업:
기타:
PATH에 추가(다시 시작한 후 사용 가능)
< 뒤로(B)
설치(I)
취소

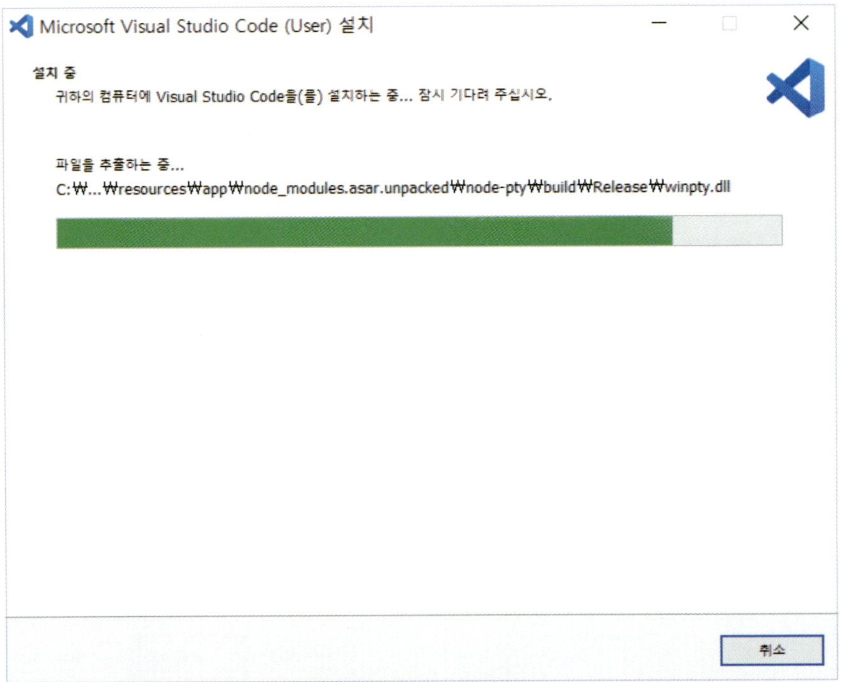
Microsoft Visual Studio Code (User) 설치
설치 중
귀하의 컴퓨터에 Visual Studio Code을(를) 설치하는 중... 잠시 기다려 주십시오.
파일을 추출하는 중...
C:\...\resources\app\node_modules.asar.unpacked\node-pty\build\Release\winpty.dll
취소

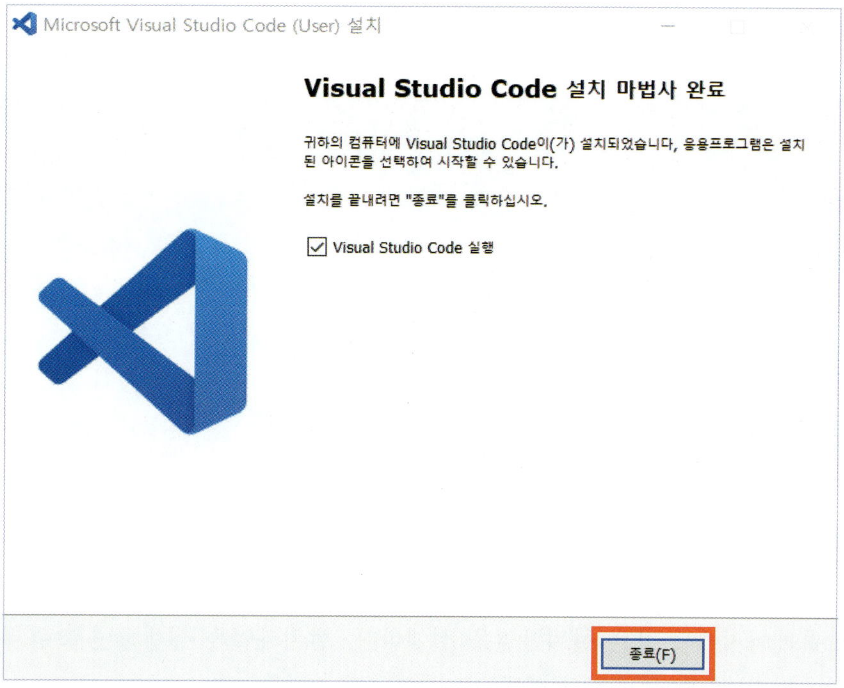

그림 A-3 Visual Studio Code 설치화면

A.2 파이썬 설치하기

Python을 사용하기 위해서 Python 기본 패키지를 설치해야 한다.

① Python 홈페이지(https://www.python.org/)에 접속하여 다음과 같이 기본 패키지 설치 파일을 다운 받는다. 설치파일 이름은 "python-3.9.1-amd64.exe"와 같은 형식이며 버전 번호는 바뀔 수 있다.

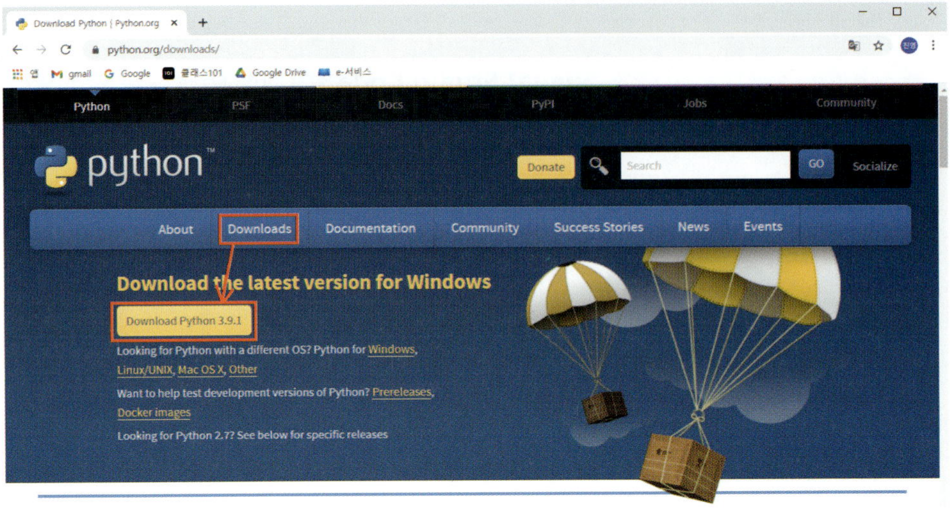

그림 A-4 Python 홈페이지

② Python 홈페이지에서 받은 설치파일을 실행한다. 설치파일을 실행하면 그림 A-5와 같이 설치화면이 나타나며 Python을 설치할 수 있다.

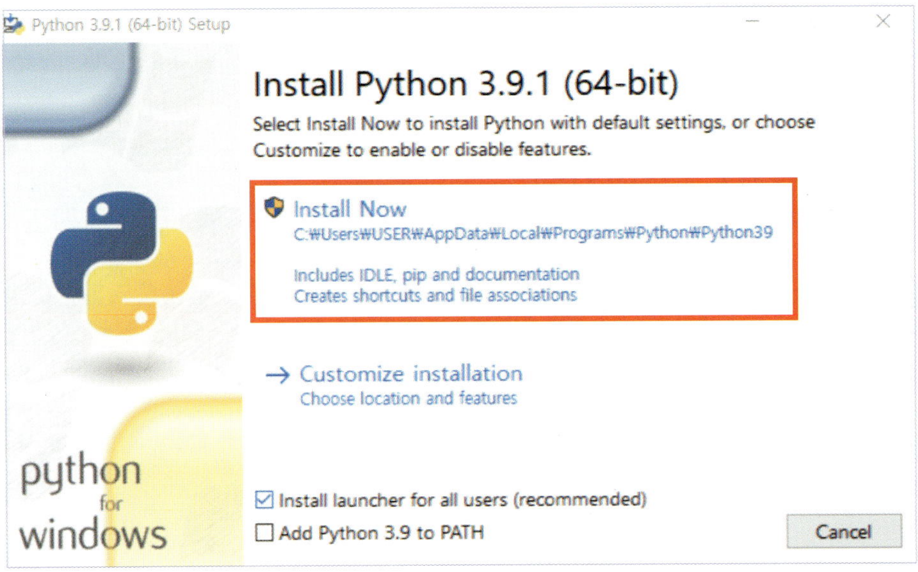

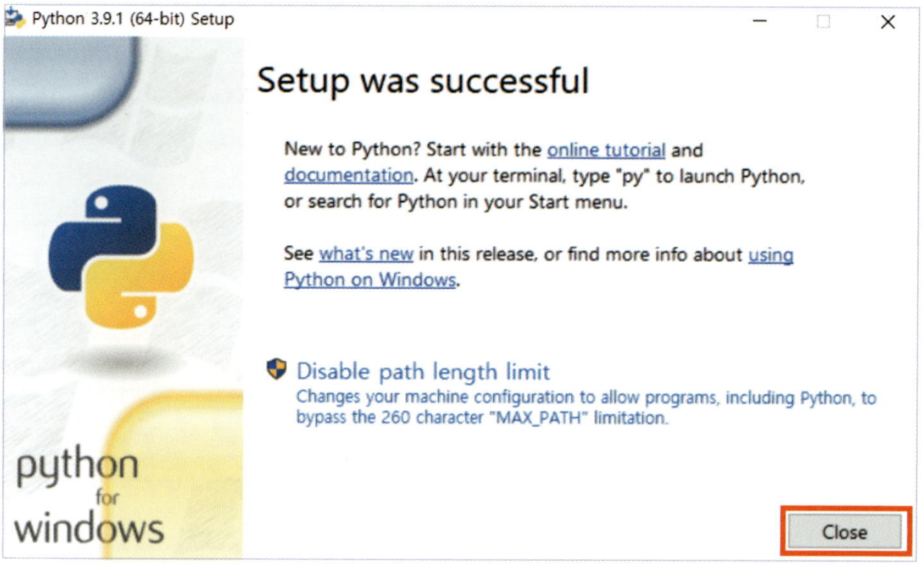

그림 A-5　Python 설치화면

A.3 Visual Studio Code에서 Python 개발환경 만들기

Visual Studio Code에서 Python 구문을 해석하고 디버깅하기 위해서 Python 확장프로그램을 설치해야 한다. Visual Studio Code를 실행시키고 EXTENSIONS 탭을 선택하여 확장프로그램을 설치할 수 있다.

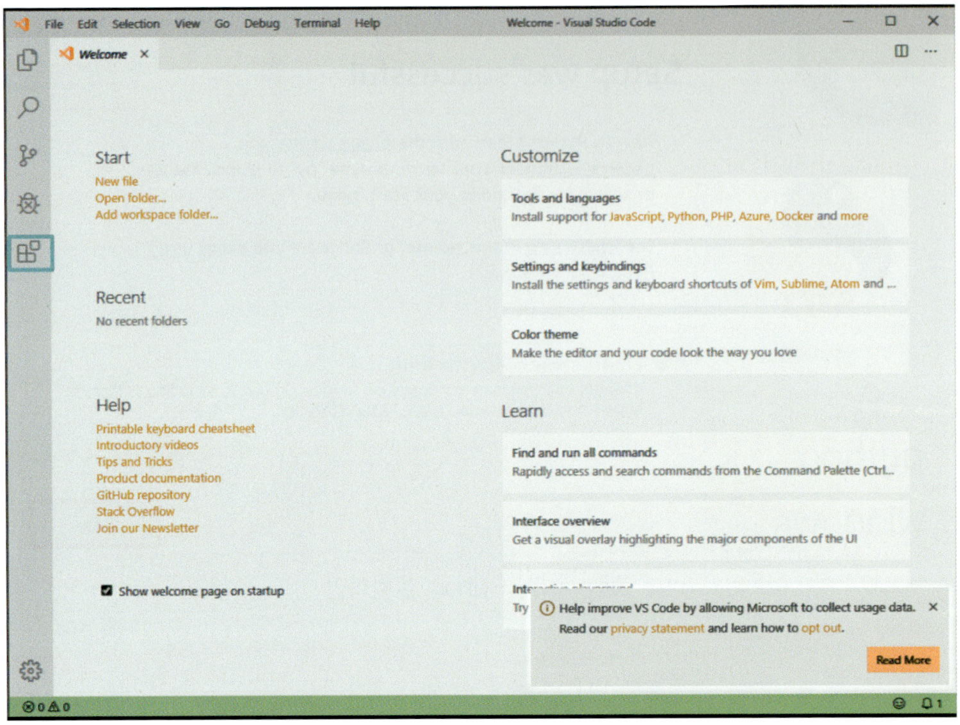

그림 A-6 Visual Studio Code 실행 화면

EXTENSIONS 탭을 선택한 상태에서 검색창에 “Python”을 검색하여 “Python extension for Visual Studio Code” 확장팩을 설치한다.

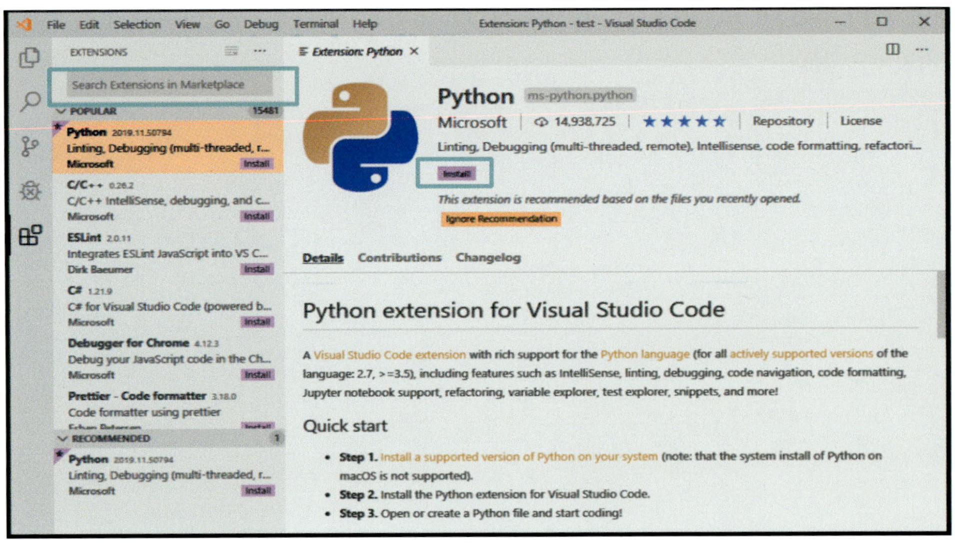

그림 A-7 EXTENSION 탭 화면

A.4 기본 사용법

Visual Studio Code에서는 폴더별로 파일들을 관리해 준다. 그러므로 빈 폴더를 먼저 생성해 놓고 Visual Studio Code에서 그 폴더를 열도록 한다. 폴더를 연 후로는 Visual Studio Code 안에서 파일을 생성, 편집, 삭제하며 관리할 수 있다.

① 윈도우 탐색기에서 작업할 신규 폴더를 생성한다. 신규 생성했으므로 빈 폴더 상태이다.

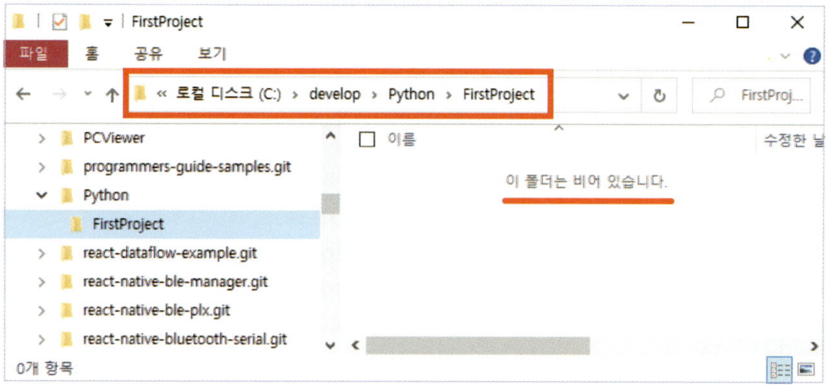

그림 A-8 빈 폴더 생성(FirstProject)

② Visual Studio Code를 실행시키고 Explorer 탭을 선택한 후 "폴더 열기" 선택하여 위에서 생성한 신규 폴더를 지정한다.

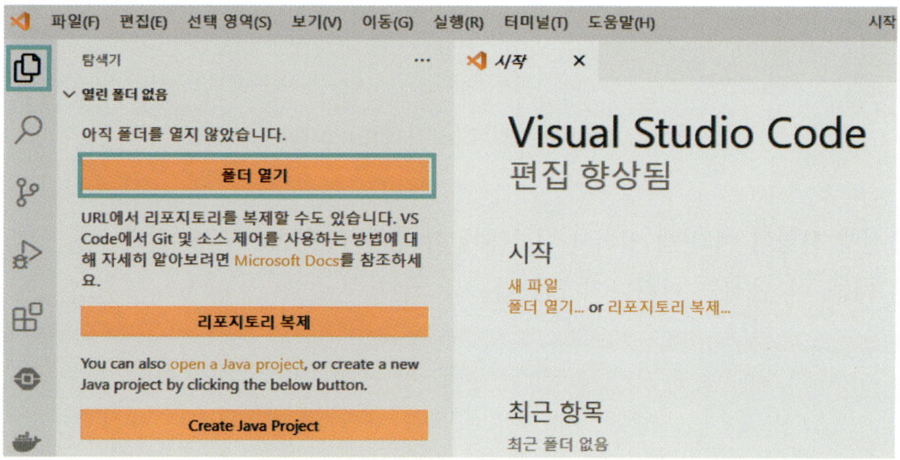

그림 A-9 빈 폴더(FistProject) 열기

③ “새 파일”을 선택하고 파일명을 입력한다. 아래는 test.py로 입력한 예이다.

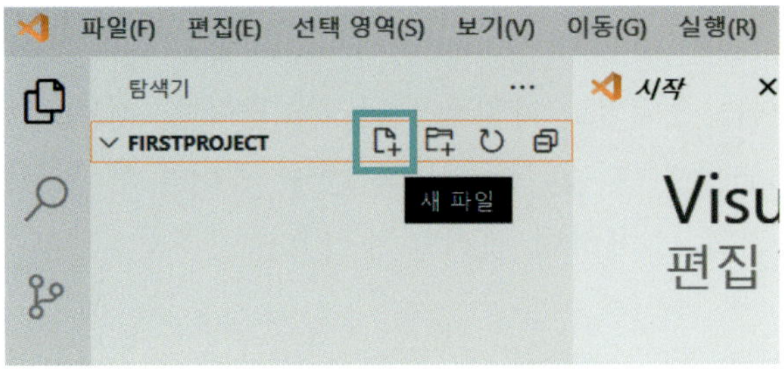

그림 A-10 FIRSTPROJECT 폴더에서 새 파일

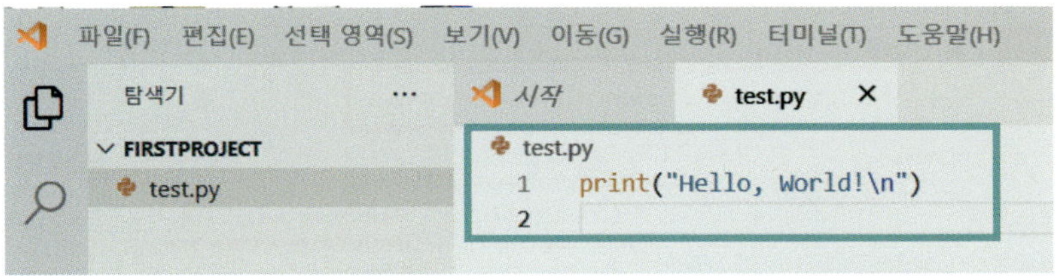

그림 A-11 FIRSTPROJECT 폴더에 test.py 파일 작성

④ test.py파일에 실행할 Python 코드를 입력한다.

⑤ 메뉴에서 “실행” → “디버깅 없이 실행”을 선택하거나 Control+F5 키를 사용하여 프로그램을 실행시킨다.

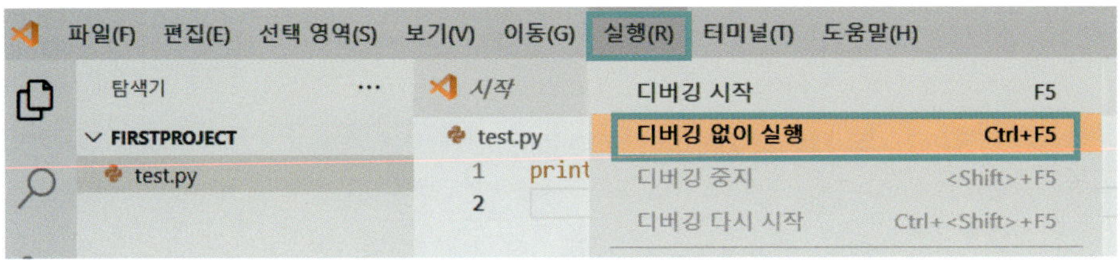

그림 A-12 디버깅 없이 실행

⑥ 이때 실행 환경이 여러 개 있어서 선택해야 할 경우에는 “Python”을 선택한다. 실행 환경이 1가지일 때는 이 단계는 나타나지 않는다.

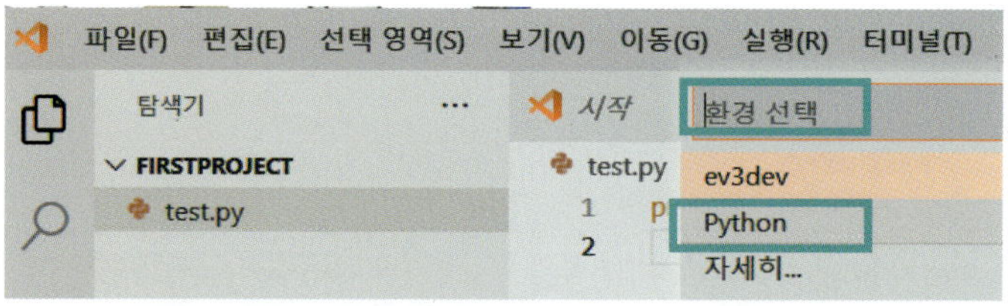

그림 A-13 디버깅 없이 실행 시 환경 선택

⑦ "터미널" 창에서 출력 결과를 확인한다.

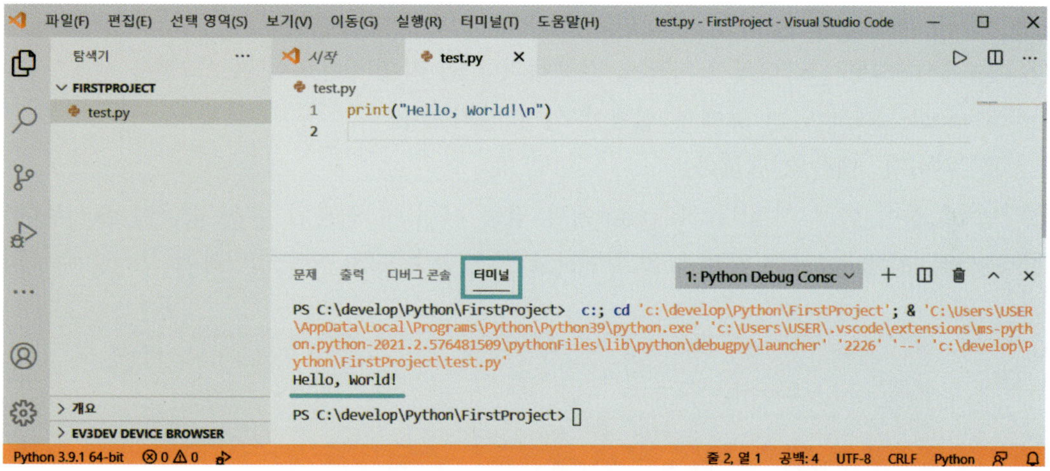

그림 A-14 실행 시 출력 결과 확인

A.5 디버깅 방법

① 실행 시에 멈추고 싶은 곳에 break point를 잡는다. break point는 해당 줄에 커서를 놓고 F9 키로써 설정/해제할 수 있다. 또는 해당 줄의 왼편을 클릭하여 설정/해제할 수 있다.

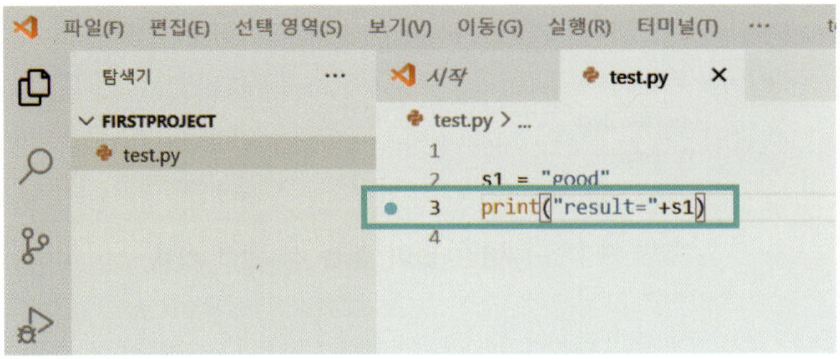

그림 A-15 break point 설정

② 메뉴에서 "실행" → "디버깅 시작"을 선택하거나 F5 키를 사용하여 프로그램을 실행시킨다.

ⓐ break point 있는 곳에서 실행이 일시 정지된다.

ⓑ "디버깅" 탭을 선택한다.

③ "변수" 창에 현재 시점(break point에서 멈춘 시점)에 연관된 변수 값들이 표시된다.

④ "조사식" 창에 "식 추가"하여 값을 확인하고 싶은 변수 또는 식을 입력하여 확인할 수 있다.

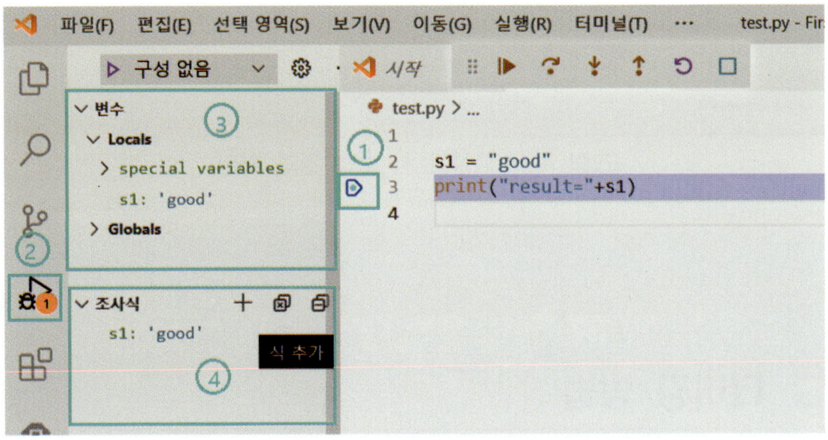

그림 A-16 디버깅 탭

B 연습문제 정답

연습문제 2.1

(1) 정수끼리의 연산 결과는 정수로, 실수가 참여한 연산의 결과는 실수로 나온다.

```
>>> 2+3
5
>>> 2+3.0
5.0
>>> 2+3//2
3
>>> 2.0+3//2
3.0
>>> 2+3.0//2
3.0
>>> 2+3//2.0
3.0
>>> 17%5
2
>>> 17.0%5
2.0
>>> 17%5.0
2.0
```

(2) 연산자 우선순위는 **가 가장 높고 * / 가 그 다음으로 높고 + −가 가장 낮다. 단 괄호가 있을 경우에는 괄호 안쪽을 최우선으로 연산한다.

```
>>> 2+3*2**2*2-1
25
>>> (2+3)*2**2*2-1
39
>>> 2+(3*2**2)*2-1
25
>>> 2+3*2**(2*2-1)
26
```

연습문제 2.2

(1) 시장에서 과자(1000원) 2개, 사과(2000원) 3개, 아이스크림(3000원) 3개를 구매할 때 전체 지불해야 할 총 가격과 물건 하나당 평균 가격을 계산하는 프로그램을 작성하시오.

```
>>> cookie=1000; apple=2000; icecream=3000;
>>> sum= 2*cookie+3*apple+3*icecream
>>> sum
17000
>>> ave=sum/8
>>> ave
2125.0
```

(2) 연습문제 (1)의 프로그램에서 부가세 10%가 더 추가되어 지불해야 할 총 가격을 계산하는 프로그램을 작성하시오.

```
>>> sumwithtax=sum*1.10
>>> sumwithtax
18700.0
```

(3) 다음 항목들이 파이썬에서 변수 이름으로 사용할 수 있는지 알아보고 사용할 수 없다면 그 이유를 설명하시오.

① Ace38 (가능)

② ace38 (가능)

③ 38Ace (불가능: 숫자로 시작)

④ _38Ace (가능)

⑤ if (불가능: 키워드)

⑥ for (불가능: 키워드)

⑦ I (가능)

⑧ while (불가능: 키워드)

(4) 다음 조건을 지키며 아래 연산의 결과를 내는 과정을 쓰시오.

[조건1] 변수는 사용하지 않는다.

[조건2] 한 문장에서 한 번만 연산자를 사용한다.

[조건3] 이전 연산의 결과로써 _를 이용한다.

```
2+3*2**2*2-1
```

```
>>> 2+3*2**2*2-1
25
>>> 2**2
4
>>> 3*_
12
>>> _*2
24
>>> 2+_
26
>>> _-1
25
```

연습문제 2.3

B

연습문제 정답

(1) 다음의 #? 위치의 결과값을 예측해보고 실행시켜 결과값과 그 값이 얻어지는 이유를 작성해 보시오.

① -1

② 에러발생(- 연산할 수 있는 자료형이 아님)

```
** 아래는 에러 내용입니다. **
Traceback (most recent call last):
  File "<stdin>", line 1, in <module>
TypeError: unsupported operand type(s) for -: 'str' and 'str'
```

③ -1

<class 'int' >

→ 로우데이터는 문자열이지만 형변환된 int형값이 x에 저장되어 있으므로

④ -1

type(x) #? <class 'str' >

→ 로우데이터는 스트링이며 x, y변수엔 여전히 str형값이 저장되어 있으므로

(2)

+ : 더하기, - : 빼기, * : 곱하기, / : 나누기, // : 나누기(결과가 내림 정수), % : 나머지

(3)

```
a = (a+1) % 3
```

연습문제 2.4

(1)

```
a='If you have a question, it₩'s a "good idea" to try the FAQ, which answers the most commonly asked questions about Python.'
```

(2)

```
>>> print(a)
If you have a question, it's a "good idea" to try the FAQ, which answers the most commonly asked questions about Python.
>>> import sys
>>> print(sys.getsizeof(a))
169
```

(3)

구문	의미
"문자열"	큰따옴표로 문자열 만들기
'문자열'	작은따옴표로 문자열 만들기
'''여러 줄에 걸쳐 문자열 만들기'''	여러 줄로 이루어진 문자열 만들기

(4)

```
print('₩₩₩₩'+'-'*8)
```

연습문제 2.5

(1)

```
>>>
a = [1,2,3]
b = [4,5,6]
a.extend(b)
print(a)
print(b)
```

실행결과

```
[1, 2, 3, 4, 5, 6]
[4, 5, 6]
```

(2)

(a)
>>>
a = [1,2,3]
b = [4,5,6]
c= a + b #c=a.extend(b)
print(a)
print(b)
	(b)
	>>>
	a = [1,2,3]
	a += [4,5,6]
	print(a) #a=a.extend([4,5,6])

[1, 2, 3] [4, 5, 6]	[1, 2, 3, 4, 5, 6]

(3)

함수	a의 값
a.extend(a)	[0, 1, 2, 3, 4, 5, 6, 7, 0, 1, 2, 3, 4, 5, 6, 7]
a.append(10)	[0, 1, 2, 3, 4, 5, 6, 7, 10]
a.insert(3,0)	[0, 1, 2, 0, 3, 4, 5, 6, 7]
a.remove(3)	[0, 1, 2, 4, 5, 6, 7]
a.pop(3)	[0, 1, 2, 4, 5, 6, 7]
a.clear()	[]

(4)

```
c=a[-2:]+b[-2:]
```

연습문제 2.6

(1) 리스트는 프로그램의 실행 중에 그 항목들이 추가될 수 있고, 삭제될 수도 있다. 반면 튜플은 한 번 생성되면 그 항목들이 추가되거나 삭제될 수 없다. 항목들이 고정된다.

(2)

```
>>> mytuple = (10,20,30,40,50)
>>> len(mytuple)
5
>>> mytuple[0]
10
```

(3)

```
b=[('홍길동',10),('김철수',20),('이영희',30)]
```

(4) l1은 내용 수정이 가능하지만 t1은 튜플이므로 내용을 수정할 수 없다.

연습문제 2.7

(1)

d1의 현재 상태	적용할 문장	d1의 다음 상태
{ }	d1['name']='홍길동'	{ 'name' : '홍길동' }
{ 'name' : '홍길동' }	del d1['name']	{ }

연습문제 2.8

(1) Set

(2) ① <class 'dict'> ② <class 'set'>

(3) s3 = (s1-s2) | (s2-s1) 또는 s3 = s1 ^ s2

연습문제 3.1

(1) 다음의 세트에서 현재의 세트항목을 출력하고 'BTS'와 'Rain'의 항목이 존재하는지 확인하는 코드를 작성하고 결과값을 나타내시오.

```
>>> groups = {'redVelvet','BTS','TWICE','SEVENTEEN','OHMYGIRL'}
>>> groups
{'BTS', 'redVelvet', 'SEVENTEEN', 'OHMYGIRL', 'TWICE'}
>>> 'BTS' in groups
```

실행결과

```
True
>>> 'Rain' in groups
False
```

(2)

```
ok = age<=12 or age>=65
```

(3)

```
ok = '사과잼' in d1.values()
```

B

연습문제 정답

연습문제 3.2

(1)

```
>>> spaces=0
>>> stars=7
>>> for i in range(4):
...     print(' '*spaces+'*'*stars)
...     stars=stars-2
...     spaces=spaces+1
...
```

(2)

```
>>> start=0
>>> for i in range(10):
...     for j in range(10):
...         print((start+j)%10, end='')
...     print('')
...     start=(start+1)%10
```

(3)

포맷 문자열 안에서 {1} 대신 {1:d} 와 같이 형식을 지정할 수 있다. 추가로 {1:3d} 와 같이 숫자를 추가하여 3칸을 잡고 오른쪽 정렬하도록 할 수 있다.

(4)

포맷 문자열 안에서 {1} 대신 {} 로만 표시하면 몇 번째인지를 지정하지 않고 값1, 값2,...에서 적힌 순서대로 {} 가 대체된다. 또한 포맷 문자열 안에서 {name} 식으로 표시하고 format(name='홍길동') 과 같이 format 함수의 인자에서 같은 변수명으로써 대체될 값을 지정해 줄 수 있다.

(5)

```
nums=[                    ]
find=int(input('찾을 숫자: '))
count = 0;
for n in nums:
    if n == find:
        count=count+1
print(count)
```

(6)

```
>>> s = ['apple', 'banana', 'chip', 'deli', 'echo', 'fox', 'god', 'hotel', 'inch']
>>> l1=[]
>>> for i in s:
...     if len(i)==4:
...         l1.append(i)
...
>>> l1
['chip', 'deli', 'echo', 'inch']
```

(7)

```
>>>> year = int(input("당신의 출생년도는?"))
age = 2021-year +1
if age>= 15 and age<20 :
      print("아직 당신은 미성년입니다.")
if age==21 :
      print("당신은 올해부터 성년입니다!")
```

연습문제 4.1

(1)

```
>>>  def func(s):
        s[0]=0
        s[-1]=0
>>> st = [1,2,3]
>>> func(st)
>>> st
```

실행결과

```
[0, 2, 0]
```

(2)

```
>>> def func(x) :
     y =(5*x*x ) + (2*x) +10
     return y
print("f(1) =",func(1))
print("f(10) =",func(10))
```

실행결과

```
f(1) = 17
f(10) = 530
```

(3)

1)

```
def printHi():
    for I in range(3):
        print("안녕하세요")
printHi()
```

2)

```
def printHi():
    print("안녕하세요")
for I in range(3):
   printHi()
```

연습문제 4.2

(1) fib2 함수는 피보나치 수열을 항의 값이 100 이하인 것만 리스트로 만들어서 반환한다. 이 함수를 호출하여 반환값을 f100에 받아 출력했으므로 100 이하인 피보나치 항들을 가진 리스트가 출력되는 것을 볼 수 있다.

(2)

```
def printDan(num):
    for n in range(1, 10):
        print(num, 'x', n, '=', num*n)

dan = int(input('단을 입력: '))
printDan(dan)
```

연습문제 4.3

(1)

[프로그램]	[실행 결과]

count = 0
 	
def sum(*a):
    global count
    count = count+1
    sum = 0;
    for i in a:
        sum = sum + i
    return sum
 	
print(sum(100,200))
print(sum(300,400))
print('호출 횟수='+str(count))
	300
	700
	호출 횟수=2

연습문제 5.1

(1)

circle.py 파일 내용

```
PI = 3.14        # 원주율

def ar_circle(rad):       # 원의 넓이를 계산해서 반환하는 함수
    return rad * rad * PI


def ci_circle(rad):       # 원의 둘레를 계산해서 반환하는 함수
    return rad * 2 * PI
```

main.py 파일 내용

```
from circle import ar_circle
from circle import ci_circle

def main():
    r = float(input("반지름 입력: "))
    ar = ar_circle(r)
    print("넓이:", ar)
    ci = ci_circle(r)
    print("둘레:", ci)

main()
```

실행결과

```
반지름 입력: 5
넓이: 78.5
둘레: 31.400000000000002
```

연습문제 5.2

(1)

[human.py]

```
def humanrun():
    print('캐릭터 생성')
```

[village.py]

```
def villagerun():
    print('마을 생성')
```

[main.py]

```
from character.human import humanrun
from graphic.village import villagerun

humanrun()
villagerun()
```

연습문제 6.3

(1)

```
L = ['Python', 'Myname', '076923']
f = open('test.txt', 'w')
for line in L:
    f.write(line+'₩n')
f.close()
```

(2)

```
f = open("test.txt",'a')
while True:
    name = input('이름: ')
    if len(name) == 0:
        break
    id = input('학번: ')
    f.write('%s %s₩n' % (name, id))
f.close()
```


연습문제 7.1

(1) 클래스는 객체를 생성하기 위하여 변수와 함수를 모은 설계도이며, 이 설계도에 따라 유일한 식별자를 가진 객체들이 생성되고 사용된다.

(2) 클래스 변수는 해당 클래스에 의해 생성된 모든 객체에서 같은 값을 조회할 때 사용할 수 있는 변수이다. 인스턴스 변수는 객체가 생성될 때 객체에 속하게 되며, 서로 다른 객체 간에는 변수를 공유할 수 없다.

연습문제 7.2

(1)

```
class Friend:
    def __init__(self, name, phone):
```

```
        self.name = name
        self.phone = phone
    def get_name(self):
        return self.name
    def get_phone(self):
        return self.phone
    def set_phone(self, phone):
        self.phone = phone
    def show_info(self):
        print('이름: ', self.name)
        print('전화번호: ', self.phone)

f = Friend('aaa', '010-111-1111')
f.get_name()
f.get_phone()
f.set_phone('010-111-1010')
f.show_info()
```

실행결과

```
이름:  aaa
전화번호:  010-111-1010
```

(2)

```
frs = []
frs.append(Friend('bbb', '010-222-2222'))
frs.append(Friend('ccc', '010-333-3333'))
frs.append(Friend('ddd', '010-444-4444'))
frs.append(Friend('eee', '010-555-5555'))
for i in frs:
        i.show_info()
```

실행결과

```
이름:  bbb
전화번호:  010-222-2222
이름:  ccc
전화번호:  010-333-3333
```

```
이름:  ddd
전화번호:  010-444-4444
이름:  eee
전화번호:  010-555-5555
```

(3)

```
for i in frs:
    if i.get_name() == 'ccc':
        i.set_phone('010-303-3030')
```

(4)

```
for i in frs:
    if i.get_name() == 'ccc':
        i.show_info()
```

B

연습문제 정답

연습문제 7.3

(1)

```
class Student:
    def __init__(self, id="",name="",kor=0,eng=0,mat=0):
        self.id= id
        self.name= name
        self.kor= kor
        self.eng= eng
        self.mat= mat

    def sum(self):
        sum=self.kor + self.eng + self.mat
        return sum
    def avg(self):
        avg = self.sum()/3
        return avg
```

(2)

```
std1= Student(111,"Kim" ,90  ,85  ,70)
std2= Student(112, "inda",   100,  90,  80)
std3= Student(113, "Karl",  70,  70,  70)
std4= Student(115, "Park",  80,   95,  100)
print("%s₩t 총점=%d 평균=%f" % (std1.name, std1.sum(), std1.avg()))
print("%s₩t 총점=%d 평균=%f" % (std2.name, std2.sum(), std2.avg()))
print("%s₩t 총점=%d 평균=%f" % (std3.name, std3.sum(), std3.avg()))
print("%s₩t 총점=%d 평균=%f" % (std4.name, std4.sum(), std4.avg()))
```

(3)

프로그램

```
class Figure:
    count = 0  # 클래스 변수

    # 초기(initializer)
    def __init__(self, width, height):
        # self.* : 인스턴스변수
        self.width = width
        self.height = height
        # 클래스 변수 접근 예
        Figure.count += 1

    def __del__(self):
        Figure.count -= 1

print(Figure.count)
figure1 = Figure(2, 3)
print(Figure.count)
figure2 = Figure(4, 5)
print(Figure.count)
print('figure1.width='+str(figure1.width))
print('figure2.width='+str(figure2.width))
del figure1
print(Figure.count)
del figure2
print(Figure.count)
```

수행결과

```
0
1
2
figure1.width=2
figure2.width=4
1
0
```

연습문제 7.4

(1)

프로그램

```
class Stack:
    def __init__(self):
        self.__stack = list()

    def push(self, num):
        self.__stack.append(num)

    def pop(self):
        return self.__stack.pop()

s1 = Stack()
s1.push(100)
s1.push(200)
s1.push(300)
print(s1.pop())
print(s1.pop())
print(s1.pop())
print(s1.__stack)
```

수행결과

```
300
200
100
```

연습문제 7.5

(1)

my_module.py 파일의 내용

```
class Circle :
  def __init__(self,radius) :
      self.r = radius
  def area(self) :
      area = self.r *self.r * 3.14
      print("원의 넓이는",area)

class Square :
  def __init__(self,size) :
      self.s = size
  def area(self) :
      area = self.s *self.s
      print("정사각형의 넓이는",area)
```

(2)

main.py

```
import my_module as md

c1 = md.Circle(10)
c1.area()
s1=md.Square(10)
s1.area()
```

(3)

프로그램

```
class Figure:
    def __init__(self, diameter):
        self.diameter = diameter

class Circle(Figure):
    def getKind(self):
        return 'I₩'m a circle.'
    def getArea(self):
        radius = self.diameter
        return radius * radius * 3.14

class Square(Figure):
    def getKind(self):
        return 'I₩'m a Square.'
    def getArea(self):
        return self.diameter * self.diameter

figures = [Circle(5), Square(5)]
for figure in figures:
    print(figure.getKind()+' : '+str(figure.getArea()))
```

수행결과

```
I'm a circle. : 78.5
I'm a Square. : 25
```

코드 작성 기본 예제 1

```
n1 = int(input('숫자1: '))
n2 = int(input('숫자2: '))
n3 = int(input('숫자3: '))
max = n1
if max < n2:
    max = n2
if max < n3:
    max = n3
print('가장 큰 수는', max)
```

코드 작성 기본 예제 3

```
num = int(input('소수 판별할 숫자: '))
prime = True
for i in range(2, num):
    if num % i == 0:
        prime = False
        break
if prime:
    print('소수입니다')
else:
    print('소수가 아닙니다')
```

코드 작성 기본 예제 5

```
sum = 0
for i in range(1, 100+1):
    if i % 3 == 0 or i % 7 == 0:
        sum += i
print('합=', sum)
```

코드 작성 기본 예제 7

```
N = int(input("학생의 수 : "))
total = 0
for i in range(N):
    score = int(input("점수 : "))
    total += score
print("평균 점수=", total/N);
```

코드 작성 기본 예제 9

```
units = ['', '십', '백', '천']
numstr = ['영', '일', '이', '삼', '사', '오', '육', '칠', '팔', '구']
l1 = []
num = int(input("숫자(최대 4자리) : "))
while num > 0:
    l1.append(num % 10)
    num = num // 10

for i in range(len(l1)-1, -1, -1):
    if l1[i] == 0:
        continue
    print(numstr[l1[i]] + units[i] + ' ', end='')
```

코드 작성 기본 예제 11

```
s1 = set()
for i in range(10):
    num = int(input("숫자 입력(1~5) : "))
    s1.add(num)
print('입력되지 않은 수 :')
for i in range(1, 6):
    if i not in s1:
        print(i)
```

코드 작성 기본 예제 13

```
l1 = [('십만원', 100000), ('오만원', 50000), ('만원', 10000), ('오천원', 5000), ('천
원', 1000), ('오백원', 500), ('백원', 100), ('오십원', 50), ('십원', 10), ]
value = int(input('백만원 이하의 금액 : '))
for unit, amount in l1:
    count = value // amount
    if count != 0:
        print(unit+': '+str(count)+', ', end='')
    value -= count*amount
```

연습문제 10

(1)

```
#!/usr/bin/env pybricks-micropython
from pybricks.hubs import EV3Brick
from pybricks.ev3devices import (Motor, TouchSensor, ColorSensor,
                                 InfraredSensor, UltrasonicSensor, GyroSensor)
from pybricks.parameters import Port, Stop, Direction, Button, Color
from pybricks.tools import wait, StopWatch, DataLog
from pybricks.robotics import DriveBase
from pybricks.media.ev3dev import SoundFile, ImageFile

# Create your objects here.
ev3 = EV3Brick()

volt = ev3.battery.voltage() // 1000

if volt < 6:
    ev3.screen.draw_text(50, 50, 'less than 6V')
    ev3.speaker.beep(1000, 1000)
wait(10000)
```

(2)

```
#!/usr/bin/env pybricks-micropython
from pybricks.hubs import EV3Brick
from pybricks.ev3devices import (Motor, TouchSensor, ColorSensor,
                                 InfraredSensor, UltrasonicSensor,
                                 GyroSensor)
from pybricks.parameters import Port, Stop, Direction, Button, Color
from pybricks.tools import wait, StopWatch, DataLog
from pybricks.robotics import DriveBase
from pybricks.media.ev3dev import SoundFile, ImageFile

# Create your objects here.
ev3 = EV3Brick()

points = [(50,42), (127,42), (50,92), (88, 20), (127, 92)]
for i in range(5):
    x1, y1 = points[i]
    x2, y2 = points[(i+1)%5]
    ev3.screen.draw_line(x1, y1, x2, y2)
wait(5000)
```

(3)

```
#!/usr/bin/env pybricks-micropython
from pybricks.hubs import EV3Brick
from pybricks.ev3devices import (Motor, TouchSensor, ColorSensor,
                                 InfraredSensor, UltrasonicSensor,
                                 GyroSensor)
from pybricks.parameters import Port, Stop, Direction, Button, Color
from pybricks.tools import wait, StopWatch, DataLog
from pybricks.robotics import DriveBase
from pybricks.media.ev3dev import SoundFile, ImageFile

ev3 = EV3Brick()

# list에 있는 음계 순서대로 연주함
notes = [ 'G3/8', 'E4/8', 'D4/8', 'C4/8', 'G3/2', 'G3/8', 'E4/8', 'D4/8', 'C4/8', 'A3/2',
'A3/8', 'F4/8', 'E4/8', 'D4/8', 'B3/2', 'G4/8', 'G4/8', 'F4/8', 'D4/8', 'E4/4', 'C4/4']
ev3.speaker.play_notes(notes)
```

연습문제 11

(1)

```
#!/usr/bin/env pybricks-micropython
from pybricks.hubs import EV3Brick
from pybricks.ev3devices import (Motor, TouchSensor, ColorSensor,
                                 InfraredSensor, UltrasonicSensor, GyroSensor)
from pybricks.parameters import Port, Stop, Direction, Button, Color
from pybricks.tools import wait, StopWatch, DataLog
from pybricks.robotics import DriveBase
from pybricks.media.ev3dev import SoundFile, ImageFile

ev3 = EV3Brick()

RIGHT_MOTOR = Motor(Port.B)
LEFT_MOTOR = Motor(Port.C)
RIGHT_MOTOR.run(100)
LEFT_MOTOR.run(300)
while True:
    if Button.CENTER in ev3.buttons.pressed() :
        ev3.speaker.say("참 잘했어요!")
        break
```

연습문제 12

(1)

```
#!/usr/bin/env pybricks-micropython
from pybricks.hubs import EV3Brick
from pybricks.ev3devices import (Motor, TouchSensor, ColorSensor,
                   InfraredSensor, UltrasonicSensor, GyroSensor)
from pybricks.parameters import Port, Stop, Direction, Button, Color
from pybricks.tools import wait, StopWatch, DataLog
from pybricks.robotics import DriveBase
from pybricks.media.ev3dev import SoundFile, ImageFile

# Create your objects here.
ev3 = EV3Brick()

TouchValue = TouchSensor(Port.S2)
```

```
LEFT_MOTOR = Motor( Port.A )
RIGHT_MOTOR = Motor( Port.B )

running = False
while True:
    if running == False and ₩
    (TouchValue.pressed() == 1 or Button.UP in ev3.buttons.pressed()):
        RIGHT_MOTOR.run(300)
        LEFT_MOTOR.run(300)
        running = True
    if running == True and ₩
    (TouchValue.pressed() == 1 or Button.CENTER in ev3.buttons.pressed()):
        RIGHT_MOTOR.run(0)
        LEFT_MOTOR.run(0)
        running = False
```

연습문제 13

(1)

```
#!/usr/bin/env pybricks-micropython
from pybricks.hubs import EV3Brick
from pybricks.ev3devices import (Motor, TouchSensor, ColorSensor,
                                 InfraredSensor, UltrasonicSensor, GyroSensor)
from pybricks.parameters import Port, Stop, Direction, Button, Color
from pybricks.tools import wait, StopWatch, DataLog
from pybricks.robotics import DriveBase
from pybricks.media.ev3dev import SoundFile, ImageFile

ev3 = EV3Brick()
GyroValue = GyroSensor(Port.S3)

LEFT_MOTOR = Motor(Port.A)
RIGHT_MOTOR = Motor(Port.B)

def GoStraight( cm ):
    degree = cm * 360 / 17.58
    LEFT_MOTOR.reset_angle(0)
    RIGHT_MOTOR.reset_angle(0)
    while (RIGHT_MOTOR.angle() + LEFT_MOTOR.angle())/2 < degree:
        RIGHT_MOTOR.run(300)
        LEFT_MOTOR.run(300)
```

```
def TurnLeft():
    GyroValue.reset_angle(0)
    while (GyroValue.angle() > -90):
        RIGHT_MOTOR.run(300)
        LEFT_MOTOR.run(-300)

GoStraight(50)
TurnLeft()
GoStraight(56.5)
TurnLeft()
GoStraight(18)
TurnLeft()
GoStraight(56.5)
```

연습문제 14

(1)

```
#!/usr/bin/env pybricks-micropython
from pybricks.hubs import EV3Brick
from pybricks.ev3devices import (Motor, TouchSensor, ColorSensor,
                                 InfraredSensor, UltrasonicSensor, GyroSensor)
from pybricks.parameters import Port, Stop, Direction, Button, Color
from pybricks.tools import wait, StopWatch, DataLog
from pybricks.robotics import DriveBase
from pybricks.media.ev3dev import SoundFile, ImageFile

# Create your objects here

# Initialize the EV3 Brick.
ev3 = EV3Brick()

ULTRA = UltrasonicSensor(Port.S4)

while True:
    distance = ULTRA.distance()
    if distance < 300:
        ev3.light.on(Color.RED)
    else:
        ev3.light.on(Color.GREEN)
    ev3.screen.print(distance)
    wait(100)
```

연습문제 15

(1)

```
LEFT_MOTOR = Motor( Port.A )
RIGHT_MOTOR = Motor( Port.B )

Color = ColorSensor(Port.S1)

THRESHOLD = 10

count = 0
while True:
    RIGHT_MOTOR.run(300)
    LEFT_MOTOR.run(300)

    if (Color.reflection() <= THRESHOLD):
        count += 1
        if(count>=2):
            break
        # (1) 검정색이 지나갈 때까지 while을 수행한다.
        # (2) 잠시 동안 THRESHHOLD 값 근처의 값이 무작위로 나타날 수 있으므로
        #   THRESHHOLD 보다 조금 위의 값을 기준으로 한다.
        while(Color.reflection() <= (THRESHOLD+5)): { }

RIGHT_MOTOR.run(0)
LEFT_MOTOR.run(0)
```

B

연습문제 정답

저 자 소 개

황 일 규

- 서울대학교 공학사
- KAIST 공학석사
- University of Wisconsin–Milwaukee 공학박사
- 삼성종합기술원 주임연구원
- 현) 동양미래대학교 로봇자동화공학부 교수

저자와의
협의에 의해
인지 생략

파이썬으로 움직이는

EV3 로봇

1판 1쇄 2021년 7월 15일

저 자	황일규
발행인	송광헌
발행처	복두출판사
주 소	서울특별시 영등포구 경인로82길 3-4 센터플러스 807호 (우) 07371
전 화	02-2164-2580
FAX	02-2164-2584
등 록	1993. 11. 22. 제 10-902 호

정가 : 22,000원

ISBN : 979-11-6675-050-2 93000

한국과학기술출판협회 회원사

* 본 도서의 자료 업데이트가 있을 경우 본사 홈페이지 자료실에 업로드 됩니다. 정기적으로 들러서 유익한 자료를 받아가시기 바랍니다.